普通高等教育广播电视学专业系列教材

节目类型与策划

主编 陈 燕

图书在版编目(CIP)数据

节目类型与策划 / 陈燕主编. — 西安：西安交通大学出版社，2020.10(2025.1 重印)
ISBN 978-7-5693-0067-3

Ⅰ.①节… Ⅱ.①陈… Ⅲ.①电视节目-类型-教材 ②电视节目-策划-教材 Ⅳ.①G222.3

中国版本图书馆 CIP 数据核字(2020)第 141783 号

书　　名	节目类型与策划
主　　编	陈　燕
责任编辑	赵怀瀛
出版发行	西安交通大学出版社 (西安市兴庆南路 1 号　邮政编码 710048)
网　　址	http://www.xjtupress.com
电　　话	(029)82668357　82667874(市场营销中心) (029)82668315(总编办)
传　　真	(029)82668280
印　　刷	中煤地西安地图制印有限公司
开　　本	787 mm×1092 mm　1/16　印张 12.25　字数 285 千字
版次印次	2020 年 10 月第 1 版　2025 年 1 月第 4 次印刷
书　　号	ISBN 978-7-5693-0067-3
定　　价	39.80 元

如发现印装质量问题，请与本社市场营销中心联系。
订购热线:(029)82665248　(029)82665249
投稿热线:(029)82668133
读者信箱:xj_rwjg@126.com

版权所有　侵权必究

前言

  一个学科的发展,需要有扎实的基础理论和广泛的应用研究。节目策划一直是传媒及广播电视学专业业务类核心主干课程之一,是广播电视以及当下互联网和新媒体传播形式中,对节目统筹掌握的关键环节,亦是预先决定做什么、何时做、如何做、谁来做等节目生产中的系列环节。在策划之前,我们需要先对节目做基本分类,按照不同的分类和特点进行差异化的策划活动,当然,还要遵循其基本的策划原则和规律。

  教材是教学活动中教师讲授和学生学习的基本依据,是贯彻教学理念与教学实践、完成教学目标的有效载体,是保障教学质量的根本。尤其是人文社会科学的相关教材,在阐释理论的基础上,还要注重实践性内容的讲解分析,同时适应本学科专业发展的现实需求。陕西理工大学重视教学研究,积极开展一流专业建设,从教材规划、课程建设、教学研究、实践教学等不同层面加大加强专业发展。《节目类型与策划》这本教材就是在这样的背景下应运而生的,是广播电视学专业一流专业建设项目中的子项目。本教材适合传媒类专业学生及一线业务工作者在学习和工作中使用,使其能够了解广播、电视、互联网及新媒体等各种类型节目的分类、概念、发展历程、特点、策划的要求和原则,掌握节目策划的基本内容、流程和应用操作等知识点。本教材以媒体工作所涉及的节目类型层面为逻辑起点,集理论性与应用性为一体,以节目现实发展、学生认知能力规律和媒体行业的实际需求编排内容,通过学习,可为学生进一步强化其他相关传媒类专业课程学习奠定基础。

  本书共有十章:第一章节目概述,第二章新闻类节目,第三章谈话类节目,第四章综艺娱乐类节目,第五章社教类节目,第六章生活服务类节目,第七章影视广告,第八章电视剧、电影与微电影,第九章纪录片,第十章融媒体时代节目的创新。本教材的特色在于:一是在对节目进行基本分类的基础上,按照不同类型节目,进行策划分析。二是构建了较为系统严谨的节目策划的基本知识体系和架构,既有宏观层面的分析，也有微观业务实践环节的探讨。三是将节目策划置身于新媒体、融媒体发展的宏大背景下，既有传统的广播电视节目策划，也有网络新媒体策划，有助于读者开拓视野，展望节目策划未来趋势与发展，具有一定的前沿性。四是理论与实践相结合，对节目策划进行全流程分析，具有全面性、系统性、专业性的特点。

《节目类型与策划》系统地梳理了不同类型节目发展的历史沿革、基础理论、现实发展及未来展望，并附以典型案例剖析。本教材从具体节目类型入手，可满足传媒类专业学生及媒体一线从业人员提升专业素养的需求。本书由陕西理工大学广播电视学专业教师编写，陈燕教授承担了第一章、第二章的撰写工作，姚迪老师承担了第三章、第九章的撰写工作，翟敏老师承担了第四章的撰写工作，黄丹老师承担了第五章、第六章、第七章的撰写工作，汪洋老师承担了第八章、第十章的撰写工作，最终由陈燕教授完成全书的统稿工作。

本教材立足节目策划基础理论，紧密结合传媒一线实务发展，借鉴国内外节目策划与生产的最新成果，在理论层面予以梳理的基础上，从实践角度赋予其可借鉴性。教材既有理论性，又有实践性，既有学术性，又有通俗性，既有理论基础支撑，又有典型案例分析，既有现状归纳，又有前景展望预判，从而对节目类型、内容、程序进行全面深入的剖析与解读。

在本教材出版之际，特别感谢西安交通大学出版社对本书出版的大力支持，感谢责任编辑赵怀瀛老师的信任，以及对本书认真负责的审读与校正，感谢陕西理工大学教务处、文学院的领导、同事在工作上给予的支持，感谢传媒一线的朋友在实践方面给予的帮助。由于编者水平所限，且各位编者的知识背景、写作风格、学术专长有所不同，书中难免存在不妥之处，敬请各位专家同仁和广大读者批评指正。

陈　燕

2020年初夏于陕西汉中

第一章 节目概述 /001
第一节 节目及节目类型 /001
第二节 节目策划 /009

第二章 新闻类节目 /018
第一节 新闻类节目概述 /018
第二节 新闻类节目的主要类型 /022
第三节 新闻类节目的策划 /026

第三章 谈话类节目 /034
第一节 谈话类节目概述 /034
第二节 谈话类节目的主要类型 /039
第三节 谈话类节目的策划 /042

第四章 综艺娱乐类节目 /050
第一节 综艺娱乐类节目概述 /050
第二节 综艺娱乐类节目的主要类型 /056
第三节 综艺娱乐类节目的策划 /059
第四节 案例分析《中国诗词大会》/066

第五章 社教类节目 /069
第一节 社教类节目概述 /069
第二节 社教类节目的主要类型 /072
第三节 社教类节目的策划 /077

第六章 生活服务类节目 /087
第一节 生活服务类节目概述 /087
第二节 生活服务类节目的主要类型 /091
第三节 生活服务类节目的策划 /095

第七章 影视广告 /106
第一节 影视广告概述 /106
第二节 影视广告的策划 /111
第三节 影视广告的创意与表现 /115

第八章 电视剧、电影与微电影 /126
第一节 电视剧 /126
第二节 电影 /135
第三节 微电影 /151

第九章 纪录片 /161
第一节 纪录片概述 /161
第二节 纪录片的主要类型 /168
第三节 纪录片的策划 /171

第十章 融媒体时代节目的创新 /174
第一节 基于互联网传播的节目转型 /174
第二节 融媒体时代节目元素与类型的革新 /176
第三节 未来节目类型发展的趋势 /179

参考文献 /188

第一章 节目概述

提到节目,我们的脑海中常浮现《焦点访谈》《动物世界》《快乐大本营》等,我们看电视、听广播,其实都是在收看(听)节目。随着网络与新媒体的发展,节目基于新的传播媒介出现了新的传播形式,我们愈发难以理解,到底什么是节目?它有哪些类型?由何种元素构成?我们该如何适应当下媒介环境,并去策划节目,以获得更好的传播效果?所有这些,都是我们在这一章要阐释的基本问题。

第一节 节目及节目类型

每天早上,从我们睁开眼睛,打开广播电视、手机 App,到开车上班,新闻广播、交通广播、音乐广播时时陪伴左右。工作间歇,上网看新闻、浏览微信朋友圈,下午下班,看电视,使用抖音、快手、微博、微信等各种手机软件消遣。由此可见,我们时时刻刻被各种传播媒介包裹。那么,节目的内涵是什么?什么样的元素构成了节目?日常我们接触的节目又有何种类型区分?在本节中我们将一一探讨。

一、节目的概念及发展历程

节目,从字面意思而言,树木枝干交接的地方称之为"节",树木纹理纠结不顺的地方称之为"目",最早见于《吕氏春秋·举难》之中:"尺之木必有节目,寸之玉必有瑕瓋。"从节目本意,到演出项目,再到广播电视、新媒体领域,节目内涵处在一个发展变化的过程中。一般情况下,对"节目"有如下几种基本解释:①文艺演出或电台、电视台播送的项目;②情节;③事项;④树木枝干相接的地方和纹理纠结不顺的地方。在网络和新媒体兴盛之前,节目的概念几乎完全和广播电视紧密相连,节目是广播电视推出的具体项目,是吸引和影响受众的唯一手段和形式。人们常说的听广播、看电视,其实就是收听广播节目及收看电视节目。我们谈及广播电视在社会发展中所起的积极作用,其更多是通过具体节目来深入社会、家庭和个人等不同对象层面,进行信息传播、文化普及和舆论引导,改变受众的思维观念、生活方式、学习方式和娱乐方式。就整个广播电视的一般概念而言,节目是具有一定内容、形式、名称,在一定时间段内播出的,诉诸受众听觉、视觉的精神产品[①]。与节目相对应的就是节目学,即专门研究节目生产和播出活动及规律的学科,其研究范畴包括节目的基本原则、构成要素、策划、采编制作,以及播出和受众接受等。

---

① 壮春雨.电视节目学概要[M].杭州:浙江大学出版社,2001:6.

在赵玉明主编的《广播电视辞典》中,电视节目被界定为电视台各种播出内容的最终组织形式和播出形式,其涵盖了电视台和其他电视制作机构制作的、供播出或交流的具有特定内容和形式的电视作品①。约翰·菲斯克在《电视文化》也提出:"节目是电视所输出的有明确界定与标识的部分,我们知道一个节目什么时候结束,另一个节目什么时候开始。节目是稳定的,也是固定的实体,是以节目形式生产和出售的,是由节目编排人员安排播出的。电视节目是电视所输出的有明确界定和标识的部分,是由电视业生产、发行和界定的。电视节目是有意义的潜在体,即一种承载文化意义的内容产品。"②电视节目是指电视台或电视节目制作机构为播出、交换、销售而录制的可供人们感知和理解的视听作品,是电视传播内容与形式相结合的最基本的单位。对于节目而言,要有相对完整的内容、相对完整的结构、合理的电视语言,并符合技术规范③。以上概念涵盖了学界和业界对于电视节目内涵的一般认知。

随着网络新媒体的发展,我们经历了将广播电视节目进行简单复制搬上互联网,到广播电视与网络新媒体的深入融合,再到网络新媒体新兴节目形式崭露头角的变革,这极大推动了节目的内涵和外延。新技术赋予节目更加丰富的表现形式,节目的来源、类型、生产、制作、传播以及运作模式都有了较大变化,衍生出多种内容形态及产品。有学者提出"新媒体节目"的这一概念适应了网络新媒体节目的发展,其内涵包括:①新媒体节目形态是指与传统广播电视节目相比,具有不同的内容、形式,突出特征是基于互联网技术的交互性;②新媒体节目形态是在数字新媒体平台播放的节目或提供的服务;③新媒体节目形态处在不断运动发展的变化中,新的品种随着新媒体的发展不断涌现并成熟完善④。新媒体节目形态对于传统广播电视节目而言,从模式、内容到服务功能,都有了一些拓展。也有学者在新媒体节目的基础上,提出新媒体视听节目这一概念,认为新媒体视听节目就是视听媒体这一新媒体业务形态所传播的视听节目内容,主要指在手机、PC、平板电脑等新兴媒介上播放的视频和音频节目,网络广播影视、IP电视、手机电视、互联网电视等都属于此类⑤。有学者依据2004年10月11日实施的《互联网等信息网络传播视听节目管理办法》对于"视听节目"的界定,认为其既包括电视台各种播出内容的最终组织形式和播出形式,如新闻资讯、电视剧、视频广告等以传统广播电视传播特征为基础制作的节目,又包括根据网络新媒体的技术特征,以网络受众为主要接受对象,具有碎片化、互动性、草根性的微文化特征的新媒体节目,如微电影、微纪录片等⑥。

学界和业界对于节目新的研究和界定,扩大了其内涵和外延,赋予其新的解读和阐释。本教材的主要目的是,立足当下的媒介发展环境,在传统广播电视和网络新媒体节目分类的基础上,进行节目策划的探讨。这里所说的节目特指广播电台、电视台、网络新媒体所有播出内容的基本组织形式和播出形式,是以一定的时间段,将各种节目元素,加以编辑加工、分类组合而

---

① 赵玉明.广播电视辞典[M].北京:北京广播学院出版社,1999:220.
② 菲斯克.电视文化[M].祁阿红,张鲲,译.北京:商务印书馆,2005:21-22.
③ 张静民.电视节目策划与编导[M].广州:暨南大学出版社,2007:15-16.
④ 高红波.新媒体节目形态[M].开封:河南大学出版社,2013:3.
⑤ 周建青.新媒体视听节目制作[M].北京:北京大学出版社,2014:1.
⑥ 张健.视听节目类型解析[M].上海:复旦大学出版社,2018:6.

成,表示一定内容、功能的多层次的精神产品形态,指单个的节目产品,抑或成套的节目系列。节目是广播电台、电视台、网络新媒体传播内容的基本单位和信息载体,一般认为,节目的概念包含以下几层含义:①节目是由视听元素共同构成的内容传播,包括了图像、文字、声音等多种元素;②节目的传播中具有文化符号意义,产品具有文化属性;③节目的生产和传播具有产业属性。值得注意的是,现在的电视节目或台网同步播出,或先台后网,或先网后台,目的是最大程度覆盖受众和用户。本教材所谈到的节目,更多是围绕不同的节目类型,以"一次采集、多种生成、多元传播"的理念,依据广播、电视、网络新媒体等不同传播介质,完成节目策划与生产。

谈到节目,人们更多认为节目是广播电视的基本播出单元,与其对应的就是广播节目和电视节目。节目一词具有"程序"和"安排"的意思,最早出现于文艺演出中。如徐迟先生在其小说《牡丹》中提到:"这个节目立刻被选拔出来。第二场在怀仁堂上演,作为那一晚的压轴戏。"广播电视诞生发展之后,迅速成为当时社会传播的主流媒体,一切的节目形态均可以借助广播电视的媒介平台进行传播,也可以说,广播电视传播的特性之一,就是具有节目性。广播也称为广播电台,是经过采编、制作,通过无线电波或导线,向一定区域的听众传送音频节目的大众传媒机构,有无线广播和有线广播之分。广播诞生于20世纪20年代,1920年11月2日正式开播。中国境内最早的广播电台是1923年1月23日,美国人奥斯邦在上海创办的ECO广播电台。中国人民广播事业的开端是创建于1940年12月的延安新华广播电台。延安新华广播电台在1943年春由于广播零件得不到配给而停播,1945年9月11日恢复播音,1949年3月迁入北平,改称北平新华广播电台,1949年12月5日,改名为中央人民广播电台。《人民文学》1981年第9期曾有这样的描述:"安在一座古代钟楼上的高音喇叭,正在播送本县有线广播站的节目。"这就是对广播电视节目播出的描述。电视台是制作电视节目,由国家或商业机构创办的,向一定范围的观众播放音视频的大众传媒机构,节目通过免费或付费的方式提供。电视将声音、图像、色彩、文字等诸多元素结合,具有独特的表现形式。巴金在《真话集·三访巴黎》中就提到电视节目的播出:"在国外偶尔也看电视,初看西方节目,觉得节奏太快,不习惯。"1958年5月1日,中央电视台的前身——北京电视台实验播出,当时的电视节目种类较为单一,仅有新闻影片、电视剧、电影、体育比赛等。

互联网及新媒体是利用数字技术、网络技术和移动通信技术,通过计算机网络、无线通信网、卫星、手机、数字电视等传播介质,向受众提供文字、图片、音视频等多种类型服务的传播形态,具有实时性和交互性的特征。互联网在我国起源于20世纪90年代,最早由传统媒体逐渐完成向网络媒体的转换,将已有的传统节目形式搬上网络。随着网络新媒体的发展,出现了一些新颖的网络自制节目,它们是由网站及新媒体机构自己策划、选题、拍摄、制作并直接对受众播放的节目,其种类较多,如网络自制剧、网络微电影、网络访谈、脱口秀及综艺节目等,《袁游》《晓说》《一本正经的胡说八道》《名人坊》等,都曾引发受众较大关注。广播电视与网络新媒体之间是传统媒体与新媒体的关系,是相对而非对立的关系。广播电视是一种传统而并非陈旧的大众传播媒介,从最早的广播录音棚、电视演播厅到现在的融媒体播出平台,广播电视成为受众熟悉而又日趋远离的媒体,尤其是移动互联网的爆发式生长,受众更加趋向通过网络新媒体获取信息、收看(听)节目。应当看到,广播电视和网络新媒体都是信息和节目的传播载体,在信息海量化、渠道多元化的今天,广播电视受到新媒体冲击的同时,新技术带来的媒介生产方式和受众接受方式的变化,也给广播电视节目生产与传播带来新的机遇。基于新的传播介质,广播电视不断创新内容和传播方式,打造新的融媒体平台。2018年3月,中央电视台、中国国际电视台、中央人民广播电台、中国国际广播电台合并成为中央广播电视总台,设有19个电视频道、17套对内广播频率、3个中央重点新闻网站以及央视新闻客户端等新媒体,播出上千档节目,并用44种语言对外广播,实现广播电视和网络新媒体深度融合,打造与推进全新的节目样态。

二、节目划分的意义及构成元素

节目是一个复杂的体系,具有灵活机动的特点,生产和传播的工种繁多,人员涉及行业众多。节目分类,也即对节目按照一定原则和特点进行分门别类的划分。节目类型是区别某个节目形态与其他节目形态的依据,每种类型的节目都有其特定的惯例,有其特有的叙事方式和叙事结构。节目类型区分的重要意义不仅是让节目的忠诚受众或潜在受众带有特定的期待去解读电视文本,能将已经被接受的、可辨识的并且能调控的愉悦传达给观众,而且这也是电视节目市场化发展与完善的一个重要前提[①]。首先,有利于清晰节目内涵,提高节目质量,改善表现形式。不同的节目类型,有着不同的特征,其采编制作与传播也存在一定程度差异。如果节目生产欠缺类型区分,易造成同质化,专业性和指向性不强,节目栏目、频道(率)特色不鲜明,受众关注度不足,因而需要相对完善的分类标准对节目进行界定,为节目的生产、管理、编排以及交易、评优等提供现实依据,提升节目传播的有效性。其次,有助于了解和把握节目的发展变化,强化对于节目的整体研究。对于节目的研究,一直受到学界和业界的较大关注,从节目策划、内容、技术到传播渠道的创新,有着较为丰厚的研究成果,但由于对节目内涵及分类不够清晰,制约了理论研究的深入。只有把握了研究对象实践的发展,构建起规范的研究框架体系,才能准确分析,进一步深化理论。再次,准确的节目类型划分,对于节目策划的意义重大,有助于节目策划者在节目类型划分的基础上,对节目类型准确定位,把握节目特征,在策划中求新求变,促进节目发展。

同一性原则是节目分类的基本原则,一般要求以相同性或相等性为前提,即在划分的时候,同种类型的节目要具有相同或相近的属性,不能将不同属性的节目相混淆。但也应当注意,在划分过程中,某种类型的节目可能同时具有两种不同类型的节目属性,在归类时应利于节目的组织,按照最接近的原则进行划分。节目划分的标准是多样的,按照不同的标准,有不同的分类,分类标准应当统一,不可随意更改,从而造成分类的混乱。

提及节目元素,离不开传播语境,在广播电视及网络新媒体的节目传播中,大体有拟态语境、现实语境和复合语境三种。拟态语境是节目传播的常态语境,传播者面对的,仅仅是摄像机、话筒、演播厅,面前没有传播对象,无法进行面对面直接交流,更无法观察到传播对象的表情及动作,并及时进行话语调节。节目传播中,受众直接进入现场参与节目的录播,或通过电

---

① 方德运.试析电视节目类型化和节目市场化[J].声屏世界,2002(11):74-76.

话连线、微信微博留言等方式同传播者进行互动交流。在大众媒介传播中融入人际传播,即营造了节目传播的现实语境。目前,随着交流方式的日趋多样,节目传播的现实语境增多,广泛运用于访谈、综艺娱乐、益智游戏等节目类型中。总体而言,节目制作和播出以复合语境为主。在综艺娱乐节目、访谈节目、热线节目中,传播者既面对现场观众进行交流,也要观照场外的受众群互动,兼具拟态语境和现实语境的功能,是多种交流类型的复合交叉。

孙保国先生在《中国电视节目形态研究》一书中认为,电视节目元素主要包括视觉元素、听觉元素、刺激元素、情感元素、故事元素、时间元素、空间元素,甚至经济元素、政治元素、社会元素、技术元素等。童宁在《电视节目结构方法》一书中,将电视节目元素分为人、声、词、话、音、字等六个元素①。收看(听)一个节目,大家常常会思考这两个问题:一是这个节目传播了什么内容,表达了什么涵义;二是这个节目是通过什么元素来表情达意的。元素,或者叫做要素,是构成物质的最小单位。电视节目元素是构成电视节目形态的最小单位。构成节目的元素分为内容和形式两大类。内容元素主要有经济、政治、文化、社会、情感、故事等元素,形式元素主要有视觉、听觉、时间、空间、刺激、技术等元素。构成电视节目形态的主要是形式元素,基本形态的不同组合会创造出新的节目形态,节目元素之间的差异和组合,让节目形态千变万化②。

在这里,我们主要探讨节目的形式元素,一般由影像、声音、文字等组成,基本元素的不同组合会创造出新的节目形态,且各种元素的综合运用,可以产生1+1>2的效果。节目通过元素的组织,达到一种叙事的建构,节目的竞争就是一种差异化的竞争,差异化的关键就在于对节目元素的运用,在节目形态中起到传播和造型功能,并赋予元素以符号意义上的能指和所指,发挥元素在节目形态构成中的作用。

1. 影像

影像又称为画面,是对被拍摄对象之突出视觉特征的选择记录和形象再现③。一般可以认为,摄像机拍摄下来的一幅幅画面均可称为影像,随着手机媒体的发达,越来越多的传播者运用手机随手拍,获取影像画面,因此我们认为,凡是诉诸受众视觉器官的视频信号,都可以称为影像。影像具有自身的表现意义,构成了特定的镜头语言,不仅能够再现客观现实的空间感和立体感,还能表现出被摄对象的速度感和节奏感,具有时间的连续性和空间的运动性。此外,镜头与镜头的组接,影像产生大于镜头简单相加的整体意义。节目由众多的影像组合而成,按照一定编辑法则,通过影像和影像的连接来表达内容,交代事件和要点,并表现主题。

影像是节目的主要元素,具有一定的表义性,通过景别、构图、画面的选择、组接来表情达意,但影像本身具有局限性,善于表达感性的、现实的场景,给人以直观感受,而要表达理性和深度内容,需要语言和文字的配合。且影像在拍摄过程中,景别、构图及画面组接,某种程度都会蕴含摄制人员的主观倾向。图像的纪实性和新闻的真实性是两个不同的概念,真实的必然

---

① 龙敏.电视节目元素与电视法制节目形态个性化发展[J].湖南大众传媒职业技术学院学报,2008(5):59-62.
② 谭天.论电视节目形态构成:一种用于节目研发的理论模型[J].现代传播,2009(4):71-74.
③ 盛希贵.影像传播论[M].北京:中国人民大学出版社,2005:65.

是纪实的,纪实的未必是真实的。如经过摆拍、导演、重演、扮演等手段,改变被拍摄对象本来面貌所留存的影像,对于影像而言,是纪实的,对于新闻报道的真实性而言,是虚假的。影像传播比文字和声音更具欺骗性和危害性①。因而一个理想的节目,必须有多种元素相配合,不可忽视和偏颇单个元素。

2. 声音

广播是以声音来传递信息,在电视和网络新媒体传播中,声音伴随着影像传播,配合构成节目的基本形式。声音包括有声语言、音乐和音响三个部分。有声语言大体包括播音员、主持人的新闻播报、解说词、串联词、电影电视剧台词等,在节目中,可以起到说明、补充、深度阐释、旁白、增强感染力等作用,和影像不可分割、互为依存。对于有声语言的运用,在声画对位、准确贴切、简单凝练的前提下,不同类型的节目有着不同的表达要求,风格多样。音乐有音乐节目和节目音乐两种形态,作为节目的构成元素,我们更多探讨的是节目音乐。音乐以参与节目的内容、特色、风格为出发点,深化主题、烘托气氛、渲染环境、传达情绪,还可起到承上启下转场连接的作用,以音乐自身之美来烘托节目整体之美。音响是节目中非有声语言和音乐的声响系统,有现场音响、模拟音响和特制音响之分,起到表现事件和人物的作用。音响的运用是根据节目的特定需要而定的,与节目分类和内容表现相适应。如新闻节目更多运用现场音响,突出真实性和现场感;综艺娱乐节目会综合运用现场音响和模拟音响,增强节目的表现力和感染力,唤起受众的认可和共鸣。

3. 文字

文字是记录有声语言、描述事件的无声符号,是人们进行交往的间接形式,也称为书面语言。在节目传播过程中,文字和影像都是不可缺少的,既相互区别,又互为补充,组成极具表现力的节目形式。文字也是参与节目构成的一种成分,是服务于节目表意、抒情等需要的,在节目中可以起到阐释、复述、说明、备注等功能,从电视节目传播而言,文字多以字幕形式出现。从网络新媒体节目传播角度,文字出现形式多样,有影像和字幕配合使用、纯文本等多种形式。

在节目中,大到节目片头片尾、节目名称、节目标题、内容提示,小到新闻中的滚动播报,字幕随处可见,在整个画面构成中,文字的比重仅仅次于影像。一般来说,字幕具有实用性和艺术性两种功能,并具有多种表现形式。从实用性角度而言,字幕起到节目预告、解释补充影像画面、提示内容、烘托主题、增加节目信息量等作用。从艺术性角度而言,字幕具有较强的表现力,字形、字体、颜色、字幕与影像之间以及字幕与字幕之间的构图,字幕出入画面的节奏感等,都要根据节目的内容、定位而定,使之具有造型美、色彩美和意境美。在网络新媒体节目中,文字的出现更加多样化。在网络新闻、网络综艺、短视频等节目中,文字的作用类似于传统电视节目中的字幕,而在一些不以影像表达节目内容为主,而以文字表达内容主旨的节目中,文字以纯文本形式出现,其作用类似于传统报纸媒体在网络新媒体中的再现。

无论是以何种形式出现的文字,都要注意其使用的规范性。2014年,国家新闻出版广电总局在《关于广播电视节目和广告中规范使用国家通用语言文字的通知》中,进一步厘清整改

---

① 壮春雨.电视节目学概要[M].杭州:浙江大学出版社,2001:28.

广播电视用语不规范的现象,要求在节目中规范使用国家通用的语言文字的字、词、短语、成语等,不得随意更换文字、变动结构或曲解内涵,在节目中传承中华优秀传统文化,增强国家文化软实力,树立文化自觉、文化自信、文化自强,确保文化安全,杜绝因为节目文字不规范而出现诱导公众的现象。

节目构成元素组成了节目内容,对于节目的规范一直是主管部门关注的重点。2004年8月20日实行的《广播电视节目制作经营管理规定》,对从事微电影、专题、专栏、综艺、动画片、广播剧、电视剧等广播电视节目的制作和节目版权交易、代理交易等活动行为进行了规范。后又相继出台了《网络信息内容生态治理规定》《互联网视听节目服务管理规定》和《网络视听节目内容审核通则》等文件。2020年2月21日,中国网络视听节目服务协会会议审议通过并发布实施《网络综艺节目内容审核标准细则》,围绕才艺表演、访谈脱口秀、真人秀、少儿亲子、文艺晚会等各种网络综艺节目类型,从主创人员选用、出镜人员言行举止,到造型舞美布设、文字语言使用、节目制作包装等不同维度,提出了94条具有较强实操性的标准,着力规范和提升节目质量。

三、节目的基本类型

类型是包含有各种特殊的事物或现象的共通点的抽象概念,一般是指具有共同特征的事物所形成的种类。孙宝国认为,类型是研究对象因特征方面的相似性而归纳出的类别,约定俗成,相对稳定,强调趋同。节目类型是具有相似元素与结构的节目所形成的类别[1]。不同类型的节目呈现出独特特色和惯常风格。大卫·麦克奎恩提出,节目类型划分的主要依据存在于不同节目所使用的特殊程式、惯例之中,不同节目使用的就是不同程式。程式就是一些重复出现的元素,是节目类型划分的依据,包括了人物、情节、场景、服装和道具、音乐、灯光、主题、对话和视觉风格等[2]。

节目的类型划分,其分类标准莫衷一是,有表现形态、主题内容、播出时段、播出方式、剧情时空、播出背景等种种。各种标准界定及节目的内涵外延存在着诸多研讨,给学界研究和业界发展带来一定程度的困惑。对于广播电视节目类型的区分,学界一直进行着各种梳理与探讨,不可否认的是,随着节目传播生态和环境的变迁,节目类型的划分也越来越趋于精细化。我国对于节目类型的研究起源于20世纪80年代,主要集中于传统的广播电视节目。施天权在《广播电视概论》中,将广播节目界定为新闻性节目、文艺性节目、教育性节目和服务性节目四类,在每一类节目下又进行了翔实划分[3]。在20世纪80年代电视还未普及,广播较为兴盛的时代,这种划分非常细致,但从现今来看,一些小的节目类型如听众信箱节目、外汇牌价节目等,已经随着时代变迁和媒介发展而不复存在了。《当代中国的广播电视》一书中,将电视节目分为新闻性节目、社会教育性节目、文艺性节目、体育节目、少年儿童节目、服务性节目、电视教学

---

[1] 孙宝国.电视节目三大概念[J].中国广播电视学刊,2009(10):33-34.
[2] 麦克奎恩.理解电视:电视节目类型的概念与变迁[M].苗棣,译.北京:华夏出版社,2003:22.
[3] 施天权.广播电视概论[M].上海:复旦大学出版社,1987:109-127.

节目、少数民族节目、对外节目九类①。

在《中国应用电视学·节目编》中，编者综合考量了当时的节目类型，将电视节目类型划分为新闻节目（包含消息类新闻节目、专题类新闻节目、言论类新闻节目）、教育节目、文艺节目、电视文学、电视剧、纪录片、专栏节目和电视广告八大类②。这是国内较早对电视节目进行的分类，符合当时实际，分类也较为全面，但分类之间存在一些包含关系，类型之间互斥性欠缺，如文艺节目是否可以涵盖电视文学，有待商榷。此后，在学界和业界的一些研讨会上，相关人士还对具体节目类型提出过各种探讨，推动了节目类型研究的深化。壮春雨在《电视节目学概要》中，对节目类型进行了专章讨论，以不同的标准，呈现了不同的分类法：以节目的生产方式为标准，分为录像节目、影片节目、直播节目、现场节目和演播室节目。以节目的结构方式为标准，分为一般性节目、对象性节目、综合性节目、专题性节目。以节目的内容为标准，分为新闻类节目、教育类节目、文艺类节目和服务类节目。以节目的形式为标准，分为报道式、讲解式、表演式、竞赛式、主持人式等各种形式的类型节目。以节目的来源为标准，分为自办节目、交流节目、联办节目和转播节目。以节目内容为标准进行分类被认为是国内外的一般做法，也是最主要的节目分类法，这是由节目所具有的社会功能决定的。以节目内容为标准进行划分因其视角的差异，也有不同分法，例如：三分法，分为新闻、教育、文艺三类；四分法，分为新闻、教育、文艺、服务四类；五分法，分为新闻、教育、文艺、体育、服务五类（联合国教科文组织的分法为新闻、文化、教育、宗教和娱乐五类）；六分法，分为新闻、言论、知识、教育、服务、文艺六类（也可分为新闻、教育、文艺、电视剧、体育和服务六类）；八分法，分为新闻、言论、教育、知识、文艺、受众参与、服务和综合类八类③。

刘燕南、夏征宇、李颖、杨振荣在《电视节目"多维组合"分类法及其编码设计》一文中，根据电视节目的多重属性特征，提出了"多维组合"分类法，以"分类维度""定义码""类别"三个指标形成多维码，对节目进行分类编码④。王振业、方毅华、张晓红在《广播电视新闻性节目规范研究》课题中，提出"多层节目分类系统"，将电视节目分类方法归纳为按照社会功能（如新闻性节目、教育性节目、文艺性节目、服务性节目）、结构类型（如综合节目、专题节目、版块节目）、反映领域（如经济、文化、体育、科技、医疗卫生等）划分的三种大的节目分类原则和方法，节目分类更具操作性和实践性。张海潮在《中国广播电视节目分类体系》一文中，从内容、形式、功能、对象四个维度，把我国电视节目划分为 4 种 A 类型节目、27 种 B 类型节目、84 种 C 类型节目、54 种 D 类型节目，共 169 种节目类型，分类较为系统全面，也较为烦琐⑤。

徐舫州、徐帆在《电视节目类型学》一书中，按照学科理论逻辑、业界实践模式和受众收视习惯相结合，偏重内容属性的"三结合"分类原则，对电视新闻资讯节目、电视谈话节目、电视文艺节目、电视娱乐节目、电视纪录片、电视剧、电视电影和电视特别节目八种类型，进行了分类

---

① 左漠野. 当代中国的广播电视[M]. 北京：中国社会科学出版社，1987：120.
② 北京广播学院电视系学术委员会. 中国应用电视学[M]. 北京：北京师范大学出版社，1993：152.
③ 壮春雨. 电视节目学概要[M]. 杭州：浙江大学出版社，2001：183.
④ 刘燕南，夏征宇，李颖，等. 电视节目"多维组合"分类法及其编码设计[J]. 现代传播，2003(1)：22-25.
⑤ 张海潮. 中国广播电视节目分类体系[M]. 北京：中国传媒大学出版社，2007：1.

研究①。张健在《视听节目类型解析》一书中,在节目基础上,观照新媒体时代的新兴视听节目类型,将视听节目分为电视新闻资讯节目、电视谈话节目、电视纪录片、电视文艺节目、电视真人秀节目、电视剧、微电影、微纪录片、网络脱口秀节目、网络剧和动画十一种②。

本书梳理与综合传媒学界和业界对于节目类型界定的相关学术观点,深入整合各种节目类型外在特征和内在属性,在完善传统的广播电视节目类型的基础上,依据内容分类法,拓展了依托网络新媒体而生的新的节目类型,将节目划分为新闻类,谈话类,综艺娱乐类,社教类,生活服务类,影视广告,电视剧、电影和微电影类,纪录片八种,并就节目创新与发展进行专章探讨。每一种节目类型下,我们就节目概念进行内涵和外延的界定,梳理节目的发展历程,分析节目的基本特征,并对此节目类型进行二次分类,在此基础上,就此节目类型策划的基本原则、要求及目前存在的不足进行分析。

本书基于广播电视、互联网及新媒体等视听媒介融合的背景,在界定节目类型的基础上,厘清节目的多种特性,以节目类型的框架明确研究对象,分类进行节目策划的深度分析,并进行相应的案例探究,以此研究思路来观照整体研究。应当注意的是,同样类型的节目,在不同媒介上的表现、传播元素的组合、文本叙事的策略上都有差异,可运用不同的媒介代码,通过传播技巧,达到传播目标,收到良好的传播效果。

第二节 节目策划

"策划"是一个在当下运用非常广泛的词语,涉及政治、经济、文化、科技等各个领域,可以说,策划在我们的生活中无处不在,有学者论断,当下就是一个策划的时代。那么,到底什么是策划?什么是节目策划?为什么要进行节目策划?节目策划对于节目传播有什么样的意义?策划原则和内容又包括哪些,也即如何进行节目策划?我们来一一探究。

一、节目策划的概念与意义

策划一词最早出现在《后汉书》中,策最主要的意思是指计谋、谋略,划指设计、筹划、谋划。《后汉书·隗嚣公孙述列传》中"是以功名终申,策画复得","策画"即"策划"。策划的概念最早在广告界和公共关系工作中得以普及,20世纪50年代,美国公关学者爱德华·伯纳斯在《策划同意》一书中,强调通过理性分析研究,帮企业建立良好公共关系并加以实施。伦敦BMB广告公司创始人斯坦利·波利坦20世纪60年代在广告界率先使用"策划"一词③。在那个时代,策划包括商业策划、文化策划、社会策划等。策划在当下运用极其广泛,对于基本概念,学界和业界也有不同的阐释。李道平认为,策划是根据已掌握的相关信息,推测事物发展的趋势,分析需要解决的问题和主客观条件,在行动之前,对指导思想、目标、对象、方针、政策、战

---

① 徐舫州,徐帆.电视节目类型学[M].杭州:浙江大学出版社,2018:18.
② 张健.视听节目类型解析[M].上海:复旦大学出版社,2018:19.
③ 王井,智慧.电视节目策划[M].武汉:武汉大学出版社,2011:1.

略、策略、途径、步骤、人员安排、时空利用、经费开支、方式方法等作出构思和设计,并形成系统、完整的方案。简单而言,策划就是行动的谋划方案[①]。胡智锋认为,策划指积极主动地想办法,定计划。它是一种策略、筹划、谋划或者计划、打算,是个人、企业、组织机构为了达到一定的目的,在充分调查市场及相关环境的基础上,遵循一定的方法或者规则,对未来即将发生的事情进行系统、周密、科学的预测并制订可行性的方案。现代意义上的策划,可以理解为借助一定信息素材,为达到特定的目的、目标而进行设计、谋划,以为具体的可操作性提供一定的信息素材[②]。

节目策划从宏观上来看,是策划在广播电视、网络新媒体上播放的所有节目的总和,包括单个和系列的节目;从微观上来看,是针对具体节目,为实现某种目标而进行有针对性的创意、思路、方法和对策,其解决的是节目的内容、对象、品质、特征、收益等生产环节以及播出和交换等具体问题。节目策划是一个系统性的工作,主要是根据目标受众、目标市场的潜在和现实需求,在分析外部和内部竞争环境的基础上,形成节目的创意方案,包括节目的主题内容、表现形式、传播模式和商业模式[③]。

随着市场和行业发展,媒体之间竞争加剧,传统的"播不播由我,看不看由你"的情形难以为续,迫切需要采编人员发挥主动性和能动性,改进节目传播的方式、方法和内容,提供更为优质的节目,维护和扩大受众群体。节目策划即在这样的背景下产生,策划的概念被越来越多的人接受,策划意识渗透到节目采编与制作的全过程中,向媒介主动设置议程和多媒体联动运作发展。目前,节目制作与传播中面临的最为严重的问题之一,就是节目的同质化。节目策划,是节目编导制作人员通过对节目的目标、受众、方式方法、战略的开发和配置、形式相互协调,形成差异化的品牌定位,实现良好传播效果的创造性的活动。

节目策划是一种复杂的综合性活动过程,为节目提供了新思路、新方法和新观念。本书在厘清其基本原则、内容和形式的前提下,还要解决现实策划中的不足,也即存在的客观问题,落实策划"如何做",在理论讲解的基础上,更具实操性和针对性。

1. 节目策划有利于优质节目品牌的培育

节目策划使节目具有自身的特色,提高了节目质量,吸引核心受众群体。长期拥有稳定的忠诚的受众群体的节目,才能逐渐成为精品,拥有自己的节目品牌。品牌按照市场营销学的解释,是销售者向购买者长期提供的一种特定的特点、利益和服务,一般有广义和狭义的区分。品牌承载了受众对其产品以及服务的认可,具有特有性、价值性、长期性、认知性的特征,产品的差异化是创建品牌首要满足的条件。

节目策划的视角、定位、主持人品牌化,形成节目特有的标识、风格与主持特色,甚至将主持人当作节目标识,将主持人品牌转化为节目品牌,使得节目和节目形成明显的差异性,打造与培育了优质的节目品牌。当下的节目竞争已经进入到品牌竞争的时代,因而理性分析节目

---

① 李道平.策划家丛书:广告策划[M].北京:中国商业出版社,1996:1.
② 胡智锋.电视节目策划学[M].2版.上海:复旦大学出版社,2019:1.
③ 周笑.视听节目策划[M].北京:高等教育出版社,2015:14.

市场,综合运用策划手段,找到策划的突破点,正确定位,成为客观而迫切的需求。

2. 节目策划有利于满足受众需求,提升节目竞争力

节目是不同媒介传播的基本单元。节目内容繁多,交织着多元的价值形态,在节目中进行着价值交流和文化交流,构成了一个个媒介话语空间。节目策划一定程度上满足了受众对于新闻知晓、社会生活、文化传播、休闲娱乐等诸多方面的需求,对于受众而言,其需求是随着整个环境的变化而发生改变,在不同阶段对于时事政策、经济、文化、科技、教育等不同话题有不同的关注度。随着新媒体的发展,节目也从大众传播逐渐走向分众传播,节目策划应从不同节目类型,从特定的节目受众群体需求出发进行谋划,有针对性地了解不同层次受众的需求,进一步细分节目市场,找准空白领域,从不同层面、不同角度满足受众对于节目的需求,打造具有本地化风格的节目特色,造就节目的独特优势,赢得良好的受众满意度,提升节目的品牌效应和核心竞争力。如近些年较为流行的财富投资节目、婚恋节目、养生保健节目,就是策划极大契合了当下受众群体对于理财、情感和保健的需求,而在节目市场上独辟蹊径。

3. 节目策划有利于兼顾社会效益和经济效益,增强媒体的社会影响力

策划是思想、创意和具体行为实施的中介环节。建立在科学基础上的策划,使人们的主观意志更加符合客观现实,同时为人们的行动提供一个指南和纲领,使人们的行动有步骤、有计划、有方法。策划是"研发"工作,从节目的整体定位、立意到每期节目的选题,再到具体方案的设计实施,都应与众不同,独树一帜。通过节目策划,打造品牌节目,也是为了获得良好的社会效益,取得受众认可,并将节目资源和社会影响力转化为经济效益。这里所指的社会效益,是和经济效益相对而言,更多指的是通过策划打造精品节目或品牌节目,在社会上发挥宣传、教育、引导等功能,满足受众日益增长的物质文化需求。在媒介竞争的时代,信息的流动性相比之前更强,任何媒体都难以独占和独享新闻资源,加强节目生产和运作的全程策划,可以使节目资源得到最大限度的优化配置,提升节目价值和竞争力,从而增强媒体的社会影响力。需要注意的是,当社会效益与经济效益发生冲突的时候,要自觉地让经济利益服从于社会利益,使媒体利益让位于社会公共利益。

二、节目策划的原则

节目策划,怎样才能取得成功?这个问题可以从多角度、多层面来分析解答,有学者把策划成功的条件整合为 LPFCS 模型(也称为五力模型)[①]:L——Leader(领导力),即主要领导人的眼力、决策力和人格魅力等综合因素;P——Positioning(定位力),即定位清晰,有节目的责任和立场,且能引导受众;F——Funds(资金力),即财务状况良好,为策划提供物质保证;C——Carry Out(执行力),包含内部的组织及人员的能力,还要有技术和网络;S——Service(服务力),主要指节目和受众、客户的沟通能力,对受众而言,节目服务力表现在与受众的互动沟通能力上,对客户而言,节目服务力体现在顾客满意度上。

[①] 毕玉强,郑海明,李世丁.动 CCTV 的奶酪——区域性传媒的品牌经营之道[M].广州:广东人民出版社,2004:71.

1. 创新原则

好的策划创意不仅可以盘活一个节目、一个频道（率），甚至可能盘活一个媒体。日本策划专家江川郎认为，成功的策划应该是：杰出的创意×实现可能性＝最大的期待效果[①]。从现有的节目来看，节目同质化现象严重，题材思路，包括创作手法雷同，甚至千篇一律，部分节目定位不符合国内客观情况，节目品位不高。没有创造性和创意的策划，是没有价值和竞争力的策划。创意是策划的精髓和灵魂，策划时应大胆探索创新，尽可能从节目富有个性的内容、形式、视角切入，在参与对象、主持人风格特色、节目包装等方面求新求异求变，使节目出奇制胜，避免同质化，实现良好的传播效果和节目价值的提升。

在媒介融合的背景下，新技术带动以移动互联网为主体的新媒体迅猛发展，以移动化、数字化、互动性、个性化、定制性等为特点，显示出强大的竞争力。在传统的节目形式和新的媒介形式有效对接方面，需要转变传统的传播观念，顺应融合的趋势，掌握多样化的传播手段，以全新的节目理念、节目形式、运作模式，在主流价值引导、节目话题选择、受众分析、渠道多样化、传受互动性等方面积极探索，增强节目的时代感和创新性。

2. 可实施性原则

好的创意离不开实施的可行性，没有可行性的策划，即使再有创造性价值，也只是无法实现的镜中花、水中月。因而在策划中，不仅要有好的创意，还要具有实施的可行性。首先，要审视策划的政策可行性，即策划的立意和原则是否和国家的大政方针相一致，是否符合法律法规的规定，是否在道德规范的约束之内等，也即节目策划要和其生产运作的外部环境相适应、相协调。其次，策划还要和节目生产、运作具体实施的实际条件和能力相吻合、相匹配，充分考虑主客观因素。策划需要合理的成本预算和可行的实施方案。实施方案应该包括节目的资金来源及使用、市场推广、节目运行与可持续发展、反馈修订等诸多方面，也即要审视节目自身拥有的新闻传播资源的承受能力，包括资金、人才、设备、技术、载体、品牌、社会关系等。再次，策划目标必须符合节目发展的客观规律和现实条件，方案具有可操作性，可实现传播目标，确保节目传播社会效益和经济效益的协调统一。

3. 应变原则

节目策划是对节目预期发展做当前的决策。策划虽有一套细致可行的方案，但由于未来发展是动态的，具体实施过程中会受到社会环境、传播主体、受众等各个因素的影响而出现某种不确定性和可能性，因而策划所形成的方案必须有一定的弹性。节目的各个环节要有备选方案，人财物配置等方面要留有余地，并随时根据情况的变化及时修正方案，随机而变，以增强适应性。此外，节目前期策划虽然会对市场进行一定调研，但缺乏实际检验，是基于自身的主观判断和想象来确定受众和市场的需求，没有真正做到从受众中来，到受众中去，从受众的角度出发，解读受众的需求，因而在节目传播中，可以通过大数据统计与分析、受众见面会或座谈会、问卷调研等方式，探寻节目传播受众接受效果和节目定位的差距，形成良好互动，不断调整

[①] 雷蔚真. 电视策划学[M]. 北京：中国人民大学出版社，2008：6.

节目策划的内容、形式等。

因此,一方面,我们在制定策划方案的时候要留有余地,做两手准备,要有应急措施或预备方案;另一方面,在策划方案具体实施的过程中,要在坚持总体基本原则不变的前提下实行监控,根据各方面反馈的信息,及时调整原先的策划方案,以保证节目传播的效果。

4. 整合原则

整合包括宏观层面和微观层面,既是一种思考,也是一种策略,即在节目策划中要建立系统的整体观,在元素组合、资源配置、内外部资源协调等各个方面,表现出包容、协调、整合的意愿,并通过有效的方法,产生整体大于部分之和的效果。整合是利用多种传播手段和传播元素,以满足受众和细分市场需求为核心,进行资源重组。整合凝聚了节目的核心竞争力,建立健全节目的运营与管理结构,保证策划和决策的有效性,使整体效能得到体现,合理发挥整体影响力。策划也是一个系统性的工程,是有目的、有计划的行为,策划人员不仅参与节目全过程,即从市场调研、节目定位,到规划与设计节目的内容、形式、流程、方式,还要在不同环节和社会各个层面保持和谐的关系,这不仅有利于节目的顺利运行,还可以从社会不同层面获得大量的建议和意见,整合成为新的策划创意。同时,策划也需要集思广益,听取不同的意见,以利于策划的完整和周密。

三、节目策划的内容

节目策划按照不同标准有不同类型,根据节目的类型,可以分为新闻节目策划、综艺娱乐节目策划、社会教育节目策划、生活服务节目策划、广告策划、电视剧策划、电影和微电影策划、纪录片和专题片节目策划。根据节目生产的流程,可以分为前期策划、中期策划和后期策划。由于节目的类型众多,我们很难对节目策划给出一个整体可以通用的方法,只能针对不同节目,采取适用可行的策略。在这里,我们仅对节目策划的一般内容进行分析。

1. 市场分析

节目策划,包括对于节目时段、时长、组合元素等的建构,都是建立在目标受众分析的基础上,我们要客观认识和分析受众定位,明确受众群体之间存在的差异。受众定位,是以受众本位思想为基础,以受众为中心,最大限度地从受众的根本利益出发,满足受众获取信息的需要。节目策划需要明确核心受众群体,受众的确定和节目定位策划是息息相关的,传播者必须清楚自己的受众是谁,或可能是谁,以及他们在不同时间、不同阶段、不同环境下的变化。节目策划,包括广播电视节目表的制定、网络新媒体相对固定的版面空间的安排,都是为了让受众产生对节目的熟悉感和认同感,从而认可节目的风格和内容,并接受节目。因而,了解、满足受众的需求,反映他们的心声,维系他们和节目的关系,也是节目策划必须考虑的要务之一。

美国学者托弗勒在回答人们提出的"你认为信息时代之后的时代会是什么时代"的问题时答道:"体验的时代。"体验在节目策划中的运用,即让受众参与到节目中来,通过互动元素和形式,拉近节目和受众的距离,建立和维护节目与受众的长期关系,让受众更容易地选择节目内容。大数据的发展推动了受众市场的细分。如何有效进行市场分析,形成专门化、专业化的节目特色,最大化满足分众化受众的需求也是节目策划下一步需要深化之处。

2. 节目立意和宗旨

媒体是国家意识形态建设的重要组成部分,因而节目的思想定位、内容构成等节目立意也应符合特定的现实政治环境、社会环境和文化环境。节目的基本定位立足什么样的传播介质,就应具有什么样的导向、社会认知度和影响力。当下,节目越来越趋向于分众化、专业化和品牌化,定位也就是确定节目在媒介市场中的位置。节目定位,即在众多的节目中,发现或形成有竞争力、差异化的节目特质及重要元素,定位的好坏直接影响到媒介或节目的品牌和效益[①]。准确的节目定位即要确定其内容定位和受众定位,也就是确定节目做什么或播什么内容,以及节目做出来给谁看的问题,并以此来指导和贯穿节目题材选择、流程安排、节目包装、主持人风格定位、市场推广、产业延伸等各个环节中。

差异就是竞争力,尤其当下,同质化节目竞争较为激烈,节目策划者应当明确宗旨,厘清定位,突出差异性。节目宗旨包括了节目的目的和目标两个方面,目的更多是从宏观层面提升节目的社会效益和经济效益,目标是从微观层面具体落实目的,这也是节目核心价值的体现,和节目的影响力息息相关,因而节目的宗旨必须清晰、明确、恰当。

3. 节目内容

内容是节目的核心要素,内容应该和节目定位、受众需求相一致,且具有新鲜性。节目的吸引力,根本在于内容、形式体现了节目的内在风格,对内容有强化和美化的作用。节目内容策划应当是从节目的立意和宗旨出发,确定节目表现形式,考察节目内容、宗旨与所属的广播电视、网络新媒体的整体定位风格是否一致,与其他节目之间的关系是否顺畅,确定其播出时间,安排其版面层级,使节目能够形成固定的风格。一直以来,"内容为王"是传媒行业遵循的信条,对于任何节目而言,如果内容不好,无论怎样包装,都难以取得好的传播效果,但怎样的内容才算好?对于这个问题,带有一定的争议性,但从共识的角度而言,好的内容应该具有真实、准确、重要的特征,有自身独特风格,能够吸引主流受众群体,形成一定范围的影响力,并且鲜活度高。大多数的内容元素都是受众所知晓的、常见的,当它们以一种新的形式重新组合起来,且具有一定有效性时,就具有了策划的价值。例如,政论节目《中国正在说》,内容上突出马克思主义信仰、社会主义道路、中国共产党治国理政的模式和中国人民自力更生、艰苦奋斗的实践,灯光、舞美、互动环节设计多样化,在宣传主流意识形态、答疑解惑的同时,也极大提高了节目的可视性。

4. 节目实施

节目策划的基本内容之一,就是节目实施,在不同时段安排合适的节目内容也是实施的重要方面。传统的广播电视是单向线性传播,时段成为节目重要的运营资源,因而收视(听)率最高的时段,往往被称为"黄金时段",用来安排一些受众群体非常广泛的新闻类、影视类节目,以充分体现和挖掘时段价值,发挥经济效益和社会效益。时段的定位、内容、特征和节目定位、受众划分及维系、广告投放息息相关,在不同时段,面对不同受众群体,有着不同的节目制作理念

---

① 王井,智慧.电视节目策划[M].武汉:武汉大学出版社,2011:31.

和传播策略。当下网络新媒体节目中,传播主体多元,受众需求层次多样化,具有强互动性、强分享性、强参与性,节目日趋分众化和小众化,受众群体规模较小,但对于节目的认知度和忠诚度较高。在节目策划中应树立为受众服务的意识,细分受众,并尊重受众的参与权。受众参与权是受众享有参与和借助传媒来表达意见、传递消息、展示作品、点播节目的权利[1]。节目实施中,应将最大限度满足特定受众的需要作为策划的出发点。除时段安排外,经费预算、经费来源、人员构成等,也是节目实施中需要考虑的内容。

四、节目策划的步骤

节目策划的内容虽有差异,其最终都要形成策划方案。一个完整的节目策划流程包括开展前期调研、进行策划准备、形成策划方案和反馈与修正四个基本步骤,每一个步骤中又有具体环节。当然,策划步骤并非一成不变,可根据策划目标、策划对象基本情况、环境因素随时进行调整。

1. 开展前期调研

开展前期调研是在特定时间和环境下,运用既定的调查工具和技术,收集社会信息、环境信息、受众信息进行分析的过程。前期调研首先要发现、选择、认识策划对象,并确定节目能否在媒介市场上占有一席之地,这种类型的节目是否为受众所需求,市场上有无同类或类似节目,与同类节目是否存在差异性等,探寻是否能够从中找到还没有被受众满足的需求空间,或有可待改进和提升之处来建立自己的核心竞争优势。其次,还要针对节目外部环境进行相应的政策调研,如节目是否符合法律法规、节目传播的相应规定等。根据市场需求研究定位策略,对策划对象所处的内外部环境进行调研,掌握受众对于此类节目资源的关注度,这些都是其后节目策划中进行栏目设计的基础数据。在节目策划中进行受众细分的标准更加精准,包括受众兴趣、生活习惯、知识学历背景、价值观念、生活状态等诸多方面。再次,根据调研目标,设计调查指标,确定调查时间、调查手段和调查对象,也即调研进行的时间,持续时间长短,收集和分析调研资料,并实施调研方案。在既定的时间和范围,利用既定的方式方法,向既定受众收集信息资料,并进行信息整理,形成数据性资料和文字性资料,从资料判断出节目在市场的实际地位,凝练策划创意点,这里的创意更多指主题构思,是明确节目的主题基调、核心内容的思维过程,用来找准节目定位。

2. 进行策划准备

进行策划准备是在设立策划目标的前提下,进行策划相应的研发工作,对于节目而言,其策划目标很难像商品品牌策划那样精确化、具体化,但其是客观存在的。节目策划目标是根据策划对象的主客观条件而制定的、要达到的预期目的和要产生的预期效应[2]。策划目标对整个策划活动有着指向意义,它是通过行为实施所要达到的终点,最终要对整个策划方案和实施效果起到把关和检验的作用。在策划方案中,策划目标的设定就是用概括性语言具体描述或

---

[1] 段鹏.传播学基础:历史、框架与外延[M].北京:中国传媒大学出版社,2006:213.
[2] 张静民.电视节目策划与编导[M].广州:暨南大学出版社,2007:28.

表达策划对象所应实现目标的行为。这个阶段具体包括以下方面的工作和环节。首先,考虑如何打造、包装节目品牌,在编辑思路和包装风格上加以创新,建立节目专属的包装识别系统,确定独有的统一的包装体系。其次,研发有利于受众认知、理解、识别并接受的节目编排框架,将受众需求主题化或版块化,既利于节目传播,又利于受众形成对此节目的收视习惯,强化记忆。再次,研发节目播出形式以及受众的参与方式,可以在新技术环境下,发挥节目的技术优势及内容特色,强化互动。此外,在进行策划准备时,应充分体现创造性思维,寻找策划切入点,对多种策划方法加以组合,产生策划创意,制造卖点,形成节目亮点。

3. 形成策划方案

在开展前期调研和进行策划准备的基础上,可以根据目标定位和创意,形成文字性的策划方案。策划方案是整个策划活动中的语言文字部分。方案一般包括标题、正文和署名三个部分。标题可以采用公文式标题,由事由和文体组成。正文是策划方案的重点,内容较多,可由前言(介绍节目策划的社会环境)、市场分析(节目的市场定位、特性、同类节目,以及受众需求比较的优势、不足及机会点)、节目目标介绍(节目的目标设想,可分为长期目标和短期目标)、策划创意说明(对策划主要卖点的阐释)、活动方案(节目的整体运作推进方案,包括日程安排、宣传推广策略等)、经费预算(节目运作所需要的经费支出计划及来源说明)、人员安排(节目的人员构成、分工)等方面组成,具体可视节目而定。署名写出节目的策划单位和撰写日期即可。比较重要的节目,也可做多套策划方案,突出差异性,在比较的基础上进行选择。

策划方案写作可以以文字为主,图表为辅。首先,文字叙述要力求简洁、明确、完整,对于一些细节性环节,也要专门加以表述。其次,策划方案条理要清晰,在某种程度上,策划方案可以起到指引作用,应简明易懂,便于工作人员根据策划方案展开策划活动。再次,策划方案要周密、严谨,利于操作。

4. 策划的评估与修正

策划具体实施后,可进行调研,或在运行一段时间后,进行总体效果测评,总结节目策划得失,修改策划方案。用科学的方法评估节目策划的效果,是策划活动的最后环节,也是后续策划活动的起点,可为节目的修正完善提供客观依据。社会效益和经济效益是衡量策划效果的依据,好的节目策划应该使节目既能满足受众的需求,又有助于提升受众的文化素养和信息素养,通过节目弘扬社会正气,宣传主流意识形态和文化价值观,培育文明新风尚,树立良好的媒介形象,创造和谐的媒介环境,并以此带动经济效益,激发受众的需求,提高其对节目的认可度,增强市场竞争力。以《开门大吉》策划为例,节目颠覆了益智类节目围绕知识进行问答的固定模式,提炼出"梦想"这一主题概念,而且节目中提到的"梦想",不局限于个人的"家庭梦想",也包括更大范畴的"集体梦想",并引发受众产生情感共鸣,营造了共同努力实现梦想的氛围,在追求社会效益的同时也取得可观的经济效益。

节目策划的评估可以以多种方法进行,如目标管理法、受众调查法、专家评估法等,可根据节目发展需要,选择一种或综合几种方式进行,并将调查资料进行分析,对节目的传播效果予以总结,发现节目制作与传播中存在的不足,修正策划方案,在一定范围内对节目进行调整完善。

思考题

1. 什么是节目？其内涵和外延是什么？
2. 节目有哪些基本类型？
3. 什么是节目策划？节目策划有什么作用？
4. 节目策划的原则是什么？
5. 选择一个广播电视节目或网络新媒体节目，分析其节目定位及策划内容，形成文字方案。

第二章 新闻类节目

作为节目的主体,新闻类节目在整个节目类型体系中占有举足轻重的地位。新闻类节目承担着信息传播的重要功能,通过议程设置影响着受众对于社会事物的基本认知、理解和判断,使得信息得以沟通交流。那么,什么是新闻类节目?其历经了何种发展阶段?新闻类节目的主要类型是什么?我们又该如何策划新闻类节目,并将节目要素予以组合,实现新闻资源和节目要素的最大发掘和最佳配置?这些问题都是我们在这一章所要阐释的。

第一节 新闻类节目概述

提到新闻,我们的耳边就会响起熟悉的音乐,联想起每一个中国人都再熟悉不过的《新闻联播》。网络新媒体环境下,越来越多的用户偏重于通过手机获取信息,产生了基于移动互联网的新媒体类的新闻节目,如澎湃、腾讯等,新闻的传受关系也发生一定改变。那么,什么是新闻类节目?新的媒介环境下新闻类节目又呈现何种变化?我们将在这一节内容中一一探讨。

一、新闻类节目的概念

(一)新闻的概念及内涵

新闻是指报纸、电台、电视台、互联网等媒体经常使用的记录与传播信息的一种文体,以较简明扼要的文字,迅速及时地报道新近发生的、有价值的事实。按照陆定一提出的概念,新闻是对新近发生事实的报道。范长江从受众角度对陆定一提出的定义进行了一定补充,即新闻是对广大群众欲知、应知而未知的事实的报道。《辞海》将其解释为:"报社、通讯社、广播电台、电视台等机构对当前政治事件或社会事件所作的报道。要求迅速、及时、真实、言简意赅,以事实说话。形式有消息、特写、调查报告、图片新闻、电视新闻等。"而网络新媒体的发展,又赋予新闻新的内涵,赵振宇指出:"新闻是对新近发生或有价值的事实及意义的信息传播。它通过报纸、广播、电视、互联网和新兴媒体,运用对事实过程的描述和对事实性质的判断、价值意义的评论让大众更加深切地感受和领悟该事实。"[①]这个概念增加了网络新媒体发展带来的新闻内涵的改变。以上概念涵盖不同时期人们对于新闻概念和新闻现象的把握,整体而言,新闻具有公开性、真实性、针对性、时效性、准确性、显著性、接近性、开放性、广泛性、变动性等特征。从表达方式上看,新闻以叙述为主,兼有议论、描写、评论,讲究真实性。叙述要素包括五个 W 和一个 H,即 Who(何人)、What(何事)、When(何时)、Where(何地)、

---

① 赵振宇.新闻及其时空观辨析[J].新闻与传播研究,2009(2):32-40.

Why(何因)、How(如何)六要素。

在我国,新闻具有的传播优势使其能够最迅速、最广泛地把党的路线、方针、政策贯彻到群众中去,并变为群众的行动,同时能够广泛反映群众的意见、呼声、意志和愿望,能够及时地传播国内外各种信息,直接影响群众的思想、行为和政治方向,引领、激励、动员、组织群众为认识和实现自己的利益而斗争[1]。新闻类节目所具有的属性决定了其在整个节目体系中的主体地位。

(二)新闻类节目的概念

新闻类节目是节目系统的骨干,它通过报道、评论,借助各种传播手段,向受众传递有关国内外重大事件的相关信息,以帮助其正确认知和理解事物的发展变化,反映现实,引导舆论。在网络新媒体环境下,新闻传播的方式、手段及受众接受与反馈都发生较大改变,新闻这一概念的内涵和外延被拓展,由单纯的新闻事实报道,扩展为对事实背后的思想、观点的传播,以及对新闻背景的挖掘,对事件起因、意义和影响的展现。我们认为,新闻是以现代化的技术为传播手段,对新近或正在发生的事实的报道。一般情况下,我们会听到新闻节目和新闻类节目两种称谓,常常将这两者混淆,将新闻节目等同于新闻类节目。事实上,两者从内涵而言,具有一定差异性。新闻类节目是传播最新信息、报道真人真事的节目的总称,包含了各种新闻性内容和新闻报道形式,是关于信息和意义的媒介互动过程,担负着沟通信息、传达政令、反映舆论、宣传党和政府方针政策的重要使命。新闻节目是以新闻材料为基础,经过加工制作而成的节目,包括现场或预先录制的访问、专家分析、社论内容等,信息量大,具有较强的时效性、广泛性、指向性。新闻节目与新闻类节目的区别在于,新闻节目汇总了多条新闻,并且不加入评论。当下,新闻类节目包括的内容,已经远远突破现有新闻概念的内涵,除时政新闻、财经新闻、娱乐新闻、体育新闻外,还有部分实用性、服务性的新闻内容。

二、新闻类节目的发展历程

(一)广播新闻类节目的发展

1906年12月16日,美国匹兹堡大学教授费森登通过位于马萨诸塞州布朗特罗克镇的国家电器公司128米高的无线电塔,成功进行了第一次广播,播放内容为乐曲。1920年11月2日,美国威斯汀豪斯公司广播站KDKA开始广播,首次播送的节目是总统选举。中国人民广播事业的开端是创建于1940年12月的延安新华广播电台。创办初期,延安新华广播电台主要播报中共中央重要文件、《解放》周刊和《解放日报》的重要文章、社论,国际国内的时事新闻,革命故事和抗日歌曲等,每周播放三次,每次广播在当日的下午和晚上进行,同时用汉语和日语各广播一次。解放战争时期,延安新华广播电台的节目内容以新闻和评论为主,先后办有"解放区介绍""解放区政策""对国民党军广播"等专题节目。

(二)电视新闻类节目的发展

1958年5月15日,北京电视台第一次自办新闻节目,播放了4分钟的图片新闻——《东

---

[1] 胡智锋.电视节目策划学[M].2版.上海:复旦大学出版社,2019:26.

风牌小轿车》，标志着我国电视新闻事业的起步①。由于技术和设备的限制，早期电视新闻的时效性差，制作基本停留在"画面加解说"的单一形态上，也未能形成面向广泛大众的有效传播途径。1978年8月1日，消息类电视新闻资讯节目《新闻联播》开播。1980年7月12日，集评论、评述、深度分析于一身的新闻节目《观察与思考》创办。1987年7月，杂志类新闻节目《新闻透视》在上海电视台开播。其后，新闻节目的数量日益增加，2003年5月1日，中央电视台正式推出新闻频道，这是我国第一个国家级的新闻专业频道，实行滚动、递进、更新式的报道，标志着我国电视新闻也进入一个新的发展阶段，即"第一时间、第一现场、第一需要"的定位，报道和事件同步，内容满足并拉近了受众的求知和欲知心理，最大限度发挥新闻的功能。新闻频道在三个维度上立言"第一"，打破了"总结式"和"综合式"的新闻报道模式，确立了新闻报道的追踪意识，这不仅是对现代新闻传播理念的本质提升，也是提高新闻报道质量的重要举措②。当下，新兴的数字技术给电视新闻采制、播出、传输覆盖和接收带来全新变化。

（三）网络新媒体新闻类节目的发展

在网络新媒体时代，最初主要提供新闻的是门户网站。门户网站是指通向某类综合性互联网信息资源并提供有关信息服务的应用系统。除提供新闻外，门户网站还提供搜索服务、目录服务、免费邮箱、影音资讯、网络社区、网络游戏、电子商务等功能。在我国，典型的门户网站有网易、新浪、搜狐等。新闻网站是以新闻业务为主要生产手段的网站，包括国家大型新闻门户网站（如新华网、人民网等）、商业门户网站（如网易、新浪）、地方新闻门户网站（如长江网、大江网），还有各种行业的门户网站③。互联网发展初期，门户网站通常做新闻业务，新闻网站的主业则只是新闻业务。无线通信技术与计算机技术、信息网络技术的结合催生了手机媒体的发展，并实现了人际沟通工具向大众媒体的跨越，形成了集新闻功能、服务功能、娱乐功能、经济功能于一身的，交互式、多媒体的大众化媒体，提高了新闻传播的及时性，并拓宽了新闻报道的信源。

根据《第45次中国互联网络发展状况统计报告》，截至2020年3月，我国网民规模为9.04亿，其中手机网民占比为99.3%，达8.97亿，网络新闻用户规模达7.31亿，占网民整体的80.9%，即目前网民大多使用的是移动互联网。越来越多的用户通过手机上网来获取各种信息，手机成为一种集社交、娱乐以及信息阅读为一体的终端。在信息化时代，信息成为一种重要的社会资源，人们愿意学习并接收各式信息内容，广播、电视，甚至平面媒体都纷纷"上线""触网"，转换新理念、拥抱新技术、构建新体系，通过各种App，提升内容价值来争夺用户群体。如2012年11月，央视新闻微博上线；2013年4月，央视新闻开通了微信公众号；2013年7月，央视新闻推出基于自有平台的独立客户端；2019年8月24日，央视新闻入驻抖音；2019年8月25日，央视新闻入驻快手平台。央视新闻不仅依靠自建平台和强大的新闻数据库资源，还积极打通新媒体平台。此外，各商业新闻网站客户端竞争日趋激烈，如新浪微

---

① 郭镇之.中国电视史[M].北京：文化艺术出版社，1997：86.
② 韩彪.现场直播：新闻改革的标尺[M].北京：当代中国出版社，2007：123.
③ 匡文波.新媒体概论[M].2版.北京：中国人民大学出版社，2015：87-88.

博打造短视频聚合产品"秒拍",腾讯推出主打个性阅读和轻松评论的"天天快报",凤凰网将"一点资讯"定位为兴趣引擎和自媒体内容分发,今日头条通过大数据算法进行个性化推荐等①。

三、新闻类节目的特征

新闻类节目以传播信息为主要功能,满足了受众对于事实真实性、新鲜性、及时性的需求,以新闻报道、评论为节目主要内容,反映舆论、形成舆论、引导舆论,除具有节目的一般特征外,也存在自己独特的特征。

1. 采编内容复杂化

当下,网络技术、计算机技术、信息技术飞速发展,节目所进行的不仅仅是单一元素的传播,还是在网络新媒体环境下,文字、图片、声音、画面多种元素的视听结合,相互作用,发挥综合传播的优势,进一步扩充和丰富新闻背景信息,深化主题。同时,各个媒介之间的技术壁垒被打破,界限消融,其对于信息吸收、处理和转换能力影响到媒介的发展,大的融媒体平台上呈现多元竞争的态势。当下的新闻,不仅要进行事实的报道,同时还强调其思想深度,即新闻的外延由纯客观事实报道扩展到对有新意的思想、观点的传播。

一个节目从选题策划、立项到制作成片,将选题落到实处,要经历诸多操作环节,受到外部环境、技术设备及人员的影响。采编内容的复杂化也对节目采编人员进行内容处理提出了更高的要求。如何进行新闻内容的分辨,如何进行新闻类节目元素的采编与处置,如何深挖新闻背景,这需要增强报道的理性思辨。

2. 采编主体多样化

新闻采编是对新闻信息的认定、采集、加工、编辑、制作的全部过程,传统大众传播媒体兴盛的时代,采编主体是由新闻媒体专业的编辑、记者负责,起着传播的把关人作用。在微信、微博等社交媒体蓬勃发展的背景下,自媒体技术具有的交互性和成本低、自主性强的特点,改变了传统的新闻编辑和传播的方式。人人都可以成为新闻的传播者和制造者,全民皆记者,新闻采编不再仅仅局限于专业的媒体从业人员,便携的移动终端设备使更多的用户能够进行新闻类相关信息、事件的采编工作。用户可对相关影像加以剪辑并通过各种媒介渠道传播,这使得新闻采编的主体呈现更加多样化和大众化的特点,传播主体也由"精英群体"下沉到"精英群体"和"草根群体"并存的状态。采编主体的多样化在一定程度上拓宽了新闻信息来源渠道,提升了传播时效性,但采编主体新闻意识不强,综合素质不高,容易造成采集信息的零散化、片段化甚至情绪化。大众传播媒体可以针对新闻报道的基础性事实,通过开辟新角度、深挖信源、全媒体报道等手段进行跟进式的信息采访及信息编辑②。对此,可以通过媒介平台形成专业的媒体传播者和用户之间的良性互动,来创新节目产品,反哺节目内容。

---

① 张健.视听节目类型解析[M].上海:复旦大学出版社,2018:12-13.
② 凌金宝.自媒体时代传统媒体的二次新闻采编策略[J].新闻世界,2019(6):68-70.

3. 采编流程综合化

随着新媒体的广泛应用，新闻类节目的内容采编工作不再受时间和空间的局限，节目的采编工作可以通过电脑、智能手机、数码相机等电子设备来获取新闻素材。广播、电视及新媒体之间融合应用的情况越来越普遍，这使得新闻采编能够综合运用不同媒体，充分发挥不同媒体的优势，并以此为高质高效地制作新闻类节目创造条件。近年来，虚拟现实技术（VR）、增强现实技术（AR）、无人机等新技术的运用，给新闻的制作与传播创新带来巨大的可提升空间。2017年9月27日，希拉里和特朗普的电视辩论，NBC进行了VR直播报道，用户可利用VR技术和PC浏览器观看，同时还可设定自己的形象参与社交媒体互动。这次直播支持终端设备适用范围广，社交化应用形式灵活，成为VR直播的里程碑式事件①。这是传统电视媒体和新媒体技术融合传播的典型例子。

4. 传播的实时性与受众的深度参与性

随着现代技术的发展，新闻生产主体多元，决定了其传播速度的实时性，可以在新闻事件发生的同时进行同步传播，各种节目元素的综合运用，使受众在直观了解真实新闻事件的同时，认知传播主体的观点和思想，并参与新闻节目的传播。在大众媒体传播时代，受众在信息传播过程中的参与性较弱，通过来信来电等方式提出观点、看法，时效性也很差。在网络新媒体时代，一方面，由于技术发展的赋能，受众参与具有技术基础保障，另一方面，受众自我意识提升，加之新闻类节目的强互动传播性，受众易对传播内容产生心理介入和传播过程的亲身介入，通过提供新闻线索、直接进行或参与新闻报道、留言等方式深度涉入此类节目，参与补充传播过程，有效完成节目的整个制作流程。

第二节 新闻类节目的主要类型

新闻类节目在整个节目体系中发挥着主体和骨干作用。当下的新闻类节目，在节目内容上不断深化，其节目形态和新的媒介技术紧密相连并产生多种样态。厘清新闻类节目的类型，是为了更加准确地进行节目分析，并根据节目类型展开相应的策划活动。

一、新闻类节目的主要分类

按照不同的标准，新闻可以有不同类型的划分。按事实发生状态，可分为突发性新闻、持续性新闻、周期性新闻；按事实发生与报道的事件差距，可分为事件性新闻与非事件性新闻；按新闻发生的地区与影响范围，可分为国际性新闻、国内性新闻、地方性新闻；按新闻事实的材料组合，可分为典型新闻、综合新闻、系列新闻；按传播渠道与信息载体，可分为文字新闻、图片新闻、电声新闻、音像新闻；按反映社会生活的内容，可分为政治新闻、经济新闻、法律新闻、军事

---

① 周小普，刘楠，张翎. 新战略、新融合、新技术：2016年国外广播电视发展与未来趋势[J]. 中国广播，2017(2)：47-51.

新闻、科技新闻、文教新闻、体育新闻、社会新闻。

目前学界相关研究对于新闻类节目并无明确划分和探究,更多是针对电视新闻或电视新闻资讯节目进行类型划分。电视新闻节目按照报道形式划分,可以分为消息、专题、系列(连续、组合)报道、评论和现场直播;按照播出栏目划分,可分为消息、专题、言论、杂志四种节目类型。胡智锋将电视新闻节目分为消息类新闻节目、专题类新闻节目、言论类新闻节目、新闻杂志和新闻直播节目五种类型①。徐舫州、徐帆按照新闻节目的内容特点、表现功能和要求,将电视新闻资讯节目分为消息类电视新闻资讯节目、评论类电视新闻资讯节目、深度报道类电视新闻资讯节目、杂志类电视新闻资讯节目、谈话类电视新闻资讯节目、资讯信息类电视新闻资讯节目和直播类电视新闻资讯节目七种②。张健也将电视新闻资讯节目划分为消息类电视新闻资讯节目、评论类电视新闻资讯节目、深度报道类电视新闻资讯节目、直播类电视新闻资讯节目、对象性电视新闻资讯节目五种类型③。张静民在参照传媒业界以体裁、题材、地域和形态对电视新闻分类的基础上,将电视新闻节目分为消息和长篇报道类电视新闻节目、人物专访式电视新闻节目、调查评论式电视新闻节目、谈话式电视新闻节目、现场直播式电视新闻节目、电视民生新闻节目六种④。谭天则从消息类新闻节目、专题类新闻节目、新闻评论性节目三种类型对新闻类节目进行了划分⑤。

综上,现有研究对于电视新闻节目,有着不同的考量和划分,从新闻节目的内涵出发结合当下发展实际,我们以新闻节目的主要内容为依据,将其划分为消息类新闻节目、专题类新闻节目、谈话类新闻节目和重大事件特别报道。

二、新闻类节目的主要类型

1. 消息类新闻节目

消息类新闻节目是所有新闻节目中最能体现媒介的传播特性,反映传播规律的新闻节目类型,其主要作用是真实、客观、公正、简洁地传播国内外具有新闻价值的事件,一般可分为影像新闻、图片新闻、字幕新闻、现场报道和深度报道。在当今媒介融合的时代背景下,无论是广播、电视,还是网络新媒体,消息类新闻节目的优势都较为凸显,现代信息技术的迅猛发展及受众碎片化的阅读习惯的形成,都为消息类新闻节目的发展提供了更为宽广的空间。

我们也将连续报道和系列报道归入消息类新闻节目。在一些重大事件中,媒体越来越多地采用连续报道和系列报道的形式。对事件和主题进行持续报道,可使其在一段时间产生一定规模的影响。

连续报道是在一段时间内对具有相关性的新闻的动态变化展开的多次、连续、具有追踪性的新闻报道。连续报道通过对新闻事件发展过程的追踪,以最快的速度传播最新的信息,让受

---

① 胡智锋.电视节目策划学[M].2版.上海:复旦大学出版社,2019:29.
② 徐舫州,徐帆.电视节目类型学[M].杭州:浙江大学出版社,2018:28.
③ 张健.视听节目类型解析[M].上海:复旦大学出版社,2018:13.
④ 张静民.电视节目策划与编导[M].广州:暨南大学出版社,2007:63.
⑤ 谭天.电视节目策划实务[M].广州:暨南大学出版社,2015:40.

众及时知晓事件发展的最新动态,具有时效性、连续性的特征,其每一条新闻在内容上具有承上启下的联系,层层递进报道事件全过程,每一篇新闻报道都有报道重点或侧重点,都具有相对的独立性,但是如果将各个篇章组合起来又是一个有机整体,可将整个新闻事件的发展变化、内在逻辑层层展开,完整呈现新闻事件的全貌,形成影响强势。连续报道有单一消息的形式,也有单一通讯的形式,还有消息、通讯等体裁相互配合的形式。

系列报道往往是围绕一个较大主题,以非事件新闻为主,对新闻事件或现象从各个不同侧面展开的立体化、全方位报道,利于受众从整体上来把握新闻,扩大新闻的社会影响。系列报道一般题材比较重大,是对同一事件多角度、多侧面的反映,突出报道与报道之间的内在联系,形成一定的宣传声势,突出某种主题思想,引起受众的关注。

2. 专题类新闻节目

专题类新闻节目是综合运用各种表现手段及播出方式,对一个时期内社会、政治、经济中重要的新闻事件或某些具有新闻价值、广大受众所关心的典型人物和典型经验,作比较全面、详尽、深入的反映,以呈现新的社会现象或表现某一行业、地区的新面貌、新气象,并按一定周期和专栏播出,由新闻媒体独立完成采访报道任务的新闻报道形式。专题类新闻节目是消息类新闻节目的扩充和延伸,是更为详尽和全面的新闻报道,可以将其分为调查性专题节目、述评性专题节目和深度报道几种类型。

调查性专题节目是利用媒体的表现手法,结合党和政府的中心工作,针对群众关心的新闻事件及社会问题展开深度调查。这类节目是媒体新闻频道的核心竞争力所在,同时也是体现媒体公信力的重要手段,注重展现记者的采访调查过程,强调了分析、解释和思辨,以客观的影像画面,真实地记录新闻事件,表达传播者的主观判断和意见,让受众了解事实真相。述评性新闻节目是对某一新闻事件或重大问题作比较全面、系统的反映,是在了解全局的基础上,对某一典型事件在全局中的位置、作用及其可能的影响、走势进行分析、预测[①]。述评性专题节目依据新闻事实,以深刻尖锐的剖析阐明媒介的观点和立场,是一种具有鲜明针对性和论说性的新闻体裁,它集新闻性和政论性于一体,融新闻体裁和政论体裁于一炉,通过揭示真理、引导舆论,完成媒介的使命。按照《新闻学大词典》的解释,深度报道是运用解释、分析、预测的方法,从历史渊源、因果关系、矛盾演变、影响作用、发展趋势等方面报道新闻的形式[②]。《中国应用电视学》则进一步指出,"解释性、调查性、分析评述性、问题探讨性等一些具有思想内容深度的报道都可以归为广泛的深度报道的范畴"[③]。深度报道是运用表现元素和报道方式,从历史渊源、因果关系、矛盾演变、影响作用、发展趋势等方面,对新闻事态的发生进行前因后果的解释、分析和预测,表现手法多样化,是一种系统反映重大新闻事件和社会问题,深入挖掘和阐明事件的因果关系以揭示其实质和意义,追踪和探索其发展趋向的报道方式,对事态有深层次的思考,其往往能够在社会中引起较大的影响。深度报道突破了一人一地一事的报道模式,在把

---

① 谭天.电视节目策划实务[M].广州:暨南大学出版社,2015:49.
② 甘惜分.新闻学大词典[M].石家庄:河北人民出版社,1993:153.
③ 北京广播学院电视系学术委员会.中国应用电视学[M].北京:北京师范大学出版社,1993:181.

握真实性的基础上展示了事实内涵和宏大背景,包含的主要内容有新闻事件、新闻背景、新闻前景、新闻过程、新闻分析、主观感受、新闻预测、图片说明、对策建议等,追求报道的深刻性和研究性。

专题类新闻节目一般是围绕某一特定主题,进行深度分析和挖掘,安排相关新闻,具有一定的综合性。此类节目题材大都涉及社会舆论关注的重点、难点和焦点问题,内容详尽而全面,对于新闻背景的展示也较为详细,善于从看似寻常的事件中挖掘出有价值的新闻或社会问题,在正确的导向作用下,体现重要性和思辨性,预判社会发展的趋势。

3. 谈话类新闻节目

谈话类新闻节目也是目前受众接受度较高的新闻类节目,这里我们界定的是新闻类节目中的谈话类新闻节目,和广义的访谈类节目有一定差异,第三章会专门介绍探讨访谈类节目。谈话类新闻节目是指以面对面人际传播的方式,通过传播媒介再现或还原日常谈话状态的节目形态,通常是围绕新闻事件、社会热点等受众普遍关注的,具有一定新闻价值和社会影响的话题,在主持人、嘉宾及观众之间展开的即兴、双向、平等的交流,本质上属于大众传播活动①。谈话类新闻节目是以主持人和采访对象之间面对面谈话的形式进行,不拘泥于对新闻事件各个要素的报道,而是就某一事件展开交流和挖掘,传播思想和观点,表达情感,以人物为视角来解读新闻,为各种意见和观点提供沟通平台,通过主持人的采访提问和采访对象的回答,受众可知晓新闻事件的来龙去脉和嘉宾的观点、态度,以及事情背后的真相。中央电视台1996年3月创办的《实话实说》栏目一般被认为是此类节目的代表。

谈话类新闻节目的主持人在节目体系中起到重要作用。主持人的思维能力,对于话题的理解、组织、把握和挖掘能力,采访能力,节目现场的调节和把控能力等直接关系着节目质量的高低,是整个节目的核心。主持人与嘉宾、受众的互动活跃着现场氛围,使问题能够深入浅出,引导着节目话题的走向,既能让采访对象实话实说,又能平衡各方观点。

谈话类新闻节目的话题是多样的,要着眼社会现实发展,体现新闻价值和受众深度需求,选择的标准是看话题是否具有针对性,是否能够为受众所理解和关注,且能够以轻松愉快的形式来进行交流。话题设置要具有"可谈性"和"争议性",即能在主持人和采访对象之间进行深度挖掘和剖析,并在谈话现场制造一些争议性的小卖点,活跃节目气氛,在节目传播之余又能够引发受众对此类问题的深度思考,同时,还要考虑到话题和节目定位、受众定位的吻合度。

4. 重大事件特别报道

重大事件特别报道是指媒体综合运用各种节目形态和表现手法,对正在发生发展的,具有深远和持续影响力的事件进行细致、全面、深入的报道。重大事件特别报道还可以划分为可预知的重大事件特别报道和不可预知的重大事件特别报道。可预知的重大事件特别报道事先应经过精心策划和安排,有比较详细的报道安排表;不可预知的重大事件特别报道往往涉及重大的突发性事件,但它却最能够检验媒体和记者的新闻敏感和反应能力。由于影响力不可估量,因而,尽管其报道持续时间长、制作难度大、形式多样化,所投入的人力、物力、财力多,但面对

---

① 徐舫州,徐帆.电视节目类型学[M].杭州:浙江大学出版社,2018:38.

此类事件,媒体必定会在第一时间赶到事发现场,通过各种报道渠道和方式将事件的最新进展尽可能完整地呈现给受众。由于缺乏事先准备,不可预知的重大事件特别报道在开始时难免粗糙和凌乱,原生态的记录方式和事件本身的不可预知性,恰恰会成为最吸引受众的要素。

当下,随着数字技术和传播设备的发展,对于重大事件特别报道,媒体越来越多地采用现场直播的形式同步采访、同步报道、同步播出。新闻直播有两种形式:一种是指只在新闻合成和演播室播报这两个环节上实现直播,目前的直播类新闻栏目大多停留在这一层面;另一种是指在新闻事件的发生与播出之间的直播,是以新闻现场为主体,综合背景资料、演播室串联、述评、现场采访及多个现场之间交流为一体的系统化传播样式①。重大事件特别报道,无论是可预知的,如大型庆典,还是不可预知的,如自然灾害、安全事故等,在事件具有典型性和可播出性的前提下,根据媒体自身的实力,都可以采用直播形式。直播日趋常规化,也是对节目权威性和媒体新闻资源占有能力的检验。如近年来中央电视台加大了对新闻事件的直播报道力度,形成了具有新闻价值、社会价值和收视兴趣三个选择标准,即重大的政治事件或突发事件、对国民生活有重大影响的事件或活动、群众或观众关心的新闻事件②。直播报道记者的采访报道和受众接受是同步的,传受之间零时差,新闻事件实时发生、实时报道,新闻报道的过程和结果具有不可预知性,引发了受众极大的兴趣和注意力,且新闻的真实度高,最大程度再现了新闻事件现场。直播报道会使一个重大事件成为报道"强势",成为一个时期社会各界关注和议论的热点,引发轰动效应。

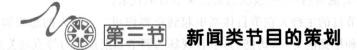

第三节 新闻类节目的策划

随着竞争日趋激烈,媒体越来越重视新闻节目的策划和深加工,新闻节目策划能力也极大体现了媒体影响力。策划是为了实现新闻资源的合理分配,包括外部环境资源、媒介人财物资源、受众资源等的最佳配置和最优传播,如何用最有效最合理的方案来处理新闻要素,打造具有社会效益和经济效益的新闻类节目,也是我们需要着重探讨的。新闻类节目在策划之初,策划者要进行充分的调查和准备,根据受众需求,对节目的选题、风格、形式、采访、内容等一系列流程进行科学规划。

一、选题策划

俗话说,"文好题一半",这里的题,不仅指题目,还包括选题等,好的选题对于新闻类节目具有重要意义。一般而言,选题既要符合国家法律法规,也要符合新闻传播的规律和规范,可简单概括为三句话:"政府重视、群众关心、普遍存在",即要接受新闻政策的约束,违背了新闻政策、舆论导向及社会伦理道德的选题,都不能成为节目选题策划的对象。

---

① 朱羽君,殷乐.信息社会的活跃时空·电视新闻栏目:电视栏目形态研究之三[J].现代传播,2001(3):79-83.

② 张静民.电视节目策划与编导[M].广州:暨南大学出版社,2007:105.

选题策划要求树立整体的策划意识和策划观念,对节目整体综合考虑,并在具体操作中根据节目的侧重点予以相应的调整。与此同时,选题策划还要具有一定的时效性、典型性和可操作性。新闻贵在新鲜,时效性要求策划选题时善于发现新信息、新事物、新现象,并及时搜集与捕捉。此外,当今资讯高度发达,对于传播速度也提出更高要求,第一时间、第一现场,成为新闻媒介争夺传播话语权的核心内涵,即用第一手的采访、第一手的报道、第一手的解读来吸引受众,赢得话语权。典型性是对新闻内涵而言,即如何在海量的信息及新闻素材中,提炼出有价值的新闻,判断其新闻价值、社会价值,并进一步开发挖掘,凝练内涵,通过节目的传播深化典型意义,形成全社会关注的典型议题,产生积极影响。选题策划还要注重对市场环境的把握,要符合党和国家主流价值诉求,契合政府的宣传要求与尺度,并尽可能满足受众对新闻信息的获取需求。

每个节目的策划都有一个主题,要选取新的角度、新的立意对报道内容进行提前谋划安排,从而挖掘更有价值的新闻和观点。选题策划决定新闻类节目应该报道什么,或侧重报道什么,这也是媒介议程功能发挥,建立节目的选题评判标准和筛选原则,即哪些节目选题更符合节目的定位,符合受众的需求,并对最终确定的选题进行策划处理,深挖相关信息,组合相关要素,根据选题的性质,寻找亮点。在选题制作的过程中需更加充分地体现节目的自身特点,跟进社会热点,并对选题进行长期积累。一般情况下,选题策划的来源,有来自政府部门、企事业单位主动提供的选题线索,也有来自普通受众群体通过来信来电、客户端留言、社交媒体等渠道提供的选题线索,还有来自其他新闻媒体所触及的选题线索。针对所有的线索,要进行选题的初选和复选。初选一般是核实真实性,确定选题涉及的基本事实是否准确;复选是确定线索是否可进一步重点挖掘出更深层的意义,产生更宽广的影响。

在社会转型期,随着社会生产生活方式的变化,群体诉求日益多元,媒介在其中起着重要作用,如何通过节目,尤其是新闻类节目,来反映社会热点、疏导社会情绪、化解社会矛盾是选题策划中值得深入思考之处。新闻利用它们的形式把新鲜或新奇的事件置于熟悉的框架之中,新闻故事的熟悉性是新闻限制策略的关键[1]。新闻类节目选题策划通过公共话题、民生话题,与不同阶层群体建立了相关性的联系。

不同类型的新闻节目,其选题策划有不同的侧重点。消息类新闻节目的选题策划要通过对新闻资源的整合、包装,凸显新闻价值。消息类新闻报道要注意真实性,真实是第一要务,如实反映事件的真相,反映客观事物的本来面貌。真实包括新闻报道的具体事实真实无误和新闻报道概括的事实真实。新闻报道的客观性原则主要包括以下方面:采用客观陈述的方式,用事实描写表达新闻意图,做到尊重事实,真实呈现事实,尽量减少主观描写,少用形容词、副词等修饰性语言;将事实和观点分开,不将带有强烈主观色彩的观点当作基本新闻事实,以免误导受众;避免记者的主观倾向,在新闻报道中,所有的质疑、判断、主观感受,都必须有出处,在报道中避免采访策划人员的个人观点[2]。在现场直播报道中,对于可预见性的报道,更考验策划能力,各种媒体都能够取得第一手资料,如何出新意,如何展开报道是策划的重点。而对于

---

[1] 菲斯克.电视文化[M].祁阿红,译.北京:商务印书馆,2005:426.
[2] 王井,智慧.电视节目策划[M].武汉:武汉大学出版社,2011:93.

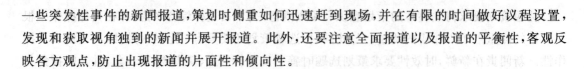

一些突发性事件的新闻报道,策划时侧重如何迅速赶到现场,并在有限的时间做好议程设置,发现和获取视角独到的新闻并展开报道。此外,还要注意全面报道以及报道的平衡性,客观反映各方观点,防止出现报道的片面性和倾向性。

二、采访策划与嘉宾策划

采访是新闻工作者为了获取新闻而进行的活动,包括了解情况、分析情况、组织报道和写作的整个过程,是新闻类节目的基本构成因素和形态。除一些短消息由于时间短、信息量少,会较少运用采访外,专题类新闻节目、谈话类新闻节目、重大事件特别报道等普遍会运用到采访。如何确定采访对象,提出最有效的问题并获得采访对象的回答,则需要较强的策划和应变能力。

在选题策划基础上,记者通过深入采访,加工凝练,掌握第一手的丰富材料,提炼出具有新意的主题思想,从整体上把握被采访对象和事物。采访策划往往和采访准备、采访技巧、临场反应、采访程序联系在一起,采访不仅要有扎实的前期准备,如主动设置议程,从采访对象的角度去设想采访问题,考虑这些问题是不是受众想问的、想听的及受众会对哪些问题感兴趣等,通过设计采访问题,引导受众透过事件表象,一步步地接近和了解真相。此外,无论事前做了多么充分的采访策划准备,总会有各种突发情况,要做好应对预案和准备,尽可能采访到全面充足的事实,并对采访所得综合做出判断。

新闻类节目通过大量的新闻调查和深入细致的采访,并对其进行理性分析,多侧面展示新闻事件,把握新闻事实。好的新闻节目,在确定选题后,采访也要层层递进,把握编辑节奏,凸显调查感,并在采访和调查中发现和揭示新问题。策划不应只着眼于新闻事件报道本身,而应更多地挖掘新闻背后的"故事",剥开事实的真相和本质,吸引受众注意,让受众更多地了解事件的来龙去脉,满足其对信息的知情权以及对深度认知的需要,发挥新闻节目的舆论导向作用。尤其在一些评论类新闻节目中,记者、主持人的采访、调查过程即评论过程,事实展现即意见的表达,采访使得评论具象化。

新闻类节目采访策划还应把握对采访记者(主持人)的角色定位。虽然新闻类节目不像访谈类节目,主持人在节目中具有决定性作用,但采访策划对采访记者也提出较高的要求,即要有很强的话题组织能力和应变能力,及时掌握节目进程、嘉宾评论等,同时要注重形象定位,采访语言要遵循交流表达的技巧,言之有物,言之有据,言之有理,并建立个人的采访风格,这有助于节目整体质量的提升。新闻类节目越来越强调现场感,实时报道对采访提出更高的要求,要善于把握新闻事件现场的环境变化、事件发展及人物活动,通过采访呈现生动鲜明的现场感,给受众"还原"真实的时空。面对不同采访对象,在展现各种观点碰撞的同时,要注意观点的均衡呈现。

嘉宾是新闻类节目中不可缺少的重要组成部分,嘉宾策划也成为新闻类节目策划的重要方面。一般而言,新闻类节目中的嘉宾包括两种:一种是以政府官员、专家、社会知名人士为主的掌握一定话语权的群体;另一种是新闻事件发生过程中涉及的普通群体。嘉宾可以承担的功能有三种:首先,可以对新闻现场第一时间获取的新闻事实进行解读和分析,深化新闻节目的内涵；其次，可以增加节目的信息量，嘉宾的分析成为新闻信息的有机组成部分；再次，能够有效控制节目进程①。嘉宾，尤其是权威领域、行业的专家，在自身专业领域拥有较高知名度，比普通受众掌握更多的信息资源，拥有更多的知情权，起到意见领袖引导舆论的作用，能够有效提升节目的影响力和公信力。

在述评性的专题类新闻节目中，或在新闻事件报道过程中，其结尾处都有主持人或嘉宾的概述性点评。主持人或将自己的述评和嘉宾的述评相结合，或提出关键性问题，或总结深层含义，既讲道理，又摆事实，夹叙夹议，引导受众更好地把握事实真相。而在谈话类的新闻节目中，主持人和嘉宾在谈话中，就新闻事实、社会现象、典型问题进行分析，主持人在其中不仅仅是节目的串联者和新闻播报者，还是节目观点、进程的整体把控者。嘉宾提出自己的观点和看法，展望事件未来发展态势，通过表达充当着"有观点的传播者"的角色。对于嘉宾的选择，应是新闻事件的参与者或亲历者，或其经历、学识、人格魅力能够反映一定的时代变迁，引发受众的关注，或提供某种参考借鉴价值。在节目策划中，要对嘉宾的学识、背景、语言表达、对事件的见解等做综合的评估和衡量，能够和主持人及现场观众有效互动交流。此外，还需要考虑嘉宾的身份是否与节目相匹配，以及嘉宾的形象是否正面等多方面问题，采取有效措施激发嘉宾深入参与节目、深化节目内涵。

三、形式策划

一个新闻节目，在确定了选题、采访和嘉宾的情况下，要确定采用何种形式来进行新闻报道，以及如何运用节目的各种要素组合，体现报道意图，实现报道目标，如节目类型、节目结构、版块框架、报道形式、播出时间、版块定位和宗旨、主持人形象、节目标识、音乐音响、广告宣传语等形象包装相关要素。

新闻类节目既有庄重严肃的时政新闻，也有鲜活跳脱的民生新闻，还有财经新闻、法制新闻等，受众对新闻的内容形式、类型的要求多样化，形式上也强调多种表现手法的科学运用，述评性的、连续性的、系列性的深度报道、谈话形式等，要用具有新意的、得当的表现方式来达到良好的传播效果。在媒介融合的背景下，新闻不仅仅是对事实的报道，在新闻类节目中，影像、解说词、音乐音响、同期声、特技特效、三维动画、模型、图表图片等各种表现形式都得到了充分的展现，现场报道、新闻人物访谈、动画动漫等多种报道手段，在叙述新闻事件的过程中，都能够帮助记者和编辑深度挖掘新闻背景。

从多角度、多侧面对热点、难点、焦点事件进行探讨和解释，透视深层问题，挖掘新闻背景，给予受众充分的知情权，要注重报道广度和深度的统一，以增强传播效果。报道广度就是要求记者有宏观意识、系统意识、整体意识，把报道对象作为一个整体加以反映。报道深度就是要求记者深入实际、深入生活、深入事件，透过现象，挖掘事物深层含义，增强报道的思想性和表现力。在新闻类节目中，对于一些深度报道、专题报道以及重大事件报道，适当地进行新闻背景的铺垫与陈述，可以更好展示新闻事件所处的时代环境，凸显新闻价值。此外，还可在节目

---

① 胡智锋.电视节目策划学[M].2版.上海：复旦大学出版社，2019：42.

中打通各个媒体平台,将传统媒体节目播出与新媒体推送相结合,节目完成后利用社交媒体引发受众讨论热议,推动受众对于节目及选题的持续关注。

在网络新媒体发展的背景下,数字技术、通信技术的更迭,特别是5G的发展,使新闻节目被赋予新的内涵,推动了节目形态的系统创新。广播、电视与网络新媒体加速融合,逐渐打通平台共享资源。数字化传播集合了各个平台优势,互动而开放,文字、图片、声音、影像有机结合,形成网络社交媒体率先报道,广播电视等传统媒体跟进并进行深度解读的现状。新闻节目中一些具有抽象概念的专业性报道,除了文字、影像等,可以增加便于理解的解释性图表、动漫等,使形式风格多元,提高了可视性,同时,报道手法的改变也使节目富于变化。而对于不同类型的新闻节目,形式上的多种表现各有侧重。因而,要注意运用多种表现手法,如声画有机配合、解说文字配合、新闻结构的安排、特效等,在展现事实的同时合理调整节目节奏。多种元素的综合运用使在受众了解信息的基础上,增强了节目的可视性。对重大事件特别报道,需要第一时间做现场同步报道,这就对报道的时效、规模、现场组织调度、现代化技术的运用等提出了更高的要求。新闻类节目可运用声画兼备的多种元素、细致生动的场景再现、精炼细节的捕捉与刻画、时空的同步吸引受众,进一步提升节目的客观真实性。

四、编排策划

编排也是新闻节目的包装推介之一。节目包装可以分为内在包装和外在包装:内在包装主要针对节目内容进行;外在包装力求形式多样、编排合理,如对播出时段、频率的分析和节目标识的识别等。编排策划,即确定节目产品的功能流程,而如何确定播出的时间段、节目与节目的关联互动、节目内容与受众需求的匹配度等,要按照节目自身的新闻价值、节目的定位或新闻事件的影响等要素来具体考量和设计。节目良好效果的取得是由于对节目的各构成部分的合乎逻辑的安排,加之适度的感染力。如果一个节目能取得良好效果,就必须符合五项结构方面的基本要求:有一个有吸引力的开场和收尾;有一个良好的开头部分;节目具有完整统一性;有效地处理进度,每个单元都有变化;有效处理情节发展和高潮[1]。这也是在节目结构编排上常常会遇到的问题。近年来,在新闻编排中,出现了"新闻包裹"的编排手法,即把内容有关联的不同新闻,或者同一新闻的不同消息源的报道平行组接成一个包裹,再由新闻主播将不同的新闻包裹串联播放。这样的处理方法一方面可以使一个新闻包裹内,不同新闻互为背景,相互支持,突出了新闻价值和新闻报道背后的含义,可以不依靠评论就能达到影响公众的目的。另一方面,新闻主播来串联新闻包裹组成的新闻节目,使得新闻报道在叙事性节奏上更加鲜明突出,有利于阅听人保持注意[2]。

如果策划能够考虑好播出时机,把握报道的适时性和适度性,使新闻更具冲击性,即会获得良好的传播效果,产生精品节目。这里,精品是指"导向正确、思想性强、艺术水平高、富有民族特色、技术质量一流、社会效益好的节目"[3]。针对一些重大突发事件和专题新闻节目,编排

---

[1] 霍华德,基夫曼,穆尔.广播电视节目编排与制作[M].戴增又,译.北京:新华出版社,2000.
[2] 任远.西方媒体反华鼓噪的社会根源[J].现代传播,2009(2):121-123.
[3] 杨伟光.电视改革文集(第二卷)[M].北京:北京出版社,2007:647.

应以主题为中心,从新闻价值、传播效果等方面为出发点,围绕某个新闻主题进行编排。在编排中要根据新闻价值的高低来安排播出顺序,力求富有层次性和节奏感,并符合受众的接受心理和收视习惯。尤其对消息类新闻节目而言,新闻编排发挥着重要作用,在节目中运用恰当的编排手法,将一条条消息,哪条放前,哪条放后,哪条重点突出处理,哪几条适合放在一起集中编排等,对于节目的成功至关重要。一般情况下,编排中要精选头条,安排新闻价值较强的新闻,突出节目的报道重点,也可运用新闻的组合效应,采用同类组合、对比组合和相关组合三种方式,以不同方式来交替转化,加强变化,使编排富有节奏感和层次感,避免单调。对于重大事件特别报道的编排,要善于突破常规,打破原有的编排形式,充分利用多样化的传播手段和技术,针对事件发展不同阶段,即从简洁明了动态报道到连续追踪报道,再到深度报道,合理配置节目资源。在有融媒体平台的条件下,编排也可通过视频切换、微信微博公众号留言、热线电话等更多形式进行,同时还可以在传统的新闻节目中引用网络语言和网友评论留言等,加强节目和受众的互动交流,让受众广泛参与,汇集各方观点和意见,实现不同媒体平台的对接,使新闻节目成为不同群体受众话语表达的平台,并最终达成社会共识,提升传播效果,扩大传播广度。

节目策划的目的是以最小的节目成本换取最大的传播效益。策划新闻类节目是为了追求更好的传播效果,提升受众对于节目的满意度,增强节目的竞争力,拓宽生存空间,发挥更大的社会影响力,打造节目品牌效应。在资讯如此发达的当下,新闻类节目策划最终体现了节目策划者的综合开发能力,即筛选事实的"标准"、展现事实的角度、解读事实的逻辑和方法、组合事实的结构①。

阅读材料　　　新媒体平台下新闻节目的分析——以"澎湃新闻"为例

1. 栏目简介

澎湃新闻是一个新闻平台,是专注时政与思想的互联网平台,主打时政新闻与思想分析,生产并聚合中文互联网世界中优质的时政思想类内容。其结合互联网技术创新与新闻价值传承,致力于新闻追问功能与新闻跟踪功能的实践。2017年7月22日,澎湃新闻正式上线。2017年1月1日起,《东方早报》休刊,原有的新闻报道、舆论引导功能,全部转移到澎湃新闻网。

澎湃新闻是我国最早、最彻底从传统媒体转型而来的新媒体,其媒体特色非常明显。澎湃新闻有App、iPad、PC和WAP四端,兼具微信、微博、抖音、快手等多个平台,新闻内容全网分发,拥有很强的社会公信力、传播力、影响力。从全媒体的角度来说,澎湃新闻已经成为全媒体内容平台和供应商,有完整的图文、视频、音频和各种类型的新媒体产品的生产和供应能力。

2. 栏目版块

澎湃新闻的栏目版块见表2-1。

---

① 喻国明.传媒的"话语革命":解读Web2.0时代传媒运营新规则[M].广州:南方日报出版社,2007:2.

表 2-1 栏目版块

序号	栏目名称	栏目内容
1	精选	精选近日的时政要闻和热门新闻
2	时事	时事栏目下设中国政库、中南海、舆论场、打虎记、人事风尚等22个类别
3	财经	财经栏目下设100%公司、能见度、地产界、财经上下游等8个类别
4	思想	思想栏目下设社论、思想市场、澎湃研究所等10个类别
5	生活	生活栏目下设有戏、身体、运动家、私家地理等10个类别
6	问吧	"问吧"栏目开通后,增加了澎湃新闻互动量,体现澎湃新闻重视互动的特征
7	订阅	可以将自己喜欢的栏目添加至此

3. 节目分析

(1)打造立体化新闻客户端。

目前,新闻客户端发展迅速,根据艾媒咨询2018年数据显示,超过七成的受访用户每天使用手机新闻客户端。可以说,新闻客户端已经成为受众获取新闻的主要方式。众多新闻客户端都在争相抢夺这个庞大的受众群体,如何进行布局是每一个新闻客户端都在思考的问题。

澎湃新闻推出之际,《东方早报》实行了全员转型,除员工直接转岗外,新媒体中心招聘了一批专职于澎湃新闻的记者,记者采写的所有稿件均属于澎湃新闻与《东方早报》共享。编发方面,由于发稿节奏不同,澎湃新闻和《东方早报》进行审查的编辑团队是独立的,审查标准总体一致。对新闻类App来说,用户最关注的必然是"内容"。大量原创报道的推出成为澎湃新闻的独特优势。此外,在内容结构设置上,也是尽可能的扁平化。澎湃新闻内容的基本单位是一个个类似于自媒体的栏目,构成一个规模庞大、分类清晰的订阅池。用户可以订阅管理这些栏目,只有自己订阅的栏目内容才会出现在自己的首页,实现定制页面的个性化。

(2)注重新闻质量,树立时事新闻典型。

在关注新闻质量上,原创与独家一直是澎湃新闻致力追求的目标,其时政新闻的原创性达到43%左右。澎湃新闻自诞生以来就本着建设"专注时政与思想的互联网平台"的理念,并且以24小时实时新闻滚动的方式呈现新闻的动态发展。

①聚焦社会热点,实现深度解读。澎湃新闻上线之后接连推出系列深度调查报道,全面还原了新闻人物背后的整个事件脉络,在碎片化、可信度低的自媒体空间里开拓了一片生存之地,也为澎湃自身的发展打下了基础。澎湃新闻以深度报道与追踪报道见长,新闻跟踪也是其一大主要功能,能够让受众及时、方便地了解新闻事件的后续发展。澎湃新闻的深度报道有的注重找到新闻当事人以跟进、还原新闻事实,有的是在某新闻报道或者事实基础上,增加记者的多元解读和深入,不受篇幅和时间的局限,放大了新闻报道的可能性。

②坚持新闻报道的严谨性与严肃性。当下,"注意力"是媒体实现商业价值的根源,但坚持实地调查、取证和还原,坚决避免断章取义、捕风捉影等不负责任的情形出现,坚持新闻专业主

义依然是新闻类节目坚守的基本准则。澎湃新闻的报道对用词、人称、直接引语、间接引语和背景资料的引用都力争真实、客观地还原事件全貌。

(3) 注重用户使用感,增加互动体验。

澎湃新闻借鉴《东方早报》的版面设计,采用简洁、中正、严肃的风格,以浅蓝、黄或浅白色调为主,呈现出简洁、儒雅的整体布局。澎湃新闻不管是在"时政""舆论场""思想市场"栏目,还是在"翻书党"等分类标签,报道都配有图片,同时,其改变了传统报纸将头条新闻标题放在首位,依次是图片、正文的版面设计,而是将图片放在首位,其次是标题和正文。新闻排列由上至下,左边是图片,右边是标题和正文,讲究对称、和谐的视觉感。澎湃新闻每条新闻都要求图片高清,图片与文字互相辉映,直接明了地呈现文中主题,给受众强烈的视觉冲击力。澎湃新闻的视频节目版块,视频短小精悍,文字部分使用简洁清楚的字体和字号,每篇新闻下还有追踪此新闻的选项,方便受众了解后续进展及相关报道。

新媒体平台的新闻传播中,传播者与受众之间不再有明确的界限。传统媒体的新闻类节目的策划主要在于内容,而部分新媒体平台并不生产内容,更类似于一个大型中转站,为 UGC 转化为新闻源提供可能。但无论时代怎么变化,新闻依托的是何种渠道进行传播,新闻最基本特征仍然是新鲜和真实,并不断加强"内容为王"的主导地位。

思考题

1. 在媒体融合背景下,新闻类节目呈现哪些新的变化?
2. 新闻类节目有哪些基本类型?
3. 新闻类节目策划的要素包括哪些?
4. 请结合实际,撰写一篇校园新闻类节目的策划文案。

第三章 谈话类节目

谈话类节目是广播电视节目中的重要组成部分,是在人际传播的基础上形成的以大众传播为表现形式的节目类型,主要以人物对话或者人物访谈的形式进行节目呈现。比如,中央电视台《面对面》节目,邀请的嘉宾各式各样,有专家学者、社会名人,也有普通大众,所谈论的话题也多是社会热点话题,谈话的场合会根据嘉宾进行适当的调整,有时在演播室,有时在嘉宾工作生活的场所。

在当下电视、网络、新媒体等多媒介载体环境并存的时代,谈话节目的内容与表现形式也有着多元化和多样性的呈现,其在新闻传播学科的理论研究中,也越来越备受关注。

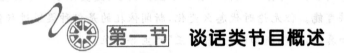

第一节 谈话类节目概述

一、谈话类节目的定义

普遍认为,谈话类节目起源于西方 talk show 的节目形式,直译为"脱口秀"。这一翻译既契合了英文的发音,又形象地点明了此类节目的呈现方式与特点:脱口而出,没有脚本,即兴发挥,又具有表演——"秀"的特质。那么,到底什么才是谈话类节目?从 20 世纪 90 年代开始,国内学者提出了各种各样的定义,这里选择几个有代表性的观点加以分析。

由赵玉明、王福顺主编的《广播电视词典》收录有"广播对话"条目:"一种以编定的文字稿为基础、由播音员或编辑按假定的人物身份(如父子、师徒、同伴等)交谈、讨论问题的广播形式,常用于通俗地讲解时事,分析形势,宣传政策法令,倡导社会主义伦理道德,传播科学知识,推广新产品、新技术等。"[①]这里对"广播对话"的解释与现在的谈话类节目形式已经比较接近,也反映了谈话类节目在我国发展的起步阶段的某些特征。但是,该定义的时代局限性以及媒介独特性也是非常明显的。就我国广播谈话类节目目前的实际情况来看,无论是在谈话类节目中的参与者、话题的组织,还是该类节目的外延上都有了很大的变化。

另外,由甘惜分主编的《新闻学大辞典》中又有"广播谈话"条目:"以谈话的语言、口气阐述对于某个问题、某一事件看法的广播评论,又称为'广播漫谈''广播杂谈',是说、听双方完全平等的谈话体评论。"[②]这一说法强调了谈话类节目的形式与氛围,尤其是谈话的参与者之间平等、公开地交流,但对谈话的环境与参与者都没有具体说明。

由童兵、陈绚主编的《新闻传播学大辞典》中收录有"广播访谈"词条:"一种以记者与受访

---

① 赵玉明,王福顺.广播电视词典[M].北京:北京广播学院出版社,1999:233.
② 甘惜分.新闻学大辞典[M].郑州:河南人民出版社,1993:249.

人交谈的录音为重要因素的表现手段,常与解说词相互配合,广泛地运用于消息、通信、评论等各种广播新闻体裁。根据内容的需要还原访问过程,保持受访人谈话原貌,拥有增强可信性和感染力的表现优势。另一种是以同访问对象交换看法、探讨问题为主要表现手段,以录音方式播出的广播评论形式。一般就听众普遍关心的新闻事件或问题访问有关人士,或请他们讲述事情的来龙去脉,或倾听他们各自的分析,或征询他们的意见和看法,并随时以录音的方式记录下来。"[1]这一定义扩展了广播谈话节目的内容,注重强调"访"的形式,但在表现形式上缺乏谈话节目参与者之间平等、公开、即兴的表达方式,并且在节目外延上也有很大的局限。

谈话类节目目前主要存在于广播、电视、网络等多形式的传播媒介中,除广播形式之外,学界对电视谈话节目也有一些观点和看法。

有学者认为,所谓电视谈话节目是"谈话人(包括特邀嘉宾、现场观众)在演播室里就某一主题在主持人的引导下阐述和讨论观点的节目"[2]。该定义突出了主持人在现场的引导控制,但对谈话的环境进行了限制。很多电视谈话节目是在演播室之外的空间进行节目录制或直播的,例如中央电视台的《当代工人》节目常在工人工作的厂矿企业进行制作,完全回归到劳动者生活工作的空间,既拉近了与节目嘉宾的距离,也增强了节目的观赏性。

也有学者认为,电视谈话节目是"通过话语形式,以语言符号和非语言符号双渠道来传递消息,通过电视媒介再现或还原日常谈话状态、营造屏幕内外人际传播信息场的一种视听节目类型,通常由主持人、嘉宾(有时还有现场观众)在演播现场围绕话题或个案展开即兴、双向、平等的交流,它本质上属于大众传播活动"[3]。该观点在电视媒介的基础上阐述了谈话节目的视听特点,既强调了传播媒介的单一性,又弱化了传播过程中声音信息的重要性。

上述几种定义瑕瑜互见,都是通过单一传播媒介以及节目的表现形式来界定的,比较具体,但无法涵盖现实世界中谈话类节目各种各样的具体形态以及不同传播媒介自身的传播特点,不仅不利于对多种不同传播媒介谈话节目形态历史发展的追溯,也不利于预见谈话类节目形态在未来的发展变化与深化。因此,要给"谈话类节目"下定义,就需结合多种传播媒介的特点与共性,在其内涵上定性,才能使其在外延上具有一定的广度。

从传播学角度看,谈话的本质就是交谈参与者就事实、意见、问题、观点等知识性或经验性的内容进行交流和探讨,是人与人之间进行思想情感交流的口语传播活动,是最基本、最普遍的互动信息交流式的人际传播。谈话类节目在不同媒介的表现形式也是千姿百态,究其本质,是通过多种媒介方式将人与人之间信息交流的人际传播进行大众传播。

综上所述,我们不妨将谈话类节目定义为:以对话为交流形式,以语言或非语言符号为传播信息,通过视听等多种媒介还原或再现日常谈话状态、氛围,营造传播媒介两端的人际信息场的一种以视、听为主的节目类型,通常由主持人、嘉宾(有时有现场观众)在演播现场围绕某个话题性的内容进行平等、双向、即兴的交流,是基于人际传播基础上的大众传播活动。这个定义既直观地描述了谈话类节目的形态,又涵盖了多种传播媒介,不仅从传播学角度指出

---

[1] 童兵,陈绚.新闻传播学大辞典[M].北京:中国大百科全书出版社,2014:90.
[2] 赵玉明,王福顺.广播电视词典[M].北京:北京广播学院出版社,1999:233.
[3] 甘惜分.新闻学大辞典[M].郑州:河南人民出版社,1993:249.

了其内涵,还具有较广的节目形式涵盖面。

在信息化社交媒体时代,听众对于接收信息的关注已然发生变化,也更注重时间观念,在智能手机及融媒体平台等都在争夺受众的环境下,如何调整广播内容去适应新一代年轻人的需求,是广播媒体的核心问题。广播的优势就在于摒弃了视觉特效的干扰,人们会更好地沉浸在广播营造的声音环境中。然而,广播的劣势就在于,除了听觉气氛的完美塑造,广播不仅不能给予受众直观的视觉冲击,也不能够像网络视频或者直播那样,与观众有频繁高效的交互。广播的交互往往依赖于电话,这样会导致一定的延迟,而视听类谈话节目因为其直观的视听优势吸引了大部分受众群体。因此,本书在后面的内容阐述中将以电视、网络等视听谈话节目为主。

二、谈话类节目的发展简史

1. 中国谈话类节目简史

1993年,上海东方电视台创办的《东方直播室》栏目是我国出现最早的谈话节目,但当时并没有引起轰动。《东方直播室》的开播,意味着在中国诞生了一种新的节目形态——电视谈话节目。此后,一些地方台也相继开办了电视谈话节目,如广东电视台的《岭南直播室》、黑龙江电视台的《北方直播室》、广州电视台的《夜谈》、山东电视台的《午夜相伴》等。

1996年3月16日中央电视台开播的《实话实说》成为了在我国具有标志性的电视节目。《实话实说》的热播引领了我国谈话节目的发展热潮,如中央电视台的《艺术人生》《对话》《面对面》《新闻1+1》《高端访谈》,北京卫视的《国际双行线》,湖南卫视的《有话好说》、江西卫视的《金牌调解》等纷纷亮相。虽然截至现在我国媒体机构究竟创办过多少电视谈话节目还无从知晓,但学界基本的观点是在200个以上。电视谈话节目成为继我国电视节目在"综艺浪潮""纪录浪潮""游戏浪潮"之后的第四浪潮。

同时期,我国广播电台的谈话节目也如雨后春笋般出现,并且有了很大的发展变化,各类资讯类、生活服务类广播谈话节目在各地广播电台出现。

自20世纪90年代开始,我国谈话节目的特点是:强调节目的策划与品牌意识;受众呈现分众化表现,雅俗共赏与雅俗分赏同时存在;谈话节目形式渐渐向时政新闻节目、社教节目、体育节目、经济节目等其他节目形式渗透,各个不同内容节目间的呈现形式出现多样化;主持人风格多姿多彩,嘉宾选择、话题涉及面越来越广泛;节目运作逐渐市场化。

究其原因,我国正值经济体制转型时期,而谈话节目的出现正好填补了人们由于工作生活忙碌而忽略的情感交流和沟通。随着信息产业的发展,信息传播的速度大大加快,人们获得信息的渠道也渐渐增多,某一事件或社会问题会在很短时间内成为社会的热点和焦点,成为大众共同探讨的话题,这都为谈话节目的发展奠定了基础。在此基础上,随着节目间竞争的加剧,媒体也开始放低姿态,倾听大众的需求,与受众展开平等对话,使得谈话节目的表现方式也出现了进一步发展,如原本围绕不同观点的辩论型节目也出现了故事性的叙事语言方式。

21世纪以来,娱乐谈话节目逐渐占领大部分市场份额,各电视台相继推出自己的娱乐脱口秀。2008年,湖南卫视的《天天向上》一经推出便引发各方关注,节目中对传统文化相关话题以通俗的谈话语言进行解读和分析,使得受众更易于接受和理解。节目以群体主持的方式进行,从而避免了单个主持人的单调以及话语权的单一,同时也注重了其他主持人"秀"口才的节目活泼性。2010年,东方卫视引进美国谈话节目模式,推出了《壹周立波秀》节目,由主持人周立波以充满黑色幽默的话语风格来对当前时事热点加入自己的看法进行评述。该节目设置了虚拟编撰的新闻播报环节及嘉宾访谈,其节目结构设置和形式与脱口秀基本一致。2012年5月13日开播的《今晚80后脱口秀》是东方卫视打造的高端文化脱口秀,也是一档欧美风格脱口秀节目,80后新锐相声演员王自健每期通过脱口秀的形式,展现年轻人对社会热点、文化事件、时尚潮流的态度和思想,幽默风趣却又不失智慧与锐度。

在传统媒体对谈话节目不断推陈出新的同时,网络上也涌现了一大批优秀的节目,具有代表性的如由爱奇艺出品、米未制作的中国首档说话达人秀节目《奇葩说》,仅靠蔡康永、高晓松、马东,以及18位"奇葩"辩手的三寸不烂之舌,便吸引了大批80后、90后拥趸。该节目自2014年11月底上线以后,总点击量已经破亿,微博话题阅读量也轻松突破10亿大关。2019年,由著名媒体人、文化"名嘴"窦文涛携手优酷"看理想"打造的全新"活色生香"聊天真人秀节目《圆桌派》,延续不"装"的窦式主持风格,"神侃"包罗万象的话题,立足网络,开启全新的"谈论+互动"节目模式。

2. 美国谈话类节目简史

1921年,美国马萨诸塞州的普林菲尔德WBZ电台播放了主持人脱口秀节目,为当地农民朋友讲解农场的经营。与现在谈话节目不同的是,当时几乎没有听众或观众参与进来,直到20世纪30年代,谈话类节目在美国等西方国家已经相当成熟,受众被允许作为嘉宾参与到节目中来。20世纪三四十年代,参与性的脱口秀广播节目邀请了当时很多社会知名人士和普通听众参与到节目中来,为人们的交流和大众传播提供了有效的传播途径。

20世纪30年代美国处于经济大萧条时期,当时的美国总统富兰克林·罗斯福发表了著名的"炉边谈话",通过收音机向美国人民进行宣传他的执政理念。他的谈话不仅鼓舞了美国人民,坚定了人民的信心,而且也宣传了他的货币及社会改革的基本主张,从而赢得了人们的理解和尊敬。"炉边谈话"对美国政府度过艰难、缓和危机起到了较大作用。自此后,广播谈话节目遍地开花,参与的嘉宾也涉及各个行业和领域,话题也从起初的时政新闻、社会咨询等扩展到生活工作的方方面面。

电视脱口秀作为公众节目样式,最早也出现在美国。1954年美国NBC(美国全国广播公司)电视台创办了晚间谈话类和综艺类节目《今夜秀》,这档节目一直被电视史学家视作电视谈话节目的开端。20世纪60年代,节目的低成本使得谈话节目有了大发展,日间节目中也出现了交谈性节目。

20世纪70年代和80年代早期,出现了一种趋势,即节目内容、外观更注重现实生活。20世纪八九十年代是美国电视谈话类节目迅猛发展的时期,大批优秀节目活跃在屏幕上,如《奥普拉·温弗瑞秀》(*Oprah Winfrey Show*)、《拉里·金时间》(*Larry King Show*)、《大卫深夜脱口秀》(*Late Show with David Letterman*),其中以奥普拉·温弗瑞名字命名的《奥普拉·温弗瑞秀》火爆美国荧屏20余年,成为美国电视谈话节目当之无愧的霸主,奥普拉·温弗瑞因此被称为"脱口秀女王"。

直到现在,电视谈话节目已成为西方国家电视节目的主题类型之一,各种各样的日间、夜间谈话节目在商业电视网、有线电视网以及地方频道上频频播出。

美国的电视谈话节目主要分为日间谈话节目与夜间谈话节目,其特点都是以追求刺激的娱乐为主。日间谈话节目主要侧重于生活层面,如人际关系、心理问题等,《杰瑞·斯普林格秀》是其典型代表栏目。夜间谈话节目一般在晚上23:30开始,其特点是具有较强的娱乐化,通常开场由主持人进行一场即兴的谈话,以笑话的方式对当日的新闻进行评说,期间穿插一些搞笑视频或者观众访谈,然后主持人与邀请到的嘉宾进行聊天式的调侃对话,最后由乐队以演奏的形式结束节目。著名的夜间谈话节目有《今夜秀》与《莱特曼深夜秀》。

三、谈话类节目的特征

谈话类节目自诞生起,从最初以声音传播为主的广播延伸到触动多种感官传播的视听表现形式,一直都是国内外视听媒体机构与平台主打的节目类型之一,究其原因,这是由其自身独特的传播特性决定的。

1. 人际互动

谈话是人际交往过程中最有力的交流方式,它不仅能以语言文字方式传递信息及信息语境,还能通过面对面的形式,使人真切感受到交流过程中对方的情绪变化。随着电子与数字信息技术的不断发展,谈话节目也越来越具有视听媒介本质的传播状态。它将谈话的内容及状态加以保留、物化、传递,以面对面进行人际交流的形式构成节目内容,既满足了人们面对面进行谈话的意愿及情感交流,也将人际互动传播与大众传播有机地结合在一起,通过视听媒介进行传播放大,形成了一种广域的人际传播空间,成为现代社会人与人、人与环境之间建立联系、加强沟通的一种重要方式。

2. 个性呈现

谈话节目为传播者与信息接收者的个性自然流露提供了良好的环境。一方面,当谈话节目在传达信息时,其节目构成会对受众在观看节目过程中或观看后,与周边观看过节目的人进行节目内容的交流讨论,从而形成二次甚至多次信息传播。在二次信息传播过程中,受众会对谈话节目加以解读,添加一些自己个人的看法或评价,甚至是情绪表达。而这种对节目信息解读之后的二次传播无疑体现了受众的自然个性。另一方面,在谈话节目话题讨论过程中,不管是主持人、嘉宾,还是现场观众,都是基于个体自然个性的一次呈现和展示。人的语言会因为其职业身份、知识层次结构、社会经济条件等差异呈现出不同的方式,在观点的碰撞中所流露的实际是不同的社会文化、知识经验和心理的碰撞。这使得个性的流露具有普适性,也能引起受众广泛的关注和认同。

3. 情感碰撞

谈话过程是偶然与动态持续的,尤其是谈话节目局限在特定的现场空间环境中,刺激了人的交谈欲望,人的智慧、情感都在语言中体现。谈话节目中大家感兴趣的话题和主持人的适当引导,会引发现场嘉宾与现场观众的临时对答,加速谈话节目中动态的情感碰撞。例如,在央视节目《开讲啦》中,节目的结构设置就有嘉宾和现场观众的互动,当然其中也少不了主持人的穿针引线,从而让节目更具观赏性和意想不到的效果,也在一定程度上获得了受众的认知及情感认同。

4. 场式传播

一般来说,信息分为两种形态,一种是直接信息,另一种是间接信息。直接信息是指事物的存在状态以及事物本身,这种信息是无序的、客观存在的,它通过人的感官直接引起人的认知活动;间接信息是指对客观事物本身及其关联事物存在状态的陈述,这种信息是有序的,它通过感官认知影响理智思维活动。简单来说,直接信息就是个体可以通过感官直接识别认知事物的信息,而间接信息是存在于直接信息之中,但必须经过理性思考后得到的信息。谈话节目中参与者的谈话内容属于间接信息,而节目中可以直观看到、听到的信息属于直接信息,如电视谈话节目中的人物、场景、光线、气氛等。

"场"是指物质存在的一种基本形式,是事物及其关联环境状态中所有的能量、质量的总和。谈话节目,尤其是视听谈话节目保留了谈话过程中的动态性及完整性,包含了信息场及舆论场两种场式传播的状态。谈话节目中,构成节目的各个元素以及相互依存中的关系状态共同累积出可供观众思考及想象的时空构成信息场;而节目中的参与者、谈话内容,以及受众的思维分析所处的时空构成舆论场。

谈话节目是信息场与舆论场有机的统一体。在实践中,谈话节目都是以直播或者录播的形式进行播放的,这也就意味着,在谈话节目中完整地保留了节目现场中的人际互动、信息内容、参与者情绪状态等多种信息及状态。因此,受众往往因为话题而产生兴趣,并能在谈话节目中获得更多的感知和满足。

5. 多信息优化

随着现代电子技术及数字信息技术的发展,谈话节目可以在现场利用各种视听技术手段,引入大量的包括一些观点和事件信息的场外声画信息,并将其与节目现场的各种元素信息进行优化组合,使节目在进行人际传播的同时又能得到更多的信息和情感的满足。尤其是对三维虚拟演播技术与网络互通技术的应用,为视听谈话节目扩展了新的信息结构方式。例如,央视的《新闻1+1》节目,经常采用视频连线嘉宾或者运用虚拟演播技术,不但给节目提供了多维的谈话空间,还随时插入谈话内容所涉及的影像资料,也使得节目本身将多种分散在世界各地的节目参与者与各种资料集合在一个空间里,让节目的谈话方式变得更为灵活,人物交流也有了超越时空的互动性。

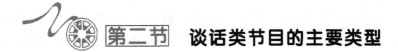

第二节　谈话类节目的主要类型

谈话类节目因其在不同媒介中呈现的形态多样性,使其划分标准也很难统一。本书主要从节目内容与节目表现形式上来归纳我国谈话类节目的基本类型。

一、按节目内容划分

1. 新闻信息类谈话节目

这类节目是对新闻节目的有力配合,主要围绕当前社会的热点、焦点、难点问题,话题范围面广,信息容量大,新闻事件、新闻人物、社会热点、公共事务等都可以作为谈话内容。嘉宾多为政府官员、专家学者、媒体工作者和新闻当事人,他们往往能够发布第一手的、准确的信息和富于导向性的见解,满足观众对信息的需求。这类节目的特点是具有权威性、准确性和贴近性。谈话多在演播室进行,主要由主持人与嘉宾交谈。例如,2003年3月美英联军发动了伊拉克战争,央视四套国际频道"关注伊拉克战事"特别节目就每天邀请军事专家和国际问题专家等权威人士,在演播室与主持人一起讨论战争的下一步发展态势以及对国际政治、经济带来的影响,为观众释疑解惑。扬州电视台的《市民论坛》等电视谈话节目则由现场观众与嘉宾唱主角。

2. 人际关系类谈话节目

这类节目的话题涉及普通百姓的家长里短、方方面面,既有对社会人际交往方面的困惑,也有家庭内部成员之间的矛盾调适,既有不同生活状态的展示,也有新旧道德伦理观念的碰撞。谈话基本上在演播室进行,现场观众是不可缺少的组成部分,谈话氛围比较轻松。其特点是贴近生活,贴近百姓,参与性强,因而深受观众喜爱。其中,以婚姻、家庭、爱情、友情、亲情为主题的情感类谈话节目是一道亮丽的风景线。台湾地区的《非常男女》是"始作俑者"。随后,湖南卫视于1998年7月16日开办内地第一家以爱情为主题的谈话节目《玫瑰之约》,到1999年全国已有20多个同类节目,如北京电视台的《今晚我们相识》、上海东方电视台的《相约星期六》、海南电视台的《男女当婚》、陕西电视台的《好男好女》、河南电视台的《谁让你心动》、重庆电视台的《缘分天空》、湖北电视台的《今夜情缘》等,掀起了一股"玫瑰旋风"。这些节目中虽然穿插了一些嘉宾的才艺展示和幽默调侃等内容,但其主旨是探讨爱情真谛、价值取向,以及异性间相处的技巧,所以不归入综艺娱乐类谈话节目。

3. 综艺娱乐类谈话节目

这是以愉悦身心、休闲逗乐为主要目的的谈话节目,它以谈话为载体,加入较多的综艺成分和滑稽的情境设计,充分展现话语中的幽默,达到戏剧化的效果,以娱人耳目。它的嘉宾主要为演艺圈明星和体育界明星,主持人大都与他们有密切的联系,甚至就是圈内人,受众群主要是年轻人。这类节目的定位不容易把握,稍有不慎就会被真正的综艺、娱乐节目所吞并。2000年始播于北京卫视财经频道的《超级访问》也许是个例外,它巧妙地设置了游戏情境,通过大范围的外围资料采访和对明星语言的"断章取义",凸现个性,制造悬念,实现主持人、明星嘉宾、场外嘉宾、现场观众的互动。《超级访问》大胆地将娱乐与谈话巧妙融合,节目一贯以最独特的视角、第一手的明星资料、最刁钻的问题、最新鲜的爆料、最轻松搞笑的气氛而广受大众欢迎。主持人李静、戴军大胆挖掘明星背后的故事,展现明星鲜活真实的一面。他们在节目中穿针引线、画龙点睛、一捧一逗、插科打诨的默契配合,不但可以让观众全方位地感受明星们的魅力,同时还可以近距离、深层次地了解明星们的内心情感世界和成长历程。

4. 专题对象类谈话节目

这是针对特定的观众群体或某一类社会内容而专门开设的谈话节目,特点是对象性强,话题专一,有品位和内涵。常见的专题对象类谈话节目有以下几种:女性谈话节目,以女性关注的婚姻、家庭、社会地位等话题为内容,如央视《半边天》周末版《谁来做客》;老年谈话节目,以"老有所养、老有所乐、老有所成"等老年话题为内容,如央视的《夕阳红》;体育谈话节目,如央视的《五环夜话》;经济谈话节目,如央视的《对话》;法制谈话节目,如南京电视台《有请当事人》。随着频道专业化和市场小众化趋势,专题对象类谈话节目也会越来越丰富。

二、按节目的表现形式划分

1. 聊天式谈话节目

在这类节目中,主持人根据话题需要,从社会上邀请不同身份、职业特点的嘉宾到演播现场交流。其特点是嘉宾代表面广,可以真诚沟通,各抒己见,气氛宽松、亲切、自然,娓娓道来,如话家常,一般不会形成激烈的言语冲突与思想交锋,适用于讨论大众普遍关注又无重大分歧,经过深入交流、探讨可能达成共识的问题。这类节目在我国比较多见,也深受观众的喜爱,但要聊得尽兴,聊得"出彩",并不容易。凤凰卫视的《锵锵三人行》由窦文涛主持,针对热门新闻事件或社会热点话题进行探讨,节目中众人各抒己见,但却又不追求问题答案,而是俗人闲话,有一派"多少天下事,尽付笑谈中"的情致,达到融会信息传播、制造乐趣与辨析事理三大元素于一身的目的。在《锵锵三人行》中,主持人与两位嘉宾似三友闲聚,在谈笑风生的气氛中,以个性化的表达,关注时事资讯,传递民间话语,自由交流观点,诉说生活体验,展示真实性情,分享聊天趣味。

2. 访谈式谈话节目

这类节目类似于人物专访,是主持人与嘉宾之间的交流。在这类节目里,主持人也要把自己的观点和见解"亮"出来参加探讨,而不仅仅是提问和倾听。此类节目嘉宾人数不多,常常是一位,往往是某领域的专家、权威或某事件的当事人,谈论的话题也相对严肃,能反映一定的品位和内涵。如凤凰卫视的《鲁豫有约》、安徽卫视的《记者档案》,通过主持人与重大事件的当事人、目击者的交流,揭示幕后的故事,反映时代的变迁和人的思想境界。访谈式谈话节目有时也采取聊天的形式,但与聊天式谈话节目仍然有细微的差别:访谈式谈话节目多数情况下为两人对谈,聊天式谈话节目人数可多可少;访谈式谈话节目的话题、角度往往经过精心选择,甚至比较专业,聊天式谈话节目的话题、角度比较家常,气氛更轻松,话题可以是确定的,也可以是不确定的。

3. 论辩式谈话节目

这类节目中谈话各方的观点往往有重大分歧,会在节目现场展开言语交锋,主持人以客观公允的态度引导他们进行充分陈述。其特点是紧张、冲突,适用于讨论社会上出现的新事物、新现象、新思潮,以及人际关系、民事纠纷等。江苏卫视2004年1月开播的大型情感伦理谈话节目《超级辩辩辩》把江苏乃至全国有名的轰动性事件搬进演播室,还原事件本来面目。节目邀请真实的当事双方,叙述真实的事件,展示真实的情感和冲突。在这类节目里,人们不仅能看到针锋相对的当事双方,还能看到激情助阵的亲友团队、神秘莫测的事件证人、明辨是非的市民委员会和资深权威的专家学者。

4. 综合式谈话节目

从形式上看,上述三种谈话节目以清谈为主,较少运用其他的电视表现手段。综合式谈话节目则不然,它充分利用外景录像、三维动画、片花隔段等丰富的电视手段,并吸取文艺、游戏、竞技等其他节目的成分,使谈话节目立体化,增强了可视性。其特点是活泼、谐趣,适用于谈论轻松的生活、情感话题。这类节目在我国电视谈话节目中占了较大的份额。

央视综合频道和唯众传媒联合制作的中国青年电视公开课节目《开讲啦》就属于综合式谈话节目。节目每期邀请一位嘉宾讲述自己的故事,分享他们对于生活和生命的感悟,给予中国青年现实的讨论和心灵的滋养。嘉宾在讨论青年们的人生问题的同时,也在讨论青春中国的社会问题。节目每期有8~10位来自全国各大高校的青年代表,现场可以和演讲嘉宾进行提问互动,300位大学生作为观众,现场分享这场有思考、有疑问、有价值观、有锋芒的思想碰撞。

总之,从以上归类和分析中,可以得出结论:一方面,我国电视谈话节目的内部形态具有明显的差异性;另一方面,随着时间的增长和新的手法、新的元素的加入,谈话节目与其他节目类型之间的边界也日趋模糊,越来越交叉。

第三节　谈话类节目的策划

谈话类节目的策划是节目录制之前的准备工作,体现了谈话节目编导对谈话现场的预测和掌控能力,也体现了编导对成形后的节目所具有的超前编辑意识。谈话节目策划的目的是在谈话现场的交流能够顺利进行的基础上,让相对热烈的谈话氛围能够贯穿于节目当中,避免冷场等因素的发生。同时,节目策划能够对节目的谈话走向、节目的风格、成片后的种种因素进行预期确定,以保证节目能够达到预期的效果。

策划是为了有效配置和整合更多的资源,尽量发挥组合配置的特点和优势。同样的要素,只有进行最大程度的组合才能达到预期效果。因此能够使谈话节目的各项资源达到最佳配置、最佳组合就成为谈话节目策划的核心。在充分调动各种资源,形成合理有序组合的基础上,才能达到组合的整体大于部分之和的目的。

话题、嘉宾、现场观众的选择决定着现场谈话的质量和谈话氛围,需要在谈话现场录制前确定,这些因素是决定谈话类节目成败的关键。如果没有事先周密的策划,很难保证长时段谈话的顺利进行,如果对现场预期因素估计不足,也可能导致节目失败。这一节我们将从谈话节目的主要形式构成元素来探讨谈话节目的策划。

一、选题的策划

选题决定谈话类节目"谈什么",是谈话类节目的"源头""活水"。好的选题,将会激发现场观众和嘉宾的谈话兴趣,创造出热烈的谈话氛围。而一个成熟的谈话节目应该建立起较为严格的选题遴选机制、策划机制、应急机制和储备机制。

1. 遴选机制

所谓遴选机制,应该是发挥媒介议程设置的功能,以"守门人"的角色建立起选题的评价标准和筛选原则,选择适合栏目操作的题目。哪些题目该纳入,哪些题目该放弃,这是一个综合而又复杂的选择指标。

一般来说,搜集选题的来源主要有两个方面:一是查询资料信息,寻找如报纸、杂志、网络等其他媒介所触及的线索。尤其是在现代网络信息传播非常迅速的情况下,更容易获得选题线索。如央视新闻频道的《面对面》栏目在2020年3月1日播出的节目选题,即在抗击新冠病毒的关键时刻,武汉市的一位影视工作者用镜头的形式记录下武汉封城后的场景现象,并发布在抖音平台,从而引起强烈的社会反响。二是观众的来信来电提供的话题,以及有关信息部门提供的线索。

搜集选题完成后,节目组的策划成员包括编导、策划、主持人等会根据自己以往的经验和原则对这些选题进行筛选和评估,找到一些可以重点挖掘的话题。选题的筛选一般遵循以下几个原则。

(1)根据节目定位确定选题。

谈话类节目的定位和风格对选题的筛选具有决定性的作用,不同类型、不同风格的谈话节目基本决定了其节目受众群体,而在选题的筛选与确定上就不得不考虑节目的风格和类型。比如央视《新闻1+1》栏目,作为新闻谈话节目,其风格相对比较严谨正式,话题也基本都是社会热点、焦点,甚至是重大新闻事件。

(2)根据制作团队的特点确定话题。

不同的谈话类节目,其栏目的策划人员、主持人、编导的专业文化背景不同,对不同的选题也有自身的侧重点和独到的见解。另外,同一个栏目,其制作创作人员历经长期的磨合,也形成了其对不同话题的解析敏感性,他们会擅长某一相似或相近的话题,而对有些话题却不太擅长。如央视的《新闻会客厅》在选题上最明显的特点就是时效性和新闻性,大部分选题都是最热、最新的新闻话题。

(3)根据选题的性质寻找亮点。

一个相对成熟的栏目应该具有自己独到的选题范围和规则。比较典型的代表是央视的大型公益寻人节目《等着我》,其选题基本都是围绕具有较强故事性、时间相对久远的事件主体类的话题来进行,如"六十年未见抗战老战友""走失十六年,母子再相认"等。

2. 策划机制

策划机制,则是充分调动栏目的主动创造性,组合相关信息,挖掘深层信息,突破一般现象而策划出具有栏目自身特点的选题。如果说遴选机制是在筛选选题,那么策划机制则是在处理选题。这样的选题往往具有独创性,能够使节目受到普遍关注,同时也能反映策划智囊团的智力因素和能力。

在选题初选之后,策划人员必须要对选题进行调研,挖掘出与选题相关联的更深层次的信息资料,以进一步确定选题的可操作性和技术性资料。一般来说,调研的任务是由栏目组的专职策划人员来完成,主要任务涉及以下几方面:一是确认选题所引发生的基本事实是否准确,与原来的设想是否吻合,有多大出入,是否能挖掘出更有趣味或价值的事件或人物。二是选题所涉及的当事人有哪些,具体情况怎样。三是如果是个案人物,其谈吐、性格、特点怎样,个案经历是否可以作为公共探讨的话题。如果为讨论型的社会事件或现象,该事件或现象的社会意义何在,是否存在多种声音,是否能够成为思辨的话题。四是能够确定被请进演播室作为访谈嘉宾的专家人选,并清楚他们的基本情况。

3. 应急机制

应急机制,则是栏目要有面对突发性事件的应急处理能力,能够结合栏目自身的需要,根据突发事件的性质,迅速决定节目的选题,在较短的时间内,跟进社会热点,及时以选题带动节目的整体操作。而这一方面在消息类新闻谈话节目中尤为常见,如央视的《新闻1+1》栏目,经常性地在直播时,谈论的事件如有新的发展动态,便会在节目中以最快的速度及时插入新话题或新角度和嘉宾展开讨论。

4. 储备机制

储备机制,则是栏目对选题的长线准备和积累,以保证节目顺利稳定地进行。

二、节目过程的策划

策划人员在调研的基础上,确立初步的策划方案,以便进一步召开策划讨论会。在策划人员进行进一步对方案讨论时尤其要注意节目的争议性和故事性。

所谓争议性,是指事物具有引发争论的性质。一期节目仅有短短几十分钟,要把话题说得既深入又透彻,争议性的策划必不可少。一方面,话题的争议性可以让话题矛盾双方在充满思辨、智慧的语言交锋中将不同视角范围下的观点和看法进行充分的展露和呈现。激烈的辩论往往能激发表达者最真实、最深切的自我欲望,也能在争辩中引起谈话者和观众全面的、多角度的思考,甚至有时在激辩时还能产生新的观点和看法。另一方面,话题的争议性也能通过矛盾冲突模式让整个节目更具有紧张、丰富的戏剧性,从而激发观众的观看欲望。

谈话节目的争议性主要是在主持人的串联与对现场调节掌控下,由现场嘉宾、主持人、现场观众由于观点的多元化所表现出来的。因此,在策划节目争议性时,不妨从以下这三角度考虑。

一是利用谈话者群体属性差异制造争议。谈话节目的参与者(主持人、嘉宾、现场观众)分属于不同的社会群体,有不同的知识结构水平。谈话者的谈话方法、角度往往都受到其所在群体的归属关系、利益范畴及群体规范的制约。谈话者的群体属性的差异性,也决定了其社会地位、生存环境、价值观念、思想信念,以及看待事物的立场,对同一话题所持有的观点和看法也必然不尽相同。例如,北京卫视的《国际双行线》栏目,节目嘉宾及现场观众多来自不同国家,不同国家背景和文化风俗的差异也导致多元观点的产生,这也是利用谈话群体属性差异所形成的话题争议。

二是利用谈话个体差异制造争议。处于同一社会群里的个体也因个人的成长环境、知识结构水平、社会阅历等多方面因素具有较强的差异性,进而导致对同一话题也会产生不同的观点和看法。一些谈话节目经常邀请普通人做嘉宾,这些无权威性的嘉宾常常会提出意料之外的精彩观点,而这些往往是其与话题相关的生活经验、情感体验。相反,一个具有理论权威但却缺乏实践体验的嘉宾,很多时候与上述嘉宾的观点大相径庭,这样也会增加节目的争议性和可观赏性。如央视《开讲啦》栏目中的互动环节,来自各行各业的青年现场观众会与嘉宾展开互动讨论。

三是在节目过程中制造争议环境。多元化的观点和看法形成后,还需要一个具有争议性的环境氛围来为不同观点的争议提供争论条件。而这里所说的争议环境不仅仅是节目中的争论场地与氛围,还包括节目组在策划中对争议问题的策划预判,主持人在节目过程中对不同观点争议的把控和激发,甚至还包括节目制作者(摄像师、灯光师、主持人、音响师等)对争论现场氛围的促进和建设。

故事性,是一个电视节目生动、鲜活的前提。谈话节目虽不同于影视剧、情节剧,但节目中出现的人和事都是真实的,仍然需要以故事化策略进行策划、安排节目结构和先行后续的出场及资料内容呈现。谈话节目几乎没有纯理论的谈话,更多的是晓之以理、动之以情,以通俗化、故事化的方式进行谈话。增强谈话节目的故事性可以从以下几个方面入手。

一是把握好节目嘉宾故事的脉络,做到娓娓道来,既有高潮,又有悬念,还能有令人意外的结尾。好的故事不是平铺直叙,而是在讲述的过程中,合理设置悬念,吊足观众的好奇心与求知欲,而在结尾时又跳出观众的惯性思维,给予意想不到的结局,让其有回味思考的空间。如央视的《艺术人生》及凤凰卫视的《鲁豫有约》,两个栏目的嘉宾大部分都是文艺工作者,但《艺术人生》却是通过一个个与嘉宾相关的老照片或者老物件来引起观众的好奇,甚至有时候会展出连嘉宾本人都意想不到的物件或照片,之后便围绕该物品进行谈话和访谈,以情动人,在回忆与情感共鸣中阐述嘉宾的艺术理念和理想。

二是选择合适的切入点。一般来说,要从故事的关键点切入,之后再展开人物背景及细节,比如2020年2月27日央视播出的《我的艺术清单》郭明义专辑。由于郭明义是全国五一劳动奖章获得者,又是2010年感动中国人物,这样的模范人物,对于观众来说都不陌生,但是,该节目却以艺术为切入口,以街头采访短片开场,直接点题,呈现郭明义爱岗奉献的质朴高尚精神。郭明义一出场就以工作服为由头,引出因工作缺席女儿婚礼,呈现其憨厚朴实爱岗敬业的品质,接着又以投票、标签、图片等与艺术相关的物品为话题,展开谈话,其个人无私奉献与家庭的支持理解深深地感染现场观众。这样以点带面的结构设计,充分体现了以关键点为切入的叙事效果。

三是用包装设计增强节目的故事化效果。随着视听节目产业的高速发展,受众的欣赏品位以及对高质量节目的需求,都对现代视听节目提出了较高要求。除了舞美设计精致、道具环境逼真,谈话节目还需对故事展现的流程进行精心设计,控制好故事的开端、发展、高潮、结束,把握并配合好节目的起、承、转、合,抓住矛盾点,将故事步步推向高潮。另外,最好将故事结构,以片段或者小模块的方式呈现,用特效包装配以不同的小片头,这样既起到承上启下的作用,也便于刚刚观看的观众了解上一段落的内容。这样模块化、碎片化的呈现方式便于观众的认知理解,也满足了观众越来越高的审美情趣。

四是借用真人秀的节目元素,讲好故事。谈话节目讲究真实,真人秀节目追求纪实。在表现形式上,谈话节目注重语言艺术,真人秀节目侧重表演艺术。从形式服从于内容来说,谈话节目同样可以融入"秀"的元素和形式。如由实力文化和腾讯视频联合出品的场景式读书节目《一本好书》，该栏目由主持人与两个学者嘉宾一起探讨优秀书籍，但其中却长时间以场景表演的方式来呈现书中的内容，加以演员对书籍的自我解读式的表演，切切实实做到了"秀"的形式，使得主持人与嘉宾的讨论观点和解读更容易被观众理解。

三、主持人的选择

主持人作为谈话现场唯一的组织者，是话语的引导者，也是现场和节目的把控者，还是参与谈话嘉宾的倾诉对象。谈话节目的形态特点决定了必须以主持人为节目核心，因此主持人的选择就决定了节目的成败。

谈话类节目与其他类型节目相比，最大的不同点就是其具有较强的语言任意性、话语不确定性。谈话类节目从形式上看是在主持人的引导和把控下，与嘉宾、观众展开谈话所完成的，但主持人并不能完全决定节目的进程。首先，主持人应该是一个善于倾听的人。在现场，主持人更多的时候应该调动嘉宾和观众，让他们畅所欲言，而不是由主持人掌控话语权，将节目变成一言堂。整个节目要靠主持人和节目制作人员一起营造谈话氛围，把谈话演播现场改造成一个真实的、适合谈话的环境，让嘉宾与现场观众打开心扉，讲出自己真实的观点和看法。

国内著名的谈话类节目，都是因为主持人而更加出彩。可以说，谈话类节目成就了主持人，同时主持人也确定了节目风格。探究谈话类节目主持人的成功因素，主要有以下几个方面。

1. 真实性

真实性是谈话类节目的本质特征，也是其灵魂所在。所谓"真实性"，就是真诚、自然、不作假，谈话参与者心里怎么想就怎么说，不受外界因素干扰，做最真实的陈述。要保证节目的真实性需要做到两个方面。一方面，要确保谈话参与者、谈话话题、谈话过程的真实传播以及传播过程的真实有效。主持人、嘉宾和现场的观众必须讲真话，说心里话，切忌说假话、大话、空话、套话，否则，整个节目将成为空洞的"躯壳"，失去谈话的意义。主持人起引导作用，若节目主持人在"做秀"，嘉宾也会跟着主持人"做秀"，就无法实现真实有效的人际交流，而作为谈话类节目本身，失去人际传播为基础的大众传播也就失去了传播的真实意义。另一方面，要确保谈话过程是真实的，不能提前演练，而要一次完成整个节目的录制。因此，一个成功的主持人应该真诚面对观众，真诚地参与话题的讨论，确保节目过程和参与者在话题的讨论中都是真诚自然的。

2020年1月28日，继央视对钟南山院士采访后，新华社对其进行了采访。在采访过程中，钟院士几度哽咽落泪。这一画面，让很多受众动容，也鼓舞了所有抗击新冠病毒的人们。虽然，这段采访并不属于谈话类节目，但新闻采访过程与谈话类节目极为相似，对于谈话类节目来说，加入真实情感的表达，容易唤起主持人、嘉宾与受众之间的情感交融与心灵撞击，而最终产生共鸣。

2. 个性化

谈话、讨论、聊天是谈话类节目的主要形式，这对主持人的语言风格、言辞技巧提出了较高的要求。因此，要想使谈话类节目在激烈的行业竞争中能够站稳脚跟，拥有较高的收视率，抓住一批稳定的受众群体，就要尽可能在节目中不断挖掘主持人的优势潜质，发挥其主持特点，积极在谈话过程中展示出主持人即兴谈话的个人风采和个性魅力。只有凝结了具有鲜明个性特点的主持人才能产生强大的人格魅力,才能更好地达到节目预期的效果。所以说主持人的个性魅力也是谈话类节目的生命力。比如,在新闻时事类谈话节目中,主持人可具备犀利、稳重等个性化特征;在社教知识类谈话节目中,主持人可具备博学、亲和等个性化特征;在综艺娱乐类谈话节目中,主持人可具备幽默、搞笑、机敏等个性化特征;在行业服务类谈话节目中,主持人可以是专业的、可信的形象。

另外,在谈话过程中,主持人的机智应变与幽默风趣也会为谈话类节目增色不少。一方面,机智应变是主持人不可或缺的主持技能与基本素质。能否机智应变,不仅仅决定了主持人在谈话节目中能否把握主动,掌控谈话节奏,还在一定程度上会影响到节目能否正常进行。虽然谈话节目由策划人员进行了精心设计,但是在节目进行过程中,很多时候会由于谈话嘉宾与现场参与者的临场发挥而出现突发状况,这时候,主持人需要迅速根据现场情况作出判断,运用自己的智慧和语言艺术解决现场问题,让谈话节目回到原先的轨道上来,并根据实际情况调整谈话节奏与进度。另一方面,幽默风趣是一种修养,也是人际沟通中的润滑剂。在谈话过程中,具有幽默感的主持人往往能使谈话类节目在比较轻松活泼的氛围中进行,既消除了嘉宾的现场紧张感,也使节目的观赏性大大提高,赋予节目更多的娱乐效应,让受众以轻松愉悦的心情观看节目。

3. 互动性

主持人作为谈话节目中重要的构成元素,具有两个典型特征:一是接收谈话者的信息内容与情绪;二是在倾听体悟的基础上积极地给予回应,实现节目现场的有效互动。互动是沟通交流的本质特征,是面对面双向信息交流的核心要素。主持人与嘉宾、观众,嘉宾与嘉宾、观众之间信息交流往往并不是单一的一问一答,而是观点碰撞、争论、启发和激励的依存互动关系,这样就构成了一个较为宏大和客观存在的信息场。互动不仅仅是口语对话中的语言,也包括聆听、争辩时的眼神、表情、动作等多种信息内容,还包含谈话参与者和现场观众的情绪反馈。主持人需要在谈话现场营造一个适合谈话、聊天的人际沟通氛围,而具体的互动性则表现在以下三点。

(1)主持人和嘉宾之间的互动。

主持人与嘉宾的互动是谈话现场最主要的互动形式。主持人作为倾听者,需在认真倾听及接收嘉宾的谈话内容和信息的同时,作出相应的积极回应,这种回应不单单表现在关注对方谈话时的眼神和表情上,还应表现在主持人能即兴提问。访谈前虽然有大致的采访提纲,但谈话中很有可能会出现一些意想不到的"亮点",这就要求主持人边听边思考,能抓住对方回答中有价值的地方及时补充提问,或总结出前一段谈话的一个特点,抓住这一点来向对方发问。

(2)主持人和现场观众之间的互动。

主持人除了应积极回应嘉宾之外,还应和现场观众有所互动,毕竟现场观众并不仅仅是来给节目造势的,其还作为节目的重要组成部分。和现场的观众共同完成对话题的探讨有助于节目主题的深化,但是观众在节目现场参与话题讨论时如果过于紧张,可能导致谈话节目现场互动效果较差。

(3)主持人和场外观众的互动。

除了节目现场的互动之外,主持人还应和节目现场外的受众产生互动。例如,主持人连线第二现场，或是在外景演播现场采访当事人及相关人员，或是询问普通老百姓对某问题的看法等。另外，场外观众可以在节目进行时通过发送手机短信或以打电话的方式直接和主持人进行对话，来发表自己的观点和看法，进而形成场内和场外的有效互动。

谈话类节目主持人需要满足以下要求。

①主持人是谈话类节目的讲述者。在谈话类节目的录制现场，从吐字发音、叙事再现方面来说，主持人是所有人中语言艺术技能最好的。因此话题事件陈述的工作应由主持人来完成。现场观众可能并不知道节目中讲述的有些内容，嘉宾也不一定熟悉，作为节目的组织者和过程把控者，自然只有主持人才能够把这些内容讲出来，交由大家进行讨论和辨析。主持人要根据具体情况讲述一些与话题有关的材料和故事，帮助谈话者增强对事件、话题、人物的了解，为深入挖掘话题提供信息支撑。主持人的语言应具备简洁明了、通俗易懂、客观中立、生动感人等几点基本要求。

②主持人是谈话类节目的引导者。主持人在谈话类节目中往往承担"编导"的部分工作。在节目某个话题的"关键点"上，主持人就需要担任"引导者"的角色，引导嘉宾与现场观众完成节目策划的任务点。当问题讨论得差不多时，主持人就应根据自己的经验以及话题在现场的讨论情况进行总结，并将话题引向下一个节点。而倘若在某个话题上出现了相持不下的争论，主持人则需根据现场的形式和节目的需要，挑选或中和出一个最恰当的观点，将节目引入下一个部分。而这一过程中主持人需注意引导方向的正确性、引导倾向的一致性和引导方式的技巧性。

③主持人是谈话类节目的聆听者。作为一个优秀的谈话类节目主持人，其最重要的任务不是将话语权紧紧握在自己手中，而是要放下话语权，让别人去说，自己则认认真真地听别人讲故事。主持人应花更多的时间去倾听别人的言论，而不是一个人唱独角戏。只有认真聆听别人的话语，从中寻找出有价值的信息点，才能就此提出新的有深度的问题。

四、现场嘉宾的策划

嘉宾是谈话类节目中不可或缺的关键角色。谈话类节目中的观点和见解基本来自于现场嘉宾和观众，多种不同观点、看法、意见的表达使得谈话类节目信息丰富，气氛活跃。因此，嘉宾的选择对于节目策划至关重要。嘉宾一般分为两种类型：一是与节目话题关系密切的当事人；二是在某些问题上有独到见解的专家、学者。由于嘉宾对谈话类节目话题意见具有的重要性，节目嘉宾的选择一般从以下几点考虑。

1. 选择嘉宾的原则

在谈话节目中，嘉宾是节目现场主要的谈话者，与其沟通是否顺畅直接影响到节目的推进，还影响到是否能够基于话题讨论将节目主题升华，所以，在选择节目嘉宾时就要从四个方面考虑。一是现场嘉宾是否有"谈资"，即对某一话题是否掌握有大量详尽的资料，并在此基础上对话题具有权威性的发言或看法。二是现场嘉宾是否有"谈品"，即在谈话过程中能否顾及其他谈话者进行发言，而不是一味地占据话语表达，表现个人，做"麦霸"。三是现场嘉宾要有一定的语言表达能力和语言技巧，要做到逻辑清晰，通情达理，语言表达上简洁明了，条清理顺；如果节目中有多个嘉宾，则需要嘉宾们持有不同的观点和意见，只有这样，才能从多角度对话题进行深入分析和探讨。

2. 与嘉宾的沟通

对于与话题有关的当事人，策划人应当充分调研，尽量详细了解其成长经历、学识背景、生活环境和个人观点，并能够说服嘉宾参与现场的谈话。如江西卫视的《金牌调解》，其现场嘉宾都是话题的当事人，因此在节目策划时需要做大量工作，既要了解当事人在话题事件中的角色和性格特点，还需说服其积极进行讨论，将自己的观点和看法真实地在节目中表达出来。

3. 沟通中的一次性最佳原则

所谓一次性最佳原则，是指一个问题只让嘉宾回答一遍，以保持嘉宾对谈话的新鲜感和兴奋度。谈话节目非常强调现场即兴谈话，为了保持嘉宾对现场谈话的新鲜感，让其对相应话题有话说，并进行充分的表达，策划或编导在前期沟通时会采取一些迂回提问的方式，给予嘉宾充分的准备思考时间和语言组织时间，或者旁敲侧击地从当事人的亲戚朋友中获得关于当事人的详细信息，在节目正式录制时才向嘉宾提出相关的问题。

4. 尊重嘉宾的知情权

谈话类节目是公开、平等、真诚的话题交流，节目策划人员与嘉宾的沟通和交流应该是坦诚而善意的，需要将节目过程、参与者、观点等与嘉宾进行信息透明的沟通。很多谈话类节目经常将当事人的亲朋，甚至是敌对者请到现场，但是却不事先告知当事人，而在节目录制过程中才以突然出现的形式挑明，以营造戏剧性的现场效果。虽然其中大部分的操作是真诚善意的，尽管能够取得很好的节目效果，但是当现场请来的人是令嘉宾遇到难堪，或者与其观点不符，甚至是敌对观点的人时，嘉宾很可能会临时退出谈话现场，造成节目无法进行，甚至会引起更严重的后果。因此，在处理现场嘉宾的知情权问题上，应该慎重对待，不能因为节目的戏剧性需要，或者是担心嘉宾拒绝到场而向他们隐瞒信息，这不仅是对嘉宾的不尊重，还往往会使一个经过精心策划的选题流产。

虽然有些因素可以通过主持人在现场调控，但是在策划阶段就应对到场嘉宾的学识、背景、观点、语言表达能力有一个充分的估计。只有事先充分估计不同观点之间的矛盾，才能使节目按照预期的方案进行。

思考题

1. 什么是谈话类节目？谈话类节目有什么特点？
2. 谈话类节目有哪些不同类型？
3. 谈话类节目的策划大致包含哪些方面？
4. 怎样挑选谈话类节目的主持人？
5. 谈话类节目策划时需要注意哪些方面问题？

第四章 综艺娱乐类节目

综艺娱乐类节目是当今中国广播与电视界最受关注的板块之一,也是受众最为喜爱的节目类型之一。从20世纪90年代早期的《综艺大观》《快乐大本营》《超级女声》到今日的《奔跑吧兄弟》《密室大逃脱》《乘风破浪的姐姐》,国内综艺娱乐类节目的狂风热浪从未退却。

第一节 综艺娱乐类节目概述

剖析综艺娱乐类节目的概念,其内涵并非一成不变。伴随时代发展,综艺娱乐类节目会不断地从现实生活中汲取丰厚的内容素材以及节目创意,从而敦促自身节目内容和形式的演变与创新。

一、综艺娱乐类节目的概念界定

"综艺",顾名思义,即为综合艺术,指容纳多种艺术形式并呈现。综艺娱乐类节目的概念,业界和学界的阐释各有不同,目前并没有一个完全统一的界定,总体来说可分为以下三种观点。

(1)"文艺说"。综艺娱乐类节目是文艺节目中一种重要的节目类型。它由戏曲、音乐、曲艺、文学等多种艺术门类的节目组合而成,有机结合了多种艺术。其内容丰富多彩、形式新颖别致,同时兼具思想性、时效性、艺术性、娱乐性、参与性,可使观众在观看节目过程中体会生动形象,寓教于乐、愉悦心性、陶冶情操的教育功能、认识功能、审美功能和娱乐功能,深受观众喜爱①。

(2)"娱乐说"。综艺娱乐类节目涉及内容广泛,几乎囊括所有娱乐艺术内容,是所有节目中娱乐价值最高的节目,它以变化多端的内容、新颖有趣的表现方式,在满足人们娱乐需求的同时带来关于人生的启示②。

(3)"综艺说",即"综合艺术说"。综艺娱乐类节目是一种声像兼备、独具魅力的时空综合艺术,是在当代高科技的基础上产生的具有潜力的艺术门类。它既可以集音乐、舞蹈、戏剧、猜谜、问答、笑话、故事、杂技、魔术、游戏于一身,又可以选择其中数项,根据内容需要,加以自由灵活的编排、组合③。

上述三种观点中,"文艺说"和"娱乐说"虽然点出了该类节目需融合多种节目形式,但归纳偏于片面,两者单纯地将综艺娱乐类节目理解为文艺类节目或娱乐类节目,其解释过于狭窄,概括缺乏全面性;"综艺说"综合了前二者的阐释,相较而言更加全面,但整体语言简洁性和系

---

① 吴郁.主持人的语言艺术[M].北京:北京广播学院出版社,1999:480.
② 陆锡初.主持人节目学教程[M].北京:中国广播电视出版社,2001:142.
③ 中国应用电视学编辑委员会.中国应用电视学[M].北京:北京师范大学出版社,2002:229.

统性欠缺,严谨性有待加强。此外,电视真人秀节目的归属问题一直存在着诸多争议。关于这个问题,笔者查阅了部分学者专著以及文章,绝大部分将电视真人秀节目划分在综艺娱乐类节目之中。因此,本书亦沿袭该归类方式。而且在当下节目竞争激烈和受众需求不断变化的大势之下,综艺娱乐类节目的类型将会更加丰富并不断被细分。

综上所述,可将综艺娱乐类节目的概念分别从狭义与广义两方面阐释。狭义上的综艺娱乐类节目即指一般概念中广大观众所理解的娱乐节目,它是运用一定的声画元素,将各种笑话、故事、游戏等富有趣味性的内容与音乐、歌舞、曲艺等艺术形式相融合,并用广播或电视途径呈现的一种颇具娱乐性与互动性的节目形态;广义上的综艺娱乐类节目则内涵宽广,新闻类节目、谈话类节目、科教类节目、生活服务类节目之外的所有兼备综艺性与娱乐性的广播电视节目,例如影视剧,都可称为综艺娱乐类节目。

由此可见,综艺娱乐类节目的内容包含万千,表现形式多种多样,节目效果丰富精彩,满足观众多重需求,其他任何的广播电视节目艺术都难以与其匹敌。

二、我国综艺娱乐类节目的发展历程

我国的综艺娱乐类节目最早出现在香港和台湾地区,比较有名的有被誉为长寿综艺节目的《欢乐今宵》(香港无线电视)等。我国大陆的综艺娱乐类节目则起步较晚,直到20世纪80年代才开始出现,当年最有名的节目当属中央电视台的《正大综艺》和《综艺大观》,可以说这两者是大陆综艺娱乐类节目的开端。自此,综艺娱乐类节目迈向丰富多彩之路。我国综艺娱乐类节目发展到今天,以电视综艺娱乐类节目为例,经历了文艺晚会类节目、游戏类节目、益智类节目和真人秀节目四个时期。

1. 文艺晚会类节目时期

国内综艺娱乐类节目受到关注起始于1983年开始举办的中央电视台春节联欢晚会和以《正大综艺》和《综艺大观》为代表的文艺晚会类节目类型。

1983年,央视春节联欢晚会首播之后轰动全国,春晚节目形式涵盖小品、歌曲、舞蹈、杂技、魔术、戏曲、相声等多种艺术形式,在传播方式上,以现场直播为基本手段,增强了观众的现场感和参与感。春晚从播出至今,在探寻节目内容和形式方面积累了丰富的经验。

1990年3月,央视《综艺大观》开播,内容上集相声、小品、歌舞、杂技、魔术等各种文艺手段为一体,播出方式为直播。《综艺大观》被称为我国内地电视综艺类娱乐节目的鼻祖,标志着电视"晚会时代"的开始,自它开始掀起了第一轮综艺栏目热潮。但到2004年10月8日,《综艺大观》因形式缺少变化等原因停播,文艺晚会栏目时代自此结束。

1990年4月,《正大综艺》开播,其节目形式基本由场外记者就世界各地旅游文化的提问和主持人让场内嘉宾抢答两块环节构成,集世界旅游风光、国外风土人情、知识益智竞猜和娱乐性于一体,相较于《综艺大观》更加成熟与完整。《正大综艺》全新的互动形式、轻松随意的节目风格、对奇妙世界的讲述呈现开创了综艺节目的新形态,一下子紧紧吸引了众多观众,各级地方电视台纷纷效仿。

这一时期的综艺娱乐类节目内容以传统的专业歌舞和曲艺为主,节目形式为明星表演和观众观看,较为固定,虽然有时出现主持人向观众提问等环节,但总体来说观众互动参与少,与观众距离感较大。

2. 游戏类节目时期

1997年,湖南电视台制作了《快乐大本营》和《玫瑰之约》。此后,中国内地以"快乐""开心"和"速配"为主题的节目掀起国内电视娱乐节目的第二次浪潮。这一阶段节目的娱乐性增强,观众的参与性和互动性增强,现场观众甚至有直接参与节目的机会。

湖南卫视的《快乐大本营》在全国刮起了"快乐旋风"。李湘与何炅以古灵精怪的造型、机智非凡的对答,赢得了观众的垂青。作为第一个让明星以常态化参与游戏的娱乐节目,《快乐大本营》借助卫星电视覆盖的"威力",掀起了一股中国电视的快乐浪潮。此后以"快乐""动员"命名的综艺娱乐类节目开始在全国各地的电视台层出不穷,游戏的色彩越来越浓。仅仅在1999年1月,就有《欢乐总动员》(北京有线电视台)、《开心一百》(福建东南台)、《非常周末》(江苏卫视)及《超级大赢家》(安徽卫视)等多档综艺娱乐类节目开播亮相。据国家广电总局的材料显示,当年全国开办或引进娱乐节目的省级、地市级电视台共有100余家,全国上下掀起一股"快乐""欢乐"狂潮。我国综艺娱乐类节目就此从"文艺晚会时代"进入了"游戏娱乐时代"。

当时这些节目竞争激烈,形式不断创意,例如《欢乐总动员》的王牌环节"超级模仿秀",已经开始流露出后来真人秀的雏形①。但是这股热潮并没有持续下去,原因是大多数节目跟风模仿,不但名称雷同,而且节目内容、环节设置也都基本趋同。同质化,甚至粗制滥造的娱乐节目充斥各个荧屏,观众开始对这种无处不在的"欢乐""快乐"节目产生严重的"审美疲劳",简单的游戏娱乐已难以满足观众的需求,节目收视率一落千丈,其地位很快被以知识竞技为主的益智类节目代替。

与游戏类节目几乎同时涌上荧屏的还有一种婚恋类综艺娱乐节目,代表性的栏目有《玫瑰之约》(湖南卫视)等。

3. 益智类节目时期

益智类节目的代表当属中央电视台1998年推出的《幸运52》与2000年推出的《开心辞典》,这两档节目可谓是益智类节目的个中翘楚。在"2000年中国电视节目榜"中,《幸运52》一举获得"年度电视节目""最佳游戏节目""最佳游戏节目主持人"三项大奖。在首届大学生电视节上,《幸运52》被评为"最具生命力"的节目之一。

益智类节目保留了游戏闯关等环节,在内容上,重视知识性与娱乐性兼备的题目,还增加了参与者与现场及场外观众的互动等环节,节目亲和力大幅提高。以《开心辞典》和《幸运52》为例,主持人王小丫与李咏主持风格自然亲切、幽默大方,大大拉近了观众与节目的距离;节目参与选手或为观众所熟悉,或海选自普通家庭。此外,益智类节目在环节设置上以智力竞猜加高额奖品,吸引观众关注并激发了观众的参与热情。以上几点说明益智类节目时期,综艺娱乐类节目已经开始走向全民参与、全民娱乐。

益智类节目的基本框架以智力竞猜辅以丰厚奖金赢得了观众广泛关注,而其较低的制作

---

① 张同道,刘普亮.制造笑声与创造欢乐——试谈综艺栏目的模式[J].电视研究,2003(12):54-56.

技术门槛,使得全国又吹起了一股益智类节目的风潮,如江苏卫视的《天天90分》、浙江卫视的《超能e世纪》、湖南电视台的《超级英雄》等大量益智类节目蜂拥而现,成为当时综艺娱乐类节目的"新宠"。

益智类节目发展迅速,它既能获得知识,又能获得丰厚报酬的特点,受到当时电视人的狂热追捧。但益智类节目如何避免抄袭和粗制滥造模仿的弊病,能否在持续创新中保持节目活力,尚待时间检验。

4. 真人秀节目时期

真人秀节目起源于西方国家,引入我国后迅猛发展。2000年,我国第一档真人秀节目《生存大挑战》(广东电视台)一经开播便引起强烈反响,随后,《超级女声》《梦想中国》《星光大道》等全民参与的真人展示节目兴起并蔓延开来。

"真人秀"又称"真实电视""真实秀"等。当下学界对真人秀的概念尚没有很规范的界定,一般指由普通人(非演员)在规定的情景中,按照预先设计好的游戏规则,以具体行动实现节目要求的目标,并同时被记录下来的电视节目。

最早的真人秀节目应该是荷兰的《老大哥》节目,其走红之后迅速被澳大利亚、德国、美国等国家照搬制作了各自的版本,并在2000年之后席卷全球[①]。我国的真人秀节目始自广东电视台2000年推出的《生存大挑战》,它也是国内持续时间最长的野外真人秀节目。自2003年开始则是以"海选""全民娱乐""民间造星"为主要特征的"室内真人秀"的天下。2003年10月,央视推出《非常6+1》,播出后大获成功。2004年5月,湖南卫视《超级女声》成为最大赢家,连续数年取得不凡的收视成绩。2005年,央视《星光大道》播出,成为全国各地、各行各业的普通劳动者展现自我才华、打造艺术梦想的最大平台。自此之后,真人秀节目可以说占据了综艺娱乐类节目的半壁江山,盛况空前。

可以看出,中国的综艺娱乐类节目在不同的发展时期,一方面,不断地在以往节目形态上突破与创新,从早期晚会类节目的"晚会时代"到游戏类、谈话类、音乐类等节目的"综艺时代",再到后来创新出竞技类、选秀类的真人秀节目,预示着属于全民的"娱乐时代"的来临;另一方面,早期的节目观众在演播场外观看,到观众可以坐在演播现场观看,再到后来,普通观众可以作为节目嘉宾在现场发表看法、参与节目,表明观众不再仅仅只是旁观者,而可以参与到节目中来,与节目嘉宾提问、交流。受众参与节目的效果是显著的,这正体现出了节目对观众的重视程度越来越高。只有提高观众的参与感并不断激发他们对节目的探索渴求,综艺娱乐类节目才能真正吸引观众,实现其娱乐全民的功能。

三、综艺娱乐类节目的特征

所有的艺术类型都具备自身独有的特征,这种特征是其区别于其他艺术门类的"身份证"。综艺娱乐类节目作为一种独立存在的节目形态,亦具备了有别于其他节目形态的自身特质[②]。

---

① 欧阳国忠.中国电视前沿[M].北京:经济日报出版社,2002:225.
② 孟令杰.电视综艺节目的创新研究[D].济南:山东师范大学,2015.

综艺娱乐类节目将各种社会生活与艺术元素广泛融合，自成一派、独具特色，概括来说，其主要特征有如下几点。

1. 包容性

广播电视艺术，尤其是电视本身就是一门极具包容性的综合艺术，它可以将音乐、舞蹈等各种艺术的表现手法容纳和吸收，甚至可以集各家艺术之所长而为一体，因此具备海纳百川和绚烂多姿的独特魅力。综艺娱乐类节目的多样性与多元化更加鲜明，其包容性自然更加强大。

综艺娱乐类节目的包容性主要体现在以下几个方面：第一，题材的丰富性。综艺娱乐类节目的内容包罗万象、涉猎广泛，上至远古神话传奇，下至山川地理风土人情，乃至未来的科幻畅想，无所不包，都可以拿来作为节目话题与表现内容，并成为节目重要的组成部分，这样就极大增强了节目表现生活的广度与深度，加强了对观众的吸引力。第二，结构的多样性。综艺娱乐类节目的结构是开放式的，没有固定的节目模式，可以将各种艺术表现形式充分调度再综合性地呈现在观众面前，这种不同形式的重新组结使每一档节目的版块设置都各不相同、各具特色。第三，艺术表现的灵活性。综艺娱乐类节目可以灵活地包容音乐、舞蹈、绘画、文学等各种表现形式，还可以舞台设计、服装、剪辑等各种表现手段来强化节目表现力和感染力。第四，节目功能的多元化。综艺娱乐类节目既可以带给观众娱乐消遣，又因其传播不同领域的知识与文化而带有"寓教于乐"的文化功能，还有一部分综艺娱乐类节目关注社会热点问题，承担社会责任，体现出一定的社会服务功能。

2. 固定性

综艺娱乐类节目的固定性，主要体现在节目时间、节目主持人以及其他节目元素的固定性上。当然，综艺娱乐类节目的固定性是相对的，并不排除节目因某些特殊原因而造成变动。

综艺娱乐类节目的播出时间通常都是固定的，即每期节目的播出时间、时长以及播出周期一般都具有固定性。节目时间的固定性有助于观众形成一个定性思维，强化观众与节目的"约会意识"，即每当节目播出时间临近之时，观众便会自觉地打开电视，守候于电视机前定期收看自己所喜爱的节目。

综艺娱乐类节目的主持人通常都是固定的某位主持人或某对搭档主持人。主持人在节目中的重要性不言而喻，作为节目舞台现场的"导演"与"灵魂"，操控着整档节目的内容承接、节奏张弛和流程进展。节目主持人的固定性不仅有助于形成与维持节目统一的主持风格，而且也有助于提高观众对节目的熟悉度与亲近感。独具魅力的主持人往往能吸引大批观众的跟随，并对节目的知名度与传播力起到强大的推动作用，甚至构成了综艺娱乐类节目竞争力的重要组成部分。

此外，综艺娱乐类节目的其他节目元素的固定性，还包括背景音乐、场景道具等"硬性"元素与比赛规则、节目风格等"软性"元素的固定性上。节目元素的固定性有利于消除节目与观众间的陌生感与距离感，提高观众对节目的熟悉度，从而便于观众参与到节目中来。

3. 参与性

综艺娱乐类节目的参与性是其保持持续吸引力与活力的基石。随着市场经济的深化，观众的自主能动性得到增强,越来越希望通过各种方式参与到节目的整个流程当中,因此观众参与感越强,节目的受欢迎度就越高。尤其在媒体竞争日益激烈的今天,参与性已成为综艺娱乐类节目自身生存发展的重要元素。

纵观综艺娱乐类节目的发展历程,各家广播电视台借助不同的参与方式意图拉近与受众的距离。早期的参与方式有"读者来信""热线电话",到今日借助微信扫码等方式,观众已经可以实时参与节目播出过程,参与过程更具"现场感"。可以看出,今日节目更加重视和尊重受众心理需求,并在制作过程中予以考量以达到节目最佳影响力的效果。

综艺娱乐类节目的参与性还体现在参与对象既有观众参与,又有选手参与这一方面。观众参与包括场内参与与场外参与。场内参与指观众出现在节目现场、演播厅近距离观看节目,甚至出任节目嘉宾,成为节目的构成元素。选手参与指观众经"海选"等方式报名成功后成为节目选手的参与方式,是一种观众深度参与的形式。在一些真人秀节目中,这种参与方式成为很多平民选手凭借自身实力脱颖而出的舞台,堪称缔造平民明星的"助推器"。

参与性是综艺娱乐类节目的发展大势,观众越多地参与节目,越容易接纳节目,更重要的是可以增强观众的"主人翁"意识,既满足了观众展现表达自我才艺的需求,又能够获得及时反馈与建议,从而达到预期的传播效果。

4. 娱乐性

作为一种大众媒介,综艺娱乐类节目最基本的特征就是满足人们娱乐和休闲的需求,这也正是其娱乐功能的体现。尼尔·波兹曼认为,"娱乐是电视上所有话语的超意识形态。不管是什么内容或视角,电视上的一切都是为了给我们提供娱乐"。广播电视节目的受众绝大多数都是普通百姓,他们对节目最大的需求就是提供娱乐,希望在一天紧张的工作之后通过音乐、影视剧等各种娱乐方式得到消遣与放松,如果综艺娱乐类节目无法做到这点,观众势必就会慢慢流失。

综艺娱乐类节目可以运用"娱乐元素"和"娱乐手段",从而使观众获得娱乐享受,缓解人们内心紧张的情绪,使观众心灵与精神上得以放松。从节目内容制作上来看,综艺娱乐类节目越来越重视情节性、故事性,观众越来越被节目中嘉宾的表现所吸引,悬念的设置是能够吸引观众持续观看的重要元素。

综艺娱乐类节目的娱乐性主要体在"娱乐元素"和"娱乐手段"两种表现形态上,当然这两种表现形态是相对的并可以相互转化。所谓"娱乐元素",是指在节目里能够为观众带来快乐与愉悦的构成部分和组合要素,如人物、表演、音乐、道具等一切视听元素。主持人与嘉宾作为节目的重要组成部分,其外在形象与言谈举止往往对广大观众具有很大的吸引力,而且其机智幽默的现场表现或表演更是能调动起现场的欢快气氛。再如选秀竞技类节目中,许多参赛选手的声情并茂或搞怪表演,其不确定性的表现就让观众啼笑皆非、大笑不已。所谓"娱乐手段",是指在节目里借助外物的影响作用,为实现使人愉悦的目的而采取的方法和措施[①],如话题设置、悬念冲突的设置、强调互动、奖品刺激、极度煽情、真实表现等。综艺娱乐类节目里往

---

① 马静.电视娱乐节目的娱乐性及文化价值探析[D].沈阳:辽宁大学,2011.

往巧妙运用"娱乐手段"来制造"笑点"和"亮点",从而来达到愉悦观众的目的。某些节目会对当下热点话题有所涉及,并以此引发主持人、嘉宾和观众之间讨论与交流,在双方的观点交锋与碰撞中制造出了许许多多的"亮点"或"笑点",从而取得了良好的收视效果。

第二节 综艺娱乐类节目的主要类型

伴随着社会环境和观众审美需求的变化,综艺娱乐类节目的内容和形式也在不断发展与创新,新的节目类型也不断地涌现出来,而且很多节目的内容形式相互渗透和交叉,很难将其归于某一类节目。目前,我国综艺娱乐类节目还没有一个统一的分类标准,但概括起来可以分成六种节目形态,即综艺晚会类、游戏娱乐类、娱乐资讯类、谈话娱乐类、益智竞技类、真人秀类。

一、综艺晚会类节目

20世纪80年代,中国综艺娱乐类节目以"晚会"与"综艺"形态开始起步,主要分为以春节联欢晚会为代表的晚会形态和以《综艺大观》为代表的日常性综艺栏目[①]。

1983年,央视春晚首次正式亮相,从此开创每年除夕之夜和重要节庆日举办文艺晚会的惯例。1990年,《综艺大观》和《正大综艺》两档节目开国内综艺娱乐类节目栏目化运作之先河,《曲苑杂坛》《欢乐中国行》等节目随之相继问世。晚会模式节目大多是在重大节庆日或鲜明主题日里播出,节目主题贴近社会热点,节目内容丰富多彩,既洋溢出热烈祥和的节日氛围,又充满了浓厚芬芳的生活气息,观众能够在欢声笑语中得到独特的审美享受。但时至今日,伴随着综艺娱乐类节目的创新发展与激烈竞争,综艺模式节目处于日渐式微之势,而晚会模式节目的影响力却比以往更加巨大。

二、游戏娱乐类节目

游戏娱乐类节目是指以"快乐"和"娱乐"为基本主旨,把"明星+游戏+规则"的内容模式进行精细加工和融合,并在主持人的引导下,强调节目的参与性、互动性和娱乐性的节目类型。

在20世纪90年代末的国内荧屏,游戏娱乐类节目陆续闪亮登场,如《快乐大本营》《欢乐总动员》《开心100》《超级大赢家》等,国内综艺娱乐类节目开始步入"娱乐时代",娱乐方式转为"全民参与"。这其中,湖南卫视的《快乐大本营》堪称是国内游戏娱乐类节目的鼻祖和典范,虽历经风雨却一直长盛不衰。1997年创办的《快乐大本营》,在诞生初期主要侧重于"快乐传真""火线冲击""心有灵犀"等游戏环节和元素,后来又在节目中加入了访谈、表演、益智等新鲜的元素,掀起了一场全民参与"游戏娱乐"的热烈浪潮,时至今日,它仍然是拥有最广泛忠实观众的节目之一。

---

① 萧盈盈.中国综艺娱乐节目的类型演变及其文化语境[J].现代传播,2007(2):84-87.

三、娱乐资讯类节目

娱乐资讯即娱乐新闻,这类节目以报道发生在演艺圈和娱乐圈的明星、名人和公众人物的新近动态为主要内容,节目呈现方式为"演播室+主持人+现场报道",它具备新闻的性质,同时播报方式、节目风格轻松自如,节目形式活泼,强调娱乐性。主持人主持风格往往幽默风趣,并且很注重主持人形象包装上偏新鲜时尚,甚至会邀请当红明星客串主持人。在演播厅现场环境的营造上,尽量轻松、愉快,甚至用夸张炫目的现场道具给观众以随意有趣之感。湖南卫视的《娱乐无极限》和东方卫视《娱乐星天地》就属于此类节目。

四、娱乐谈话类节目

娱乐谈话类节目又称"脱口秀",这类节目以谈话、即兴脱口秀为形式,话题涉及人生、情感、婚恋等,它的嘉宾主要为演艺圈明星和体育界明星,主持人大都与他们有密切的联系,甚至就是娱乐圈人士,观众主要是年轻人。这类节目一般有一个或两个固定的主持人,每期邀请一名或多名嘉宾进行演播室访谈,它在情境设计上注重综艺性和幽默效果,表达形式上充分展现话语的通俗与幽默,达到戏剧化的效果,以娱乐观众,满足观众休闲逗乐与猎奇心理为主要目的。在话题选择方面涉猎宽广,更偏向年轻化、娱乐化以及思辨性。早期央视的《实话实说》,近期湖南卫视的《天天向上》和央视的《青年中国说》是这类节目的代表。

五、益智竞技类节目

益智竞技类节目主要是建立在一种"选手+问答或游戏+奖品"的内容模式上创制完成的,节目选手在规定的时间和既定的条件下通过回答问题或游戏竞技而最终取胜并获取奖励。早期的《幸运52》和《开心辞典》是我国益智竞技类节目的开山鼻祖,近几年热播的《梦立方》(东方卫视)、《一站到底》(江苏卫视)、《汉字英雄》(河南卫视)和《中华好诗词》(河北卫视)等节目都在借鉴早期益智竞技类节目的基础上进行了创新和发展,取得了不错的效果。相较于之前的节目形式,益智竞技类节目注重全民的参与性、比赛的紧张性和奖品的刺激性,强调娱乐性与知识性的融合,能够让全体观众更高层次的精神追求得到满足,因而益智竞技类节目得到观众的全力追捧和喜爱。

六、真人秀节目

所谓真人秀节目,就是指由普通人(非演员),在一定情境中按照既定安排好的游戏规则展现完整的表演过程,展示真实人生,并被记录或者制作播出的节目①。

真人秀节目强调真实,记录过程使用纪实手法,将才艺表演、竞技、互动等众多元素融为一体,节目内容和形式精彩丰富,迎合了普通观众的求知与猎奇心理,在受众间一直拥有着最为广泛的群众基础和最为强大的吸引力。真人秀节目一经播出,无论是从节目的数量、影响,还是收视率,在我国电视节目市场上占据了举足轻重的地位。经过十几年的发展演变,我国电视

---

① 谢耘耕,陈虹.真人秀节目:理论形态和创新[M].上海:复旦大学出版社,2007:1.

真人秀节目已经渐趋成熟,根据其在内容和形式上的不同,通常可以分为以下几种类型。

1. 表演选秀类

表演选秀类真人秀节目主要是指让具有一定表演能力的参与者,按预先设定的特定比赛规则进行才艺表演,评委和观众决定参与者晋级或者淘汰,通过层层选拔,最后的优胜者有获得成为明星的机会。我国电视真人秀节目中,表演选秀类占了很大的比重。2004 年,湖南卫视运营《超级女声》获得巨大成功之后,各大卫视相继开办真人秀节目。央视的《梦想中国》、重庆卫视的《第一次心动》、东方卫视的《莱卡我型我秀》《加油!好男儿》《舞林大会》《中国达人秀》、浙江卫视的《中国好声音》等节目纷纷登台亮相,真人秀节目在国内大行其道,牢牢占据了我国综艺娱乐类节目的重要地位,成为最热门的节目形态。根据参赛者的不同,表演选秀类真人秀节目又分为平民选秀与明星竞技两种模式。前者有《超级女声》《中国好声音》《星光大道》《中国好歌曲》《中国达人秀》等节目,后者有《我是歌手》《舞林大会》等节目。其中平民选秀的节目模式以"海选""零门槛""全民参与"为特征,为广大观众提供了一个展现风采和实现梦想的平台,让无数来自社会各个阶层的实力选手成为了新时代的偶像和明星。

2. 野外生存类

野外生存类真人秀节目强调人与自然和人与人之间的矛盾冲突,要求选手们从既定的环境中,利用有限的条件,去完成一些富含挑战性的任务,同时设置淘汰环节,并将选手们心理状态和生存状况真实记录下来。2000 年,广东卫视《生存大挑战》开播,这是我国首个独立创作的真人秀节目,之后,其他各级电视台纷纷试手,央视的《幸存者》、四川卫视的《走入香格里拉》、贵州卫视的《峡谷生存营》等节目成为野外生存类真人秀节目的主要代表。

3. 婚恋交友类

婚恋交友类真人秀节目是男女之间通过自我展示、游戏互动等环节相互交流了解,以确定交往意愿的节目。有些节目会邀请情感专家或嘉宾父母进行现场观察,重点探讨当下爱情观、婚姻观以及夫妻相处之道等内容。如江苏卫视的《非诚勿扰》、北京卫视的《我们结婚吧》就是其中主要代表。

近两年,随着婚恋交友类节目形式的创新,还出现了参与主体(未婚男女、已婚夫妇)不同的婚恋观察类真人秀节目。主体为未婚男女的婚恋节目以观察、推理、游戏等形式为主,例如韩国电视节目《心动的信号》,融真人秀、观察、推理、剧情为一体,明星嘉宾在演播室"围观"素人恋爱,一边交流"八卦",一边推理感情线。国内的方式变更为邀请女星父亲在演播室"见证"女儿的恋爱过程,意在展现代际之间恋爱交友观的差异,如芒果 TV 的《女儿们的恋爱》。主体为已婚夫妇的婚恋节目则以家庭生活、夫妻关系纪实观察为主,既有女性观察丈夫在家日常,如《做家务的男人》,它有男性观察妻子外出旅行,如《妻子的浪漫旅行》,还有夫妻甜蜜生活纪实,如《幸福三重奏》。

此外,还有一些节目如央视的《心理访谈》、江苏卫视的《人间》、湖南电视台的《真情》、上海生活时尚频道的《心灵花园》等,这些节目大多通过专家和嘉宾座谈的方式,通过当事人现场的讲述、争论以及相关的图片、拍摄等方式,寻求解决家庭、生活中的情感矛盾和危机。这些属于带有真人秀色彩的情感类节目。

4. 职场技能类

这类真人秀节目聚焦求职与就业这个全社会关注的焦点和难点,以高校毕业生为主要受众群体,将大量的娱乐元素与生活服务结合,在节目中设置行业内容实践与淘汰制竞赛方式,既展现了残酷的职业竞争,又带有一定的娱乐元素。它既满足了参与选手的真实需求,通过展示职业技能来寻求工作机会,又满足了受众的娱乐需求。《创智赢家》(东方卫视)、《天生我才》(浙江卫视)、《我和我的经纪人》(山东卫视)、《非你莫属》(天津卫视)都是其中代表。

5. 生活服务类

这类真人秀节目是以展示例如烹饪、装修房屋、育儿等日常生活的各个层面,有针对性地帮助和服务大众为目的的真人秀。这类节目选择特定的人群作为服务对象,帮助服务对象改变现有的生活状况,而这个帮助与改变的过程会在摄像机的全程拍摄下完成。如展示家居装修的《交换空间》《梦想改造家》,展示女性整形的《天使爱美丽》,展示生活技能的《回家吃饭》,展示角色交换、生活体验的《相约新家庭》等,都是生活服务类节目的代表。

6. 角色置换类

角色置换类真人秀节目是指将身份、背景具有巨大差异的参与者进行身份的互换,使其与新的生活环境以及新环境中的人产生冲突,表现产生出人意料的节目效果,并将整个过程记录下来播出。节目通过参与者双方角色互换产生反差强烈的效果,使节目充满戏剧冲突与悬念,从而能够吸引广大观众并获得较高的收视率。在我国,湖南卫视的2006年推出的《变形计》是角色置换类真人秀节目的典型代表,节目中交换身份的是来自于城市和乡村两种不同生活环境的少年,让他们置换到对方的家庭进行7天的生活。节目紧跟社会热点问题,关注青少年成长,一经播出就成为观众的话题焦点,获得巨大成功。

以上分类并不能涵盖所有的真人秀节目,而且,目前真人秀节目模式不断推陈出新,不仅真人秀各类型之间,甚至真人秀节目与其他类型的综艺娱乐类节目相互交叉融合的情况也很常见,因此对于某些节目是否该归属真人秀节目或者真人秀中的某些节目究竟该归属哪个子类型也有争议。

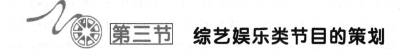

第三节 综艺娱乐类节目的策划

随着我国市场经济的快速发展以及观众的审美水平的不断提升,广大观众对于好看又优质的综艺娱乐类节目的需求与日俱增。制作精良、口碑好的综艺娱乐类节目不仅是中国广播电视行业发展的目标,而且是所有综艺娱乐类节目安身立命的根本保证。所以开创优质节目成为所有广播电视台的一致追求。而优质节目从何而来呢?这就与做好节目策划有关,有了好的策划方案,才能制作出独具魅力、久经考验的优质节目。

一、综艺娱乐类节目的现状

国内综艺娱乐类节目已有近40年的发展历史，发展速度惊人，其数量和质量都达到了前所未有的程度，涌现出了一大批优秀节目，一批优秀节目主持人和演职人员也脱颖而出。综艺娱乐类节目凭借其轻松娱乐的内容和喜闻乐见的形式迅速俘获了无数观众的注意力，在观众中具有极大的号召力，成为各家媒体高度重视的节目类型。需求带动竞争，竞争促进发展，综艺娱乐类节目在飞速发展的同时，由于创作队伍的良莠不齐，理论建设的滞后，逐渐暴露出不少问题，观众对此颇有微词，其吸引力在下降，主要表现在以下方面。

1. 数量多，但呈现泛滥之势

据《2020年中国综艺节目行业分析报告》统计，目前我国各类综艺娱乐类节目已有上千档之多，从央视到各级省市电视台，纷纷把举办综艺娱乐类节目作为提高收视率的重要手段。

以节庆类和行业主题类为代表的综艺娱乐类节目，不仅电视台竭尽全力支持，社会各界也纷纷参与，有的部门与电视台联合举办，有的部门则直接将节目录制完成后，送电视台播出，扩大本行业的社会影响。这样全社会的参与，使综艺娱乐类节目蔚然大观。以春节晚会为例，除了影响最大的中央电视台除夕春晚外，还有大年初一播出的文化部春节晚会，总政治部、公安部、民政部等部门也都有自己的春节晚会。各省市电视台在春节期间也以综艺娱乐类节目唱主角，令观众目不暇接。几乎所有部门都在自己的特殊日子举办过不同形式的综艺娱乐类节目，电视强大的传播功能把各行各业的喜怒哀乐传递给社会，促进了各行业的相互了解，也促进了各行业的文艺发展。

这些综艺娱乐类节目在为观众带来欢乐的同时，也已呈现出泛滥之势。综艺娱乐类节目数量大大失控，似乎只要有钱，就可以拉起一个班子，组合出一台节目。但实际上千档节目中，能成为"常青款"被观众记住的不过十余档。这些跟风的节目往往又占据了电视台有限的黄金时间，原来是丰富观众文化生活的节目，因为数量的无限膨胀和播出时间的相对集中，反而给观众带来观赏的单一乏味，久而久之，观众对这类节目形成冷漠态度，就不足为奇了。

2. 创新多，但呈现杂乱之态

前文提过，由于电视本身的特性，使得综艺娱乐类节目具备了强大的包容性，它可将各门类的艺术形式与电视手段综合，形成独具魅力的节目。这种特有的兼收并蓄的审美特征，为其长久发展、不断创新提供了巨大的空间。这几年，综艺娱乐类节目在内容和形式上都有很大的创新。最明显的例子就是小品，原来这种只是在戏剧学院对学生进行教学训练的艺术手段，一经电视综合处理之后就异军突起，成为综艺娱乐类节目中必不可少的内容，为这种艺术式样注入了全新的内容和表现活力。为适合电视观众的欣赏习惯，综艺娱乐类节目对传统的戏曲也进行了大胆的改革，从服装、唱腔乃至表演程式都有可圈可点之处。

但在这种创新的背后也蕴藏着危机，一些节目为搏出位、求新奇，违背广播电视节目创作原则，对一些传统艺术随意篡改嫁接，使许多节目成为"四不像"似的"怪胎"。还有一些节目更是不讲品位，一味迎合观众窥探欲，使节目价值取向受到质疑，背离我国传统文化道德准则和弘扬精神文明的基本要求。这样的节目大大败坏了综艺娱乐类节目的名声，影响了整体形象。

3. 节目同质化严重

近年来,我国综艺娱乐类节目数量持续走高,从数量和类型上都可称得上百花齐放,既有《快乐大本营》这样跨越多年的老牌节目仍在为观众的娱乐生活添彩,亦有《密室大逃脱》实景解密、《追我吧》极限运动竞技等新节目出现。但细数我国现今各大卫视的同类型节目,不难发现,其节目形式、内容、制作等方面,普遍存在同质化的问题。

(1)节目形式类型化。一方面,国内的大量综艺娱乐类节目很多克隆国外或港台地区的节目样式,例如《城市之间》是法国《城市之间》的中国版。另一方面,如果某一档综艺娱乐类节目走红,其他地市台便会纷纷出现一大批节目形式乃至内容相似的效仿者,这些节目大同小异,例如 2012 年湖南卫视的明星亲子真人秀节目《爸爸去哪儿》火爆之后,浙江卫视随即推出了设定几乎相同的《爸爸回来了》,2019 年湖南卫视推出了亲子观察类节目《我家那闺女》,芒果 TV 就随之推出了类似的《女儿们的恋爱》等。

(2)节目内容同质化。例如,浙江卫视《中国好声音》与央视《非常 6+1》同样都设置了"导师+转椅"的形式,相亲类真人秀《桃花朵朵开》中"嘉宾 VCR 介绍"与"灭灯"元素皆是效仿江苏卫视节目《非诚勿扰》。这种相互之间复制的情况违背了综艺栏目求新求异的艺术规律,结果会使节目缺乏新意,让观众的选择变得更局限,长此以往会在短时间内消耗尽观众的新鲜感,因此节目同质化仍是我国综艺娱乐类节目面临的一大问题。

4. 本土化缺失

由于起步较晚,早期我国大陆综艺娱乐类节目生产几乎都遵循着一个流程:国外或港台地区首创→国内借鉴,例如"综艺常青树"《快乐大本营》便借鉴香港地区的《综艺 60 分》。诚然,在最初的起步阶段,学习与借鉴是必不可少的,但近几年国内综艺娱乐类节目迎来疯狂增长之后,仍然有为数不少的节目还在一味抄袭和模仿,没有形成自己的风格。由于国情、文化、传统、习俗以及收视习惯之间的巨大差异,许多在海外取得成功的娱乐节目,移植到国内后,并不一定能达到预期的效果。即使开端良好,但由于受众的欣赏口味、需求具有不可预测性,注定了它的命运充满了未知,需要不断求变图新,才能避免昙花一现的悲剧。

本土化,则是我国综艺娱乐类节目的最大机遇。我国节目参与国际竞争,其最大优势也就在于其本土化的资源背景。我国综艺娱乐类节目在移植国外或国内成熟模式时,有时未能考虑到将外来节目用本土化、地方化的娱乐元素加以改造,消解其弊端,使节目具有本地观众接受和喜爱的看点,从而顺应娱乐节目发展的趋势和方向。如果一档节目仅靠单纯复制,必然无法长久存活。

二、综艺娱乐类节目的模式设计

综艺娱乐类节目在发展中,已经形成了一整套完整的样式范本,有程式化的运作程序和规范,这就是综艺娱乐类节目的模式。其早期模式的雏形可概括为选手+才艺表演+竞技,以竞技比赛的方式确定最终的获胜者。尽管之后综艺娱乐类节目的形式千变万化,但是该模式的核心被完整地保留了下来,现在的各类综艺娱乐类节目的模式一般包括参与者、评委和游戏规则三大元素。

1. 参与者：零门槛

绝大多数综艺娱乐类节目，参与节目的选手都为普通人。平民化的选手彰显了大众的消费者地位，满足了观众期待自身利益受到关注、自我价值得到实现的心理需求。正如人们所亲身感受到的"平民狂欢"，普通人成为真人秀节目的绝对主角。通常是节目面向大众征集参与者，然后根据节目的要求一步一步选出合适的人参与节目的录制。很多真人秀节目的选手来自全国各地、各种职业和阶层，他们有着不同的年龄和个性。《超级女声》海选时，主办方宣称"不拘年龄，不拘长相，不拘唱法，凡喜爱唱歌并年满16周岁的女性均可免费报名参加"，正是这种不设门槛的平民游戏吸引了成千上万拥有梦想的女性观众蜂拥而至。这是很多专业的歌唱比赛难以达到的。千奇百怪的表演风格以及评委的调侃也让节目更加具有亲和力和吸引力，百姓登上了电视荧幕，这是媒体贴近百姓实际生活的体现。其他类型的真人秀节目也以各种方式向特定的大众群体敞开大门，只要是敢于展示自己的人，都可以在真人秀中找到表现的机会。

2. 评委：身份多样化

综艺娱乐类节目是按照比赛的模式进行的，除了有参与者，评委的设置也是不可缺少的。我国综艺娱乐类节目的评委通常由专业人士、演艺明星和社会知名人士组成。他们从艺术的角度对选手的表现进行评价。这不但满足了大众获得娱乐的心理需求，也满足了大众和节目监管机构对节目品位和教育意义的要求。

早期的综艺娱乐类节目，评委们也大多由已经出道的歌手，或知名音乐制作人担任，相对当时大多以海选形式选拔而来的众多节目参与选手，评委们具有很高的专业门槛。例如《超级女声》历届主力评委黑楠的身份有独立音乐监制、音乐专栏作家和作曲家，是资深音乐人。之后随着时代的变革和网络文化的兴起，综艺娱乐类节目渐渐从标准造星发展到包容式造星。为了吸引眼球和关注，评委也不再局限于专业之内。2017年国内首档嘻哈竞技综艺节目《中国有嘻哈》横空出世，评委中就出现了在当时的"红星"吴亦凡。

在往年常规的比赛节目里，评委和选手通常处于一高一低的状态。而如今评委并不能决定选手的"生死"，即使偶尔冒出一两句辛辣的点评，其话语权也在削弱，评委和选手对立关系弱化。此外，评委打分趋于多样性，这使得竞技结果不那么容易"被看穿"，也给观众看综艺留下悬念，满足了观众参与节目、实现自我权利的心理需求。

3. 游戏规则：丰富多样

综艺娱乐类节目的游戏规则发挥着重要作用。借助"海选""晋级""观众投票决定胜负"等选拔方式与各种"惩罚""淘汰"的游戏规则，既可以不断刺激和满足受众的消费欲望，参与节目、展现自我以及窥私等心理需求，又能够增加节目的冲突效果，凸显节目的魅力。

综艺娱乐类节目基本都会设置一定条件，选拔出符合节目娱乐性要求的选手。选拔的作用总体来说有三个方面，即增加新鲜感、增加娱乐感、为节目做预热的宣传推广。以2013年湖南卫视《男声学院》为例，各个赛区海选部分精彩纷呈，有新鲜出炉的原创歌手，使观众对后面内容充满期待，也有"魔性"与"雷人"的选手不断制造笑点，满足受众娱乐需求。其他如浙江卫视的《中国好声音》、东方卫视的《中国达人秀》以及央视的《星光大道》等节目都有类似的"选拔"规则。

综艺娱乐类节目中的"惩罚"与"淘汰"游戏规则设置则可以引发参与者之间、参与者与游戏情境之间的矛盾，在矛盾中充分激发人物真实个性的展示，在节目中形成强烈的冲突，造成环环相扣的悬念。比如《快乐大本营》《奔跑吧兄弟》都有"干冰吹脸"的惩罚规则，参与嘉宾在规定时间内未答出题目或者回答错误均会遭遇"干冰吹脸"，这使得节目更具趣味性。而"淘汰"机制则一直是综艺娱乐类节目保持新鲜感和刺激感的重要手段，江苏卫视《最强大脑之燃烧吧大脑》等多档节目都有设置。另一方面，高淘汰率也面临着风险，引发观众对节目公平性的质疑。如湖南卫视的《我是歌手》首轮就把某实力歌手淘汰，引发观众质疑节目"剧本痕迹"明显。

三、综艺娱乐类节目的策划原则

综艺娱乐类节目的策划作为一种创造性活动，具有很强的自主性和灵活性，但是这些特性的发挥不可能是一种任意的行为，必须要遵循某种客观规律。掌握电视节目策划的客观原则，是策划者达到策划目的、实现策划效益的保证。

在策划之时要把握策划概念：以观众为中心，以综艺娱乐类节目为产品，提高收视率，进而获得社会效益和经济效益为目标的运作过程，是对电视节目创制的预测和控制的过程。节目策划成功有利于媒体的谋势、造势和运势，有助于媒体行动有条不紊，以最低的成本谋求最佳的效益。

1. 坚持创新性

电视节目策划是以节目运作规律为研究对象的，无论从哪个方面对节目策划进行概括和抽象，都离不开思维创新和创新思维。这种创新思维在节目中表现为理论和实践的统一，时间与空间的统一，历史与现实的统一，宏观与微观的统一。创新思维将带动节目理念、节目形态、节目组合、节目受众和传播效果产生改变，从而达到吸引受众的目标。

央视近年推出的全新的文化综艺类节目《中国诗词大会》和《国家宝藏》，一炮打响，开播之后收视率、播放量以及整体热度居高不下，成为观众非常喜爱的节目。观其策划手法，不难发现，建立在对国情的深入分析基础上的创新为策划提供了新鲜血液，制作人员对节目进行了本土化包装，体现了大胆创新精神。文化综艺类节目的走红为跟风模仿成风的综艺娱乐类节目带来一股清风，国内综艺娱乐类节目开始重视本土文化与综艺节目的融合与创新。

2. 立足本土化，塑造品牌

我国早期的综艺娱乐类节目走的是一条模仿国外节目→引进国外节目→国内竞相效仿的道路。尤其早期很多节目引入国内之后仅仅是机械式的模仿，与中国国情不符，短暂的热闹之后渐渐失去了观众。因此，要赢得观众需要做到以下三点。

其一，国外引进节目融合本土文化与价值观。国外节目被引进后，在内容与形式上对其进行本土化改造，就是要通过融合创新，把我国传统文化的精髓嵌入到国外的节目模式中去，这样既能强化节目自身的本土气息和文化韵味，确保其符合中国国情与观众审美需求，又能促使观众产生强大的认同感。例如曾获巨大成功的央视经典节目《幸运52》《开心辞典》,其成功之道就分别来自对英国节目 GOBINGO 和美国节目《百万富翁》的本土化。两档节目在被引入中国后,都结合中国的国情做了很大改动,将原节目中单纯的"金钱奖励"转换为对"家庭梦想"的追求,淡化了金钱利诱的成分和元素,强化了对人生梦想和情感价值的追求,使得节目导向上向主流意识靠近。

其二,立足本土自主创新的节目。随着越来越多的国外综艺娱乐类节目被引入,中国本土综艺娱乐类节目必然面对更加激烈的竞争,在这一背景下,立足本国文化,挖掘本土的传统文化资源,致力于推出自主创新并符合国人审美趣味与心理的节目,是国产节目成功的关键。国外节目在引入过程中,为中国节目自主创新提供了丰富的经验。在这个基础之上,开发出具有中国本土文化韵味的新型节目,例如央视节目《中国诗词大会》《国家宝藏》,以及浙江卫视节目《熟悉的味道》等以中国传统文化为依托,呈现中国特色元素中承载的情感和价值观的特有节目,将"文化传承+娱乐"融合,实现了中国综艺娱乐类节目创作理念上的创新。以《中国诗词大会》为例,竞技环节中的"飞花令"每每令观众对参与选手丰厚的知识储备与精彩绝伦的现场表现叹为观止,深受观众喜爱。

其三,塑造自有品牌。综艺娱乐类节目应该有品牌意识,注意彰显其独特个性,尤其是在电视节目同质化日趋严重的背景下,推广强化综艺娱乐类节目的社会影响力,并逐渐发展形成属于自身的文化品牌,能够使节目获得更大的发展。如北京卫视节目《上新了故宫》,既带领观众了解文物珍藏,在节目播出之后,其衍生文创产品从"奉旨出行"的腰牌到联名百雀羚的彩妆又通过文创产品设计与营销的方式,掀起了"文创热"的浪潮,提高了品牌知名度。

3. 分众化定位,节目内容"私人订制"

各类综艺娱乐类节目层不出穷,数量和种类众多,整个市场趋于饱和,要想在这一领域胜出,就必须对受众进行细分。细分受众市场是一种趋势,一个节目不仅需要留住受众,更需要吸引更多的受众加入。分众化的定位可以很好地将受众分类,依据不同的收视习惯,考量受众详细需求,更有针对性地将节目分类,在不同领域力求精准,从而达到留住更多受众的目的。有的节目把各个年龄阶层的观众都作为自己的受众,而众口难调的现状反而吃力不讨好。故节目策划必须针对不同的年龄、职业、教育等不同标准划分受众,实行节目"专业化""小众化"的"窄播",在细分市场中赢得市场。当节目定位明确,目标受众清晰,节目与受众粘性增强时,收视率自然逐节攀升。

此外,综艺娱乐类节目还可借助互联网优势,在自身官方网站进行内容私人订制版块,为受众量身打造特别节目版本或节目内容。

4. 重视观众需求

吸引众多观众的视线,提高节目的收视率是评价一档综艺娱乐类节目是否成功的首要因素。收视率是最直观的,也是最客观的评价标准,收视率代表了观众的选择和热衷程度,大多数观众需求就是社会需求,更是市场需求。因此,综艺娱乐类节目的开发必须符合大多数观众的需求,综艺娱乐类节目得到市场的认可与满足受众需求并建立忠诚度密不可分。受众因个体喜好、阅历等因素影响使得偏好与需求趋于多元化,总体来说,主要集中在以下四个方面。

(1)具有娱乐性。

观众收看综艺娱乐类节目的首要目的,大多是在工作之余满足放松身心、休闲娱乐。因此,综艺娱乐类节目在内容选择上一定要以能够娱乐观众为原则。以收视率保持较好的湖南卫视《快乐大本营》为例,该节目于1997年开办,至今已开播23年,收视率一直稳居同时段节目前列。《快乐大本营》以"青春、快乐、八卦、生活"的娱乐风格在综艺娱乐类节目群中迅速瞄准了自己的位置,其带动的明星效应和倡导的快乐理念至今生命力不减,掀起全国电视的快乐浪潮,使节目在中国家喻户晓。

(2)故事性强。

现阶段很多综艺娱乐类节目的编导都刻意在节目中设置故事情节,不论是一个节目有一个故事,还是一个节目有多个故事,这样做的目的是至少能将观众的目光吸引在某一个故事上,毕竟经过挑选编排的故事是连贯的且颇具一定看点的。因此,就很容易收获这一个故事的时间的收视率,也能促进提升整个节目甚至整个频道的收视率。

选秀类节目对于选手背景的介绍充满了故事性,大多是个人成长的坎坷经历或励志的故事,婚恋类节目对于嘉宾的介绍也同样如此。编导在选择嘉宾的时候,通常有特殊经历背景的嘉宾更容易被选上,因为这样制作出来的介绍短片才能更具看点。现在很多法制类节目也颇受欢迎,每一期节目简直就像一个电视单本剧,充满了悬疑,情节起伏、环环相扣、引人入胜。

(3)贴近观众生活。

越贴近观众生活的节目往往越能引起观众的共鸣,观众从这些节目中可以收获很多生活上的小诀窍,甚至还可以亲身参与到这些节目中去。这类节目使观众可以寓学习知识于休闲,在现阶段十分受希望提高生活品质的观众欢迎。

饮食类节目如《天天饮食》《顶级厨师》等,观众可以通过收看节目来学习做菜,非常受美食爱好者的欢迎;女性时尚节目如《美丽俏佳人》《我是大美人》等,会教女性观众穿衣搭配、保养皮肤、整理发型,而这些都是与我们的日常生活密切相关的;再如北京卫视的《养生堂》栏目,便是一档针对中老年观众的健康保养类节目,节目中会请一些专家来教大家如何养生、如何预防一些疾病,十分受中老年观众甚至很多年轻观众的喜爱。

(4)关注社会热点问题。

社会热点问题,就是大多数人关注的问题,如果能将节目与社会热点成功联系到一起,也就很难不引起人们的关注了。

婚恋类节目是当下最受欢迎的节目类型之一。其实,十多年前,湖南卫视已从境外移植过这类节目,叫作《玫瑰之约》,收视率却远不如今天火爆,究其原因,是因为当时中国还没有进入"剩男剩女"时代。随着时间的推移,"剩男剩女"现象越来越突出,已经成为了社会问题,社会已经聚集了解决"剩男剩女"婚恋问题的巨大需求,因此,以江苏卫视《非诚勿扰》、湖南卫视《我们约会吧》和浙江卫视《爱情连连看》等为代表的婚恋类节目便适应了这类需求。

再如,随着教育的发展,高校扩招,毕业人数年年递增,这就带来了就业问题。就业是民生问题的重要方面,不仅学生关注,学生的家人也都非常关注。因此,这便催生了一类节目,就是招聘类节目,如《职来职往》《非你莫属》等。这类节目邀请很多企业家作为面试官,学生来参加面试,并记录下整个面试的过程。刚开始招聘者面试应聘者,如果应聘者足够优秀,再由应聘者反选招聘公司。不仅学生能从这些节目中学习到一些面试的技巧,家长也希望通过这类节目了解子女求职的过程。

第四节 案例分析《中国诗词大会》

2016年2月,央视科教频道推出的一档文化类演播室益智竞赛节目——《中国诗词大会》,节目立足中国传统文化,以"赏中华诗词,寻文化基因,品生活之美"为宗旨,通过演播室比赛的形式,重温经典诗词。这是我国自主研发的综艺娱乐类节目,目的是激发全民重拾对古诗词的兴趣,带领受众感受古诗词之美好,培养和引导受众继承和发扬中华优秀传统文化的动力。至2020年,《中国诗词大会》已播出五季,节目兼具知识性与娱乐性,观赏性十足,连续几年都有着超高的人气与收视率,深受观众喜爱。

一、节目特色

《中国诗词大会》作为一档文化类电视节目,节目内容是以中国诗词为纽带,通过竞争的方式达到以诗会友、以诗传情、以诗词联系群众的目的。节目形式是竞赛式,通过个人追逐赛和擂主争霸赛来确定最后的胜出者。

1. 凸显中国传统文化,本土气韵浓厚

国内综艺娱乐类节目的创新与发展离不开本土文化,要寻求一条本土路径,依靠本土文化抓住受众的兴趣点。中国诗词源远流长,中国诗词不仅讲究文字对称、韵律优美,且要求意境深远、情感真挚、主旨鲜明。把中国诗词搬上荧屏需要勇气,也需要智慧,要做到突出中国特色,展示中国诗词独有的文化氛围。《中国诗词大会》节目组通过杂糅综艺、真人秀元素,突出中国诗词的本土色彩,令其在现代科技的帮助下大放异彩,光彩照人。《中国诗词大会》带动了全民学习、诵读古诗词的潮流。这种从形式到内容的创新推广方式,真正让中华优秀传统文化的继承与发扬有了全民基础。

2. 全民参与互动

能否让观众获得参与感,是所有电视节目生存和发展的重要因素。参与者越多,说明节目越受关注,吸收普通受众踊跃参与是任何一档节目在策划之后要考虑的因素。《中国诗词大会》在开播之初就明确节目定位是全民参与性质的诗词节目,从参与选手选拔到节目赛制"飞花令"等无一不体现了这一点。

首先在参与选手上,将受众参与性最大化。《中国诗词大会》选拔方式为海选,海选通过即可作为现场嘉宾"百人团"成员,所有百人团选手都来自普通人群,零门槛,不限行业,只要"年满7~60周岁,有一定诗词功底,爱好诗词",均可报名,不收取任何费用。例如节目第三季冠军雷海为曾经是一位外卖工作人员。这种不设限制的参赛机制使节目在最初就吸引了大量的关注者和参与者,而这个节目能使观众有参与感进而增加节目的社会影响力,是其取得成功的重要因素。

其次,攻擂资格争夺赛"飞花令"环节中选手对决的精彩瞬间,以悬念带动了众多观众的观看兴趣,并在节目播出之后,增进了全国众多中小学生课余玩"飞花令"的兴趣,可见"飞花令"备受人们喜爱与追捧,节目的全民参与性由此可见一斑。

3. 内容优质

内容是整个文化传播活动的核心部分,对文化内容的选择既要体现观众的需求,又要达到传播者的意图和目的。《中国诗词大会》选择的诗词内容大多出自中学课本,而这是最适合全家老小一同观看和学习的。古诗词虽大多取材于中学课本,是"接地气"和"熟悉而又陌生"的,但为了保证诗词题目不过于简单,节目组在第二季添加了"飞花令"环节。"飞花令"环节是检验选手诗词储备量的试金石,既能避免整个节目陷入诗词考试的模式,又能调动现场气氛,让节目达到一个小高潮。如在第二季第十期节目中,武亦姝在此轮"飞花令"中,共展示了数句带有"酒"字的古诗词,成为第二季节目的总冠军,在此轮比赛尽显个人诗词才华和人格魅力。

4. 嘉宾专业化

在传播过程中,合适的嘉宾能增进观众对节目的感情,也让节目具有一定的辨识度。出现在节目中的嘉宾要具有一定的权威性和专业性,并有一定的文化修养,这样的嘉宾才能为节目内涵加分。专家学者的参与对于节目可信度和节目质量的保障具有重要价值,《中国诗词大会》的点评嘉宾分别是南京师范大学郦波教授、北京师范大学康震教授、河南大学王立群教授、中央民族大学蒙曼教授、中南大学杨雨教授,五位专家学者对古典文学和中国诗词文化有较深研究,从其学术权威性和影响力出发,在解释诗词涵义时又加深了节目中古诗词内容的知识性,使得节目更具观赏性和趣味性。

此外,五位点评嘉宾研究领域各有侧重,有研究古代文学的,也有研究历史文化的。虽然他们并不都是古诗词方面的专家,但都在相关领域拥有一定的话语权,多元化的专业背景让诗词解释更加全面具体。如在解释"海上升明月,天涯共此时"一句时,康震教授以其渊博知识不光解释诗词,还讲解了作者张九龄的生平事迹,观众听完当即能明白此诗中蕴含的境界;而在讲解《赠汪伦》一诗时,蒙曼教授则从民俗方面做出解释,受众从诗词中获知的信息比单一的解释要丰富很多。

二、节目成功经验的借鉴

1. 营造"中国韵味"的节目风格

在视听技术迅速发展的今天,追求良好的视听效果是当下节目发展的趋势和潮流。《中国诗词大会》拥有良好的视听觉效果使其在众多的电视节目中脱颖而出。然而电视节目也承载着传播传统文化的重任,在当下的文化环境下必须追求本土化、差异化、特色化。因而在舞台设计、视觉形象、背景音乐选择上应该体现中国元素,构建色彩斑斓、百花齐放的具有"中国韵味"的文化氛围。

"中国韵味"的构建不能简单理解为中国元素在节目中的堆砌,如何把它们组织起来,完美地构建成一个整体,展示给受众,这就需要利用电视的多种表现形式来进行构建。在节目中,为了构建诗词的意境,节目组运用舞台设计、灯光舞美等现代技术搭建了一个以写意山水为设计元素的"诗词天堂",给人在欣赏诗词的同时带来美的享受。

2. 重视受众参与,以质取胜

作为文化类节目的代表,《中国诗词大会》奉上的是一场国家级质量水平的经典盛宴,在节目的制作水平、节目剪辑水平上体现国家级电视台的水准。节目质量要以收视率为参考标准,以受众的互动性作为节目的重要参考尺度,发挥诗词文学特色,以情动人,以情感为纽带,促进与受众的交流。

诗词是古人叙事抒情的文化载体,以诗词为节目内容最适宜进行情感叙事,最容易以情动人。诗词内容具有丰富的情感成分,很多流传千古的诗词多是用情至深之作。诗词之所以流传千古,除诗词本身韵律对仗工整,更重要的是诗词能引起情感共鸣,例如柳宗元的《江雪》诉说的是极致孤独之美,李商隐《巴山夜雨》"何当共剪西窗烛"之追忆,王昌龄《出塞》"不教胡马度阴山"之豪情等,在节目嘉宾的带领下,观众又一次体会诗词之美。节目互动在很大程度上也是情感的交流,节目加强与受众的互动也是加强情感的互动。互动性强,受众能感受到节目并想与之交流,受众就会迎合节目,交流也能促进节目根据受众的要求做出相应的改变,使节目更符合受众的兴趣。

3. 节目形式推陈出新

一档综艺娱乐类节目要维持新鲜感,必须在节目形式上不断创新。《中国诗词大会》自开播以来已正式播出五季,但收视率一直稳居高位,其成功便离不开对创新的追求。

从第一季到第五季,不断推陈出新。例如,第一季中最具创新的"百人团"答题使比赛充满"悬念",选手通过与"百人团"竞赛获胜得分可谓首创;第二季加上了"飞花令",不仅考察选手的诗词储备,更是临场反应和心理素质的较量,让赛制更进一步优化,趣味横生;第三季节目组引进并改良了"超级飞花令",为每场比赛设置一个关键字,不再仅用"花"字,而是增加了"云""春""月""夜"等诗词中的高频字,在场上选手完成答题后,由选手得分最高者和百人团答题成绩的第一名,来到舞台中间,轮流背诵含有关键字的诗句,获胜者直战擂主;第四季引入了新的嘉宾中南大学杨雨教授,并引入参赛选手"自救环节";第五季则推出新题型"身临其境"题和"对号入座"题等。这些颇有新意的举措,保证了节目在竞赛感与观赏性上双赢。

思考题

1. 综艺娱乐类节目有哪些特征?
2. 综艺娱乐类节目包括哪些节目类型?
3. 综艺娱乐类节目策划的原则是什么?

第五章　社教类节目

社教类节目的发展水平很大程度上体现了一个国家整体科技水平及其普及程度。充分合理地利用好资源,制作出高水平的社教类节目,对一个国家的科学普及工作是十分重要的。大众传媒除了迎合受众需求之外,更应引导受众原本低层次的需求往高层次发展。过分迎合观众口味,不仅会无意识地激发受众的低级欲求,更会在激烈的市场竞争中迷失自己。当前,许多细分化频道开始独立存在并进行专业传播,如纪录片频道、科教频道、少儿频道、农林频道等,这些频道从内容上而言属于社教范畴,这给社教类节目提供了很好的发展平台。

第一节　社教类节目概述

传播学的创立者施拉姆曾说过:"所有的电视都是教育的电视,唯一的差别是它在教什么。"相比传统的社会教育方式,社教类节目以声画同步、形象逼真的方式对受众进行潜移默化的教育,不仅丰富了受众的精神文化生活,培养了受众的科学文化素养,还有利于发展受众的兴趣爱好。

一、社教类节目的概念界定

20世纪90年代出版的《中国应用电视学》对社教类节目的界定是:"充分发挥电视的传播功能,运用电视的技术和艺术手段,面向整个社会传播科学文化知识,进行社会教育的电视节目的总称。"[①]从学者的研究和认识来看,所谓社教类节目,就是社会科学教育类节目的总称,它是以传播科学文化信息,对受众进行社会教育为宗旨的一种节目,同时它也是内容涉及广泛、形式多样、栏目众多的一类节目。因此,社教类节目是运用视听技术和艺术手段,向受众传授知识、疏导理念、修正思想和指导行为的节目类型。

相对于新闻节目,社教类节目没有那么强的时效性,它所关注的是如何通过节目将更多的知识传播出去。同时,社教类节目也不像综艺节目那样以娱乐大众为主要目标,而是为了服务大众,实现其社会教育的目的。因此,在节目特性方面,社教类节目集中体现了其特有的知识性和教育性。

二、社教类节目的发展历程

在我国电视节目的发展过程中,社教类节目和新闻节目、文艺节目共同组成电视节目的三大

---

① 北京广播学院电视系学术委员会.中国应用电视学[M].北京:北京师范大学出版社,1993:199.

版块,并且在很长一段时间内被看作是电视台的支柱性节目。从20世纪50年代到90年代,社教类节目无论从种类上还是质量上都取得了不俗的成绩。到了90年代中期,电视市场化程度不断加深,再加上新闻节目的不断改革、文艺节目越发娱乐化,社教类节目开始走下坡路,不再是投入少回报高的节目类型。因此,绝大多数电视台开始弱化社教类节目,并开始进行节目整合创新。直到21世纪初,社教类节目根据播出内容被细分到各个专业频道中,才使它的教育功能得到加强。今天,社教类节目更是以多样的节目形态、创新的节目内容展现在观众面前。作为一种传统的节目类型,它不断以新的形象展现在大众面前,并为大众所喜爱。

1. 社教类节目的初创期(1958—1966)

从20世纪50年代起,社教类节目就进入了初创时期。1958年5月1日,北京电视台首播当天,一共播出了三档社教类节目:座谈节目《工业生产先进者和农业合作社主任庆祝"五一"节座谈》、新闻纪录片《到农村去》和科教电影《电视》[①]。这标志着我国社教类节目的启航。那个时期是我国的特殊时期,由于"大跃进""反右倾"和自然灾害的影响,社教类节目主要是作为凝聚人心、鼓舞人们建设社会主义事业的"鼓励者"。电视讲话节目、知识教学节目、纪录片是当时社教类节目的主要形态。电视讲话节目通过电视屏幕为人们塑造了一个个鲜活的时代人物,主人公的讲话反映了他们的典型事迹,鼓舞了建设社会主义的每一个劳动者;知识教学节目则满足了人民群众接受文化教育的需求,成为当时普及知识的最佳渠道;纪录片顺应了当时的形势,注重意识形态宣传,成为社会教育的生动教科书。

2. 社教类节目的复苏期(1978—1991)

1978年我国开始实行改革开放。十一届三中全会以后,社教类节目得以复苏和发展。社教类节目开始进行系统化建设,使节目内容更加贴近百姓生活。1978年中央电视台成立了电视教育部,制作出大量直接服务于社会经济建设的电视专题讲座节目。与此同时,纪录片的发展达到了一个新的高度,人文观念与纪实观念开始确立。《话说长江》《话说运河》《望长城》等一系列优秀的纪录片陆续播出。1983年中央电视台开始在社教类节目中设立主持人,张悦、鞠萍等都成了电视社教类节目主持人的典范。主持人一改电视社教类节目的说教风格,以更加亲和的方式和受众交流,深受受众喜爱。

3. 社教类节目的发展期(1992—1999)

20世纪90年代,社教类节目经历了从低谷到创新的变革。这一时期电视开始走向大众化。求变、求新、求发展,是社教类节目改变的主要目标。这一时期法制节目大量增加,成为一种主流的电视节目类型,"讲故事"成为社教类节目传播的新方式。1999年中央电视台《今日说法》节目开播,法制节目进入繁荣时期。之后出现的电视谈话节目,弥补了人们内心的空缺,给人们提供了一个公共的交流平台。在谈话节目当中,受众不再被动地接受信息,而是直接参与到节目中,与主持人平等地交流。随着央视《实话实说》栏目的开办,全国各个地方电视台纷纷效仿,一时间谈话节目的数量上升到80多种。作为社教类节目中的"元老",纪录片继续保

---

① 刘习良. 中国电视史[M]. 北京:中国广播电视出版社,2007:69.

持着原有的特点,并不断创新,始终站在文化的最前沿。纪录片浓厚的人文气息,提升了整个社教类节目的文化品位,其教化效果不言而喻。

4. 社教类节目的新时期(21世纪至今)

进入21世纪,社教类节目也跟随中国电视事业的发展进入了一个新时期。随着中央电视台科教频道的开播,对社教类节目有了更明确的细分,策划人员通过不同的节目定位,寻找相应的目标受众,以便更好地制作节目。此外,具有文化底蕴和人文精神的社教类节目越来越多地亮相荧屏,在给观众普及知识的同时,潜移默化地提升了他们的文化素养。一些带有娱乐性质的竞技活动也融入社教类节目中,让观众在轻松的环境中既放松了心情,又获得了知识,充分地展现了社教类节目寓教于乐的功能。

内容专业化、形式多样化、对象分众化是新时期社教类节目最突出的特点。《夕阳红》《大风车》《健康之路》这些以年龄为受众划分原则的电视栏目更有针对性地服务于目标受众;《百家讲坛》通过文化学者通俗有趣的讲述,带给人们一道道精神饕餮;《故宫》《再说长江》《舌尖上的中国》立足于中华民族的历史文化和人文精神,向我们展现了真实的中国社会图景;《中国汉字听写大会》《中国诗词大会》以知识为主线,融合游戏和竞赛的元素,让观众在趣味性、竞技性和娱乐性中增长知识、启发智慧。

回顾中国社教类节目的发展历史与现状,我们可以发现,电视社教类节目从传播形式上由传统的单向传播发展成双向的交流,传播内容从一元化转向多元化,传播手段也越来越丰富,节目形式也更加多样化。在诸多变化中,社教类节目承担的社会教育功能,始终贯穿在节目之中。可以说,社教类节目在传播社会主流文化、主流价值观,在建设社会主义和谐社会的进程中发挥着重要的作用。

三、社教类节目的特征

近些年来,社教类节目的制作与传播工作得到越来越多电视台的支持和关注,涌现出大量社教类节目,甚至是专业化的社教频道。如今,我国已经形成从国家级到省(自治区、直辖市)级再到地市级社教频道的格局,甚至有些县级电视台也建立了自己的社教频道。

1. 节目形态多样化

目前,各级电视台依托先进的电视制作技术不断丰富和发展社教类节目的传播形式和内容。除了纪录片和访谈这两种常见的节目形式之外,社教类节目中还运用了真人秀、播讲、表演、竞赛、体验等多种元素,并且积极利用网络视频平台、微信、微博等新媒体与受众互动,给受众带来新的收视体验。

2. 传播方式娱乐化

以往的电视社教类节目传播方式单一、语言晦涩、说教味浓重,这些是造成人们对电视社教类节目疏远的重要原因。现如今,电视台利用先进的制作和传播技术,将知识性和娱乐性结合在一起,寓教于乐。如央视科教频道的《走近科学》《探索发现》这两档节目,较为成功地借鉴了美国探索频道的表现手法,注重讲故事,将众多科学知识点融入生动有趣的故事中以引发观众的兴趣。

3. 传播内容生活化

近几年的社教类节目融入了许多生活化的内容,所传播的知识与人们的日常生活息息相关,增加了人们对于该类节目的兴趣。如北京卫视的《养生堂》、天津电视台科教频道的《有嘛别有病》等健康类栏目都是通过课堂式的讲解将人们在日常生活中的误区和常见疾病加以表达,运用电视语言将复杂的原理通俗化,从而激发起人们的兴趣。

4. 传播宗旨服务化

科教类节目播出的目的是提高公民的科学素养,普及科学知识,揭示生活现象的本质,改变错误观念。如北京卫视的《科学实验室》栏目就主打实用性、功能性风格,提出"服务市民、以人为本"的宗旨。

第二节 社教类节目的主要类型

张海潮在著作《中国电视节目分类体系》中,通过对国内外电视节目的分类方法和研究成果的系统梳理总结,以内容和形态为分类维度,将新闻、娱乐、教育、服务四种类型节目作为引导,构建出新型的中国电视节目分类体系。其中对社教类节目采用的也是国际主要电视节目分类中的大教育概念——社会教育(Society and Education),即把所有的教育功能显著的节目都归于此类,而不是指狭义的教学节目。

一、按内容分类

社教类节目所包含的知识涉及社会生活的方方面面,其信息综合性强、承载量大,甚至可以涵盖整个社会。从整个社会的历史沿革、风土人情,再到政治经济、科技教育、卫生文化、医疗交通等方面的知识,都是社教类节目可以涉及的内容。社教类节目丰富的知识性是其他电视节目无法比拟的。

1. 人文社科知识普及类

这类节目主要以人文社科领域,如历史、文学、艺术、哲学、道德等方面的知识为题材,旨在提高受众的人文知识素养。《考古公开课》是央视科教频道于 2019 年推出的大型考古文博历史类电视栏目。栏目定位为介绍考古知识,讲述历史故事,弘扬传统文化,坚定文化自信。栏目以传播五千年中华文明史、弘扬中华优秀传统文化为己任,聚焦 20 世纪中国考古学成立以来的国内若干重大考古发现、遗迹遗存以及众多精美文物,通过对考古学知识的普及性介绍,对遗迹遗存的还原性阐释,以及对精美文物的深度解读,利用考古学、文博学、人类学以及历史学等多学科交叉,搭建一个国家级权威考古知识普及平台。节目邀请国内著名考古学家、历史学家、文博专家以及文化学者担任主讲嘉宾,招募来自各行各业的考古文博爱好者担任学员和现场观众,利用丰富多彩的视觉手段,在演播室中构筑了一个轻松愉快、寓教于乐的公共课堂。

2. 自然科学知识介绍类

这类节目主要依托自然科学领域中的天文学、物理学、化学、地球科学、生物学和地理学等学科知识，通过视听技术和艺术手段对节目的加工制作，旨在提升目标受众的自然科学素养。央视科教频道推出的《自然传奇》栏目以引进、编译国外优秀节目为主，结合节目的主题化、系列化的选题及制作理念，聚焦动植物世界的生命传奇故事，探寻揭示宇宙万象的神奇奥秘，为观众开启一扇了解世界、认识自然的窗口，启发广大青少年热爱自然、热爱科学、勇于探索的精神。而另外一档节目《地理·中国》以地质科考为线索，以普及地理学知识为宗旨，介绍地质学的新发现、新成果、新探索，展示地质地貌的新、奇、特、美。栏目在带领观众感受大自然神奇魅力的同时，传播科学知识，倡导人们热爱自然，珍惜自然，并传播人与自然和谐共生、相互依存的理念。

3. 饮食文化介绍类

我国饮食文化源远流长、博大精深，涉及食源的开发与利用、食具的运用与创新、食品的生产与消费、餐饮的服务与接待等方面，而且通过饮食可以折射出不同地域的风俗民情。由于饮食自身的独特性，围绕"饮食"进行题材开掘，创作出了不同类型的节目，如有厨艺竞技的《厨王争霸》，有经营美食餐厅体验的《中餐厅》，有用美食来表达情感的《熟悉的味道》等。当然，在众多节目中自然少不了"近观饮食之美，远眺中华文化"的饮食文化介绍类节目。

《味道》是央视科教频道创办的首档美食文化探索类的全媒体节目。栏目围绕"与文化学者同行、品鉴美食文化、留住乡愁记忆"的定位，运用"美食＋"的全媒体思维，荟萃美食精华，传播美食文化，栏目宣传口号为"让生活更有味"。除了电视终端，《味道》栏目根据不同互联网平台的传播特点，制作了《味道》《一味一道》《去尝鲜》等多种版本的新媒体视听产品，并在央视网、央视微博等多个新媒体平台上线。2020年春节期间，《味道》栏目推出了《中国节·有味道》专题系列节目，栏目组的"味道调查员"带领观众走进祖国大江南北不同职业的普通百姓生活中，对充满春节味道的美食进行了多维度解读。岭南的年糕、宁波的猪油汤圆、贵州的花甜粑、四川眉山的东坡家常鱼等，在过年七天的假日里，每天一期逐一呈现，让观众从这些春节美食中了解不同地域、不同民族的春节习俗和文化。

4. 健康知识普及类

健康知识普及类节目通过对健康知识的普及帮助人们养成健康文明的生活方式，掌握必备的健身技能，学会科学就医、合理用药。《健康之路》是中央电视台唯一一档以关注大众身心、保健意识，倡导健康生活为主旨的谈话服务类节目。节目开办至今，凭借鲜明的节目定位、权威的专家讲解、科学的现场演示，为大众传播最实用、最科学的健康知识。

5. 法律知识普及类

为增强国民法制意识的需要而出现的法律知识普及类节目是我国社教类节目的主要类型之一。从20世纪80年代上海东方电视台《法律与道德》栏目创办至今，已涌现出一大批优秀的法律知识普及类节目。央视社会与法频道的《一线》是国内第一档以法治深度报道为主要内容的专题栏目，该栏目立足于法治，放眼于社会，求"专"求"深"，全面、深入地报道法治热点，解读相关政策法规。社会与法频道2019年10月开播的《从心开始》是与司法部深度合作的栏目,以"不忘初心,牢记使命"为主线,弘扬法治精神,点滴记录一线司法工作者从心开始、从内心出发,为全面推进依法治国所做出的努力和付出。此外,《道德观察》《法律讲堂》《法制深一度》《律师说》等节目给观众带来了不同方面的法律知识,也深受大家喜爱。

6. 专题普及类

除了上述受众面比较广的社教类节目之外,还有一类定位明确、收视群体相对窄化的节目,即专题普及类节目,如针对儿童或青少年的专题教学类节目,还有领域特色鲜明的农业、军事类节目等。专题教学类节目,主要分为综合教学、专门教学和应用教学三类,如《跟我学》《快乐学汉语》《智慧树》《小小智慧树》等都广受欢迎。军事题材的节目如《军事纪实》《防务新观察》《军情解码》等在向受众介绍我国军事情况、军事知识的同时,还担负着提高军人的政治素养、文化素养,丰富军人生活的作用。农业题材的节目如央视七套的《致富经》《农广天地》《科技苑》等为农民提供经济、政治、精神领域的服务,广受农民朋友的欢迎。

二、按节目表现形式分类

从形式上看,目前我国主要有资讯类社教节目、讲座类社教节目、科学实验(演示)类社教节目、谈话类社教节目、读书类社教节目五种。

1. 资讯类社教节目

资讯类社教节目是运用视听技术的形式,对新近的科技资讯进行介绍和报道。《时尚科技秀》于 2019 年 10 月在央视科教频道悄然开播。作为央视科教频道首档融媒体科技日播栏目,《时尚科技秀》创新节目形态,"每集节目 10 分钟,让观众了解三个科技点",以短、平、快的方式进行内容传播,契合了新媒体传播特点。为此,《时尚科技秀》在展示科技新创意、新产品、新发明的同时,将产品融入生活化场景,让科技更富有人文关怀的呵护与温度,在选题、内容和呈现方式方面都有所突破和创新。

在选题上,节目通过大数据收集和筛选选题,挖掘受众喜闻乐见的科技点,更加贴近观众需求,更富有科技感和时尚感。节目围绕前沿科技在生活中的应用展开,新硬件、新工艺、新材料,以及云计算、大数据、人工智能、5G 等新技术,在《时尚科技秀》中都能看到。通过触手可及的新产品,在趣味互动中融入科学精神和人文关怀温度,科技节目成为解决现实难题的实用利器。《时尚科技秀》涉及的资讯包括呆萌却机智的服务机器人、灵活度不差真手的智能肌电手、"轻功水上漂"的水下拍摄器、悬浮在空气中的"真·裸眼"3D 智能炫屏等。在内容上,栏目突破演播室的形式,通过体验者的讲解和体验演示,融入更多生活化的场景和表现形式,实现场景多样化、视觉自由度最大化和身临其境的体验感,让新科技更加接地气,为观众带来更具代入感的视听体验。在呈现方式上,灵活运用生动、有趣、新奇的画面语言,以及最前沿、最有科技感的动画和电视手段,展现科技的功能、科学原理和生活中的实际应用感受,让应用和视觉更加极致化。

创新是引领发展的第一动力。科技创新、科学普及是推动创新发展的重要课题。《时尚科技秀》栏目紧贴我国科技进步和创新创造的最新成果与前沿动态,为观众呈现出新科学盛宴,使前沿技术摆脱高冷、刻板的传统印象,其栏目创办的目的就是让全民懂科学、知科技、爱科技。

2. 讲座类社教节目

讲座类社教节目主要通过讲座的表现形式，适时以短片或其他形式进行补充。在社教类节目发展历程中，讲座类节目一直延续到今天。这类节目最初的形态就是直接把课堂搬上电视。但随着电视节目整体质量的不断提高，讲座类社教节目从内容到形式上也发生了很多变化。

中央电视台科教频道的《百家讲坛》，多年来坚持"让专家、学者为百姓服务"的宗旨，架起一座让专家通向老百姓的桥梁，从而达到普及优秀中国传统文化的目的。该栏目中，于丹分享的《论语》智慧、易中天讲解的三国历史，都成为当时的文化热点。而央视科教频道推出的另一档栏目《百家说故事》，把一个个蕴含了丰富情感和智慧的中国故事，通过富有学养的讲述人展现给观众。《百家说故事》讲述文史故事，传递人文情怀，展示中国智慧，彰显中国精神，是一档符合观众欣赏趣味的有温度、有态度、有高度的节目。

此外，央视推出的大型文化类节目《一堂好课》，秉承"点亮思想之光，嘉奖向学之心"的宗旨，汇集12位"学科领路人"，在12所见证历史的校园，主持人康辉作为"好课班主任"邀大师授课，"好课课代表"率领同学们在课间讨论，共同畅游无涯学海，追寻思想的力量。在内容的设计上，《一堂好课》每一期节目的主题，都是从青年人关心的问题出发，让大师们带领年轻学子去寻找答案。比如：金一南教授在课堂上重点围绕"我们为什么要爱国"和"怎样才能真正爱国"两方面予以讲述；陈凯歌聊《大阅兵》幕后，讲述时代与影像之间的彼此印照；范迪安为青年人探讨中国美术的重要特征，解读生活美学。这些话题，解答了青年的困惑，启迪了他们的思想，更为他们提供了引导和方向。正如"好课班主任"康辉所说，无论是一个怀揣梦想的个体，还是一个蓄势待发的团队，在前进的道路上都需要一堂好课。不论是一言兴邦，还是一句话点醒梦中人，都是《一堂好课》的意义[①]。《一堂好课》在综艺性和思想性上达到了一种完美的平衡。在节目中，既有家国情怀、放眼古今的大气魄，也有鲜活有趣的小细节和故事。比如：金一南教授的思政课并不喊大口号，而是从自己和基辛格的趣味故事讲起；单霁翔院长的文博课并不是粗线条地去讲中国的文博文化，而是在讲博物馆怎样去呈现文物真正的美与价值等。而且，明星的作用也和一般的综艺节目有着较大的不同。他们都是从自身的经历出发，围绕节目"主题"去带领观众理解"课堂"内容。在《决胜时刻》中扮演警卫员陈有富的黄景瑜、参与过电影《流浪地球》拍摄的屈楚萧在课堂上结合自身的成长经历和现实体验，生动阐述信仰的力量和爱国情怀。在拍摄多部历史剧的过程中对文物知识着迷的黄晓明、用歌喉演绎传统文化之美的霍尊，则共同从一件器物、一个典故出发，去探寻上下五千年中华文明的根脉。节目组充分利用了明星对观众的吸引力，却没有把他们消耗在各种插科打诨中，这样做的好处是既提升了节目对年轻人的号召力，又丝毫没有削弱其深厚的内容底蕴[②]。

3. 科学实验（演示）类社教节目

美国探索频道于2003年邀请教育家亚当·萨维奇主持一档科学节目《流言终结者》，节目

---

① 长安.一堂好课有价值有意义有影响[N].中国电视报,2019-12-19(A22).
② 长安.一堂好课有价值有意义有影响[N].中国电视报,2019-12-19(A22).

的内容是通过科学方式验证世界上的各种流言。每一期节目会关注两三个甚至更多都市传奇、大众信仰或网络谣言，通常会由一个复杂的准备和实验作为该节目的主轴，再搭配一两个能简单验证的项目。亚当·萨维奇和搭档吉米·海纳曼杰出的制造能力和有趣的试验方式，让节目一炮走红，甚至时任美国总统奥巴马都参与了节目录制。《流言终结者》是当时美国最受欢迎的电视节目之一，获得了艾美奖这一殊荣。

中央电视台2010年推出了两档科学实验（演示）类社教节目——《我爱发明》和《原来如此》。央视农业农村频道推出的《我爱发明》是鼓励全民以智慧立业，传达"发明改变命运，智慧创造财富"的理念，是国内首个鼓励国人通过自己的发明创造创业的电视节目，播出后收视率节节攀升。央视科教频道推出的《原来如此》以实验体验为表现手段，在人们习以为常、熟视无睹的日常生活中发现问题，通过质疑假设、实验求证的调查手段，给予科学探究。该栏目已于2019年6月停播，取而代之的是《实验现场》。《实验现场》为外景科普节目，采用主持人和科学顾问共同设计并进行科学实验的形式，来解读大众关心的热点话题，说明现象背后蕴含的科学原理，普及科学知识，破除伪科学。节目创作秉持的理念是"科学实践是检验真理的唯一标准"。科学实验是这个节目的表现形式和基本结构，节目围绕多组精心设计的对比实验来展开内容叙事。通过分析现象，确定问题，实施实验，在广大受众头脑中建立起对问题判读的科学方法。

4. 谈话类社教节目

在电视屏幕上最早引起人们注意的谈话类社教节目是北京电视台的《世纪之约》。常见的谈话类社教节目大致有两类：一类是对当前比较有名和广大观众所密切关注的科技人物进行的访问；另一类是就当前与人民生活有密切关系的科技发展、科技研究中的重大成果访问有关机构的负责人或专家，如陕西卫视的《开坛》、中央电视台的《大家》等栏目。

《大家》栏目每期节目都以"大家"之口叙述历史，采访的主要对象是在我国科学、教育、文化等领域作出杰出贡献的学者。作为一个以传承人文精神为宗旨的栏目，《大家》在介绍大师们学术贡献及成长过程的同时，还着力铺叙他们所经历的时代风云，以期借助他们的慧眼看世界、看历史。节目在演播室访谈中间穿插有大量珍贵的历史资料和鲜为人知的故事，力图在真实的时代背景下，展现当代知识巨子们独特的生命历程与探索精神；以一个个典范式的例证，反映个人与时代、科学与人文的重大主题，并在大师们不经意的讲述中领略人生的真谛。

央视科教频道2019年12月推出的《透视新科技》则是一档紧扣时代脉搏、关注全球科技前沿、聚焦重大科学工程、打造最具权威和影响力的高端科普栏目。节目在科技感十足的演播室里邀请相关领域专家解读科学原理，普及科学知识，诸如刷脸技术、3D打印、无人驾驶汽车、区块链、黑洞、云端融合等话题均出现在节目中。

5. 读书类社教节目

和大众分享好书，同时解读和推荐好书，带动民众读好书，养成爱读书的习惯是这类节目的宗旨。《朗读者》不同于以前的读书类节目，它是以个人成长、情感体验、背景故事与传世佳作相结合的方式来展现的，它的播出和走红一时掀起了全国读书栏目大爆发。随之而来的是黑龙江卫视的《见字如面》、北京卫视的《念念不忘》、江苏卫视的《阅读·阅美》等一系列读书节目。中央电视台科教频道推出的《跟着书本去旅行》是一档体验式文化教育节目。节目以中小学课本或经典名著为线索,在"读万卷书"的同时"行万里路",走近文化古迹,以中小学生为目标受众,实地实景讲故事、身临其境受教育,触摸历史、感知文化,让陈列在广阔大地上的遗产活起来。

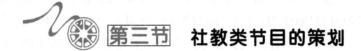

第三节 社教类节目的策划

正规教育是提高公民科学素养的主要途径,然而除正规教育外,大众传媒也是公众接受教育、提高自身素养的重要渠道。《中华人民共和国科学技术普及法》规定,大众传媒要承担科学技术普及的任务。但是,伴随着社会的发展和新媒体的兴起,我国目前社教类节目策划需要考虑哪些新的变化,存在哪些问题,又该如何破解难题提升社教类节目的质量,本节将主要围绕上述问题展开探讨。

一、我国社教类节目策划的新要求

在新的社会背景下,受众的观赏习惯与心理都发生了很大的变化,受众更愿意接受具有轻松娱乐形式的节目内容,因此社教类节目不仅应满足受众对教育资源的需求,更应该提供鲜活多样化的节目样式,满足观众追求轻松的心理,做到既能为受众提供知识,又能为受众带来愉悦。新形势下受众更多的需求为社教类节目的制作提出了更高的要求。

1. 追求精英文化与大众文化的平衡

普及知识、传承文化、培育道德,这些都是电视社教类节目存在的重要意义,也是电视社教类节目担负的重任。因此,在内容的选择上,社教类节目避免不了对社会主流价值观的传达、对深厚历史文化的弘扬、对民族精神与时代思想的展现、对社会意识形态的传播。这些内容往往集中于那些有较高思想内涵,表现时代主流和社会风貌,展示中华文化精髓的所谓的精英电视节目。而这些所谓精英的文化往往又容易陷入曲高和寡的尴尬局面,并不受普通大众喜爱。电视是大众传播媒介,传播对象是普通的大众,所要展现的也应该是大众文化。然而任何社会都是由精英和大众两个群体共同构成,社会的发展的确需要少数的精英在文化素质和道德水平上为大众做出榜样,也需要大众在自我提升的同时影响精英。在大众和精英的互动中,社会才能健康发展。在社教类节目中,要注意大众文化和精英文化的互补:一方面,既要通过精英的引导和肯定来感化大众,让大众慢慢接受精英文化的影响;另一方面,也要肯定大众文化的价值,以普通的视角展现不平凡的大众文化,反过来影响精英文化。唯有这样,社教类节目才能走得更远。

中央电视台科教频道 2001 年开播的讲座式栏目《百家讲坛》就在追求精英文化和大众文化之间找到了很好的平衡。其栏目宗旨为建构时代常识,享受智慧人生。《百家讲坛》多以文化题材为主,较多涉及中国历史与文化,并选择观众最感兴趣、最吸引人的话题。栏目追求学术创新,鼓励思想个性,强调雅俗共赏,重视传播互动,学理性与实用性并存,权威性与前卫性并重。

2. 遵循科学性与人文性的统一

科学与人文的融合已经成为社会各界的自觉意识,社教类节目的传播过程也是科学性与人文性相结合的过程。

社教类节目在传播自然科学知识的同时,还应该注重人文科学知识的传播。中央电视台科教频道《探索发现》栏目制作的《寻找失落的年表——夏商周断代工程》就是介绍现代科学技术如何在历史研究中发挥巨大作用的。这样使观众在关注科学知识的同时,也关注到自身的生存价值、生存状态和生存方式,这样做可以加深观众对科学探索过程的了解和对科学社会意义的理解。人文性具体表现在选题上要贴近现实,从受众的视角去了解、理解自然,关注科学给人类生活带来的影响,形式上要准确把握受众心态,符合观众的感知和理解规律。

3. 选择灵活多样的表现形式

为了提高社教类节目的娱乐性和观赏性,可以借鉴叙事艺术的手法和技巧,用讲故事的方式,综合利用各种电视手段,生动活泼地向观众传播内容。美国国家地理频道推出的社教类节目,在节目内容上追求的是知识性与趣味性并重,教育与娱乐并重。中央电视台科教频道的《探索·发现》《走近科学》等栏目反对节目只是简单将科学知识生硬地予以专业展示,强调通过设置悬念,激发观众收看欲望,让观众随节目一起沿着事物的蛛丝马迹不断探索,从中体验到为某一研究费尽心力后又豁然开朗的探究过程,从而获得了巨大的观赏快感和心理满足。

社教类节目在制作时往往会采用多种手段提高传播效果,包括人物访谈与真实再现、内景演播室与外景动画和实景、文艺表演与实时报道、资料展示与视频特技、实验与观众体验等多种手法,同时还可以采取解说式、示范式、小品式、讲演式、采访式等多种方式来吸引观众的注意力。

此外,策划社教节目时,也要注意利用现代科学技术,如利用虚拟演播室系统来制作节目,只需演员和道具,不需要实际场景,既可以节约成本,也可以带来真实的三维视觉效果,甚至可以用电脑技术模拟主持人,使用形象化手段传播知识,以声画结合和有立体信息的形象来展现社交节目的独特魅力,是策划工作的创新点。

4. 创新经营制度与理念

我国社教类节目的制作在各个省级频道之间缺少协调和资源共享,因此在经营制度方面首先应该实现频道间联合协作,这样我国的社教类节目才会实现实质性的跨越发展。上海教育电视台曾经牵头,联合了来自全国11个省级教育电视台、3个综合电视台的50多家电视机构,共享人力和物力资源,开创了我国社教类节目的制作新形式。

其次,积极推进社会化制作体系的形成。美国探索频道实行的是以制片人为核心的开放的社会化制作节目体系,在全球范围内向诸多独立制片人购买优秀的选题和节目,面向社会征集好的制作。中央电视台科教频道《探索·发现》栏目从2002年开始尝试栏目社会化运作方式,一方面购买国内外优秀纪录片的播出权,另一方面采取社会化合作方式公开向社会征集选题,对通过审核的选题提供资金支持,节目播出后,付给拍摄方一定酬劳,这种社会化制作方式既丰富了栏目的选题来源,又提高了节目的收视率。

二、当前我国社教类节目存在的不足

和新闻类与综艺类节目的发展态势相比,社教类节目面对社会发展中人们审美需求的改变并没有及时进行节目的迭代升级,反而由于节目自身存在着定位模糊、品牌化缺失、内生动力匮乏等问题,制约了其健康发展。

1. 定位模糊

社教类节目定位模糊的问题从诞生之初就存在。第一,"社教"一词容易让人误解,从名称上看"社教"更像是一个宣传机构。社教类节目的定位不像新闻类节目和综艺类节目等那样直观。第二,社教类节目的形式和内容可以看作是电视专题节目的某种延展。早期对专题节目的分类通常是从时长、容量去考量,即电视台采编部门在选择题材时,认为有些题材可以进行深度挖掘,才会制作成专题片的形式,特别是一些有看点且不要求时效性的题材,往往比较适用于专题形式呈现。后来,社教类节目的概念开始延伸,也向细分化领域发展,如科学教育类节目、法制类节目、少儿类节目等,特别是我国纪录片的快速发展,使社教类节目的形式得以大大丰富。很多制作人却并未意识到这一点,还守着专题片这"一亩三分地",不主动接受新形式。于是,我国的社教类节目发展相对缓慢,市场狭窄①。

2. 品牌化缺失

品牌栏目的构建是电视台吸引观众、获得好评、提升收视率的主要方式。对于品牌栏目,电视台会集中优势资源和专业人员倾力打造,而且将其安排至黄金时段播出。

我国社教类节目在所有节目中仍占比很小。就播出时长来看,社教类节目所占比例很低,根据国家广电总局、中国科普研究所、国家中长期科学与技术发展规划战略研究第十九专题"创新文化与科学普及研究"专题组调查统计,社教类节目在中央电视台的播放比例仅占约9%,至于地方电视台,除了北京电视台有5%的播放率以外,其他地区的播出则非常少②。

目前,社教类节目虽然种类繁多,但具有广泛影响力的品牌节目较少,央视的《开讲啦》《走近科学》以及北京卫视《我是演说家》等是其中的佼佼者③。

3. 内生动力匮乏

近年来,社教类节目内生动力匮乏,主要表现在以下方面:首先,表现为缺乏专业人员,其次是没有强大的团队。由于社教类节目的特殊性,不可能像新闻或者综艺类节目那样引起社会的广泛关注,因此也导致负责制作社教类节目的部门在电视台中远不如新闻部以及文艺部那样受到关注。由于负责制作社教类节目的部门获得资源相对较少,从业者受重视程度亦较低,导致内生动力匮乏④。

---

① 张鸿梅.电视社教节目的发展困境及突破[J].青年记者,2018(26):70-71.
② 项华,冯鑫丽.中美电视科学教育节目的比较研究[J].中国电化教育,2007(10):56-58.
③ 张鸿梅.电视社教节目的发展困境及突破[J].青年记者,2018(26):70-71.
④ 张鸿梅.电视社教节目的发展困境及突破[J].青年记者,2018(26):70-71.

三、社教类节目的策划原则

较新闻类节目,社教类节目有其独有的特点。首先,社教类节目的内容形式较新闻类节目丰富。其次,社教类节目的创作状态较新闻类节目生动。例如,2017年底西安市因为大雪导致交通瘫痪,社教类节目组可以主动出击,从科技、气象、旅游、日常生活、环保等方面展开,进行专题报道,普及科学知识,倡导人文和谐。而对于这种恶劣气象,新闻类节目组往往只能单一地报道事实。再次,社教类节目的功能也比新闻类节目更为宽泛,社教类节目除了具有新闻特点之外,还可以进行政策解读、知识传播、生活故事、科技解读、普法教育等。因此,只有充分认识社教类节目的特点,提升其社会适应性,克服其不足,才能策划出优秀的节目。

1. 细分受众,满足受众需求

我国有庞大的受众群体,制作一档有教育意义又有吸引力的社教类节目,必须从把握受众心理、细化受众定位做起,即针对目标受众,准确把握受众的心理需求,并根据内容的不同,带给受众不同的情感体验。还要贴近受众,培养稳定的受众,找准自己的目标受众,从而能够有效地对核心受众产生吸引力,用受众可以理解、领会的方式去讲述,要主动给受众欲知的,传播受众未知的,时刻看清立场,引导受众去汲取有价值的消息和知识[①]。

央视科教频道推出的《创新进行时》聚焦国家创新驱动发展,荟萃各行各业的创新科技,汇聚各路"脑洞大开"的创新达人,展示创新成果、弘扬创新精神,这就非常契合当前社会发展,并对受众进行了划分。于2020年1月1日播出的《创新进行时》介绍了位于江苏省中部泰兴市的河蟹养殖基地,余承波是当地最大的河蟹养殖户,他养殖着2800亩,共计130个池塘的大闸蟹。节目主要介绍了余承波如何利用当地不保水的高沙土培育水草,从而养殖大闸蟹的故事。以下是这期节目的内容简介。

我有一个所有"吃货"一听到都两眼放光的名字——大闸蟹。不论男女老少,不管南方还是北方,人们都对我垂涎欲滴。快看!就连《红楼梦》里的小姐姐们都不把我放过。我的学名叫大闸蟹,但我还有一个相当霸气的名字——中华绒螯蟹。帅吧!我的脚特别长,身材特别壮,随随便便一上秤,都得四五两。因为我特别受欢迎,所以成为家乡的农业支柱产业。34000亩蟹田,每年产值竟能超2个亿,厉害吧!下面跟大家聊聊俺们村的那些事。

神秘消失的水草

水草是我的"好朋友",要知道,要想养好蟹,应先种好草。水草在很大程度上决定着我们的规格和产量。它不仅是我们重要的营养来源,也是我们不可缺少的栖息、隐蔽和蜕壳场所。而不知道为什么,我的"好朋友"离奇地消失了。经过多方研究,原来是高沙土在作怪。高沙土,是我们这里特有的一种土壤。它是由长江江水长期冲刷、堆积泥沙而形成的一种土质。这种土质,含沙量高、渗水性强,极易导致水草或因难扎根而腐败,或因缺乏营养而死亡。

由于渗水厉害,蟹农就需要经常往蟹塘里补水,结果一加水,本来就不牢靠的水草就被冲

---

① 种雪,翁成峰.浅析电视科教节目发展现状及传播对策[J].视听,2019(11):36-37.

得漂了起来。随着水草不断地长大，它在水里的浮力也越来越大，所以就逐渐远离我们了。该怎么办呢？别急，专家特制了一种几米长的钢丝锯，它像一把锋利的长刀，可以把水草拦腰斩断，减少了水草的浮力，保证了水草根部在高沙土中的稳定性。另外，为了解决蟹塘土壤渗水和溃坝问题，专家们研究出了一种名为"分层填高封堵"的办法，这是一份耗时且需要耐心的工作。盖一层土，浇一层水，在等待水位自然沉降时，快速找到漏水点，马上用土填堵，用脚踩实。一层又一层，不放过任何一个针眼儿大的漏洞。有了"钢丝锯"给水草瘦身，加上"分层填高封堵"防漏，我和水草就能幸福地在一起了。

我的花园洋房

还有另外一个"好朋友"这里要隆重介绍一下——水花生。以前我们住的"房子"建筑面积很小，十多口人挤在一间屋子里。但自从有了水花生，我们住上了"小洋楼"。水花生是一种生命力顽强的植物，它的体形很高，以半直立加匍匐的姿态漂浮在水面上。当温度上升到10℃，水花生就开始发芽，环境适宜时，几乎每个茎节都可以生出新的枝条，30天左右就可以生长到1米以上。在其他水域，水花生如此旺盛的生命力，很容易堵塞河道形成灾害。但在我们村，却刚好弥补了高沙土易渗水的不足，给"幼儿时期"的我们提供了理想的生活庇护空间。金秋时节，北风渐起，江苏省水网最密集的地方，我们大闸蟹整装待发，去往全国各个地方。如果你也喜欢我，或者想听听我们家乡的故事，那就带我回家吧！

可以看出，《创新进行时》围绕我国当前行业发展实际情况，抓住"创新"这一核心，讲述"普通人"利用技术解决行业难题，这就吸引了在工作中想要破解难题、有所创新的人群对栏目的关注，因为这样的节目不仅丰富了人们的科学知识，也启发了人们面对工作中的难题时积极探索的意识，加之节目中形象生动的语言也使节目变得生动活泼起来。

2. 注重采用"平视"视角，拉近与观众的距离

由于社教类节目的受众大多是普通百姓，因此，节目在进行内容拍摄时不能具有太强烈的主观色彩，要采用平视视角，多从百姓的视角去看待拍摄对象，不能因为某件事或某个人物对当时产生了较大影响就大肆夸耀，也不能作为旁观者冷眼看待。理性的目的就是要透过表面看本质，充分理解社会现实，准确记录真实状态，让受众喜欢并产生情感共鸣[1]。

此外还应充分利用科学家和工程师资源。这些专家学者站在各科学领域的前沿，对于科学的过程、方法和发展前景有着深刻的理解与体会。大多数专家学者也并不是一味地钻在研究室里两耳不闻窗外事，只是社会上缺少一种机制能够激励科学家和工程师将科普作为自己的一种义务。如果社教类节目能够为他们提供一个平台，让他们参与到科学节目的制作中来，让普通群众有机会接近这些科学家和工程师，将有利于科普工作更好地开展[2]。此外，我国拥有大量的高校和研究所，这些资源长期为社教类节目组所忽略，积极地同专家学者合作，让他们通过荧屏与观众分享知识，也是节目拉近与观众距离的方式。

---

[1] 张鸿梅.电视社教节目的发展困境及突破[J].青年记者,2018(26):70-71.
[2] 项华,冯鑫丽.中美电视科学教育节目的比较研究[J].中国电化教育,2007(10):56-58.

3. 注重节目的科学品质

社教类节目的科学品质体现在"传播什么"与"怎么传播"上，也就是传播内容和传播途径上。保持节目的科学品质需要注意三个方面的内容。

一是要精选题材，立足事实。社教类节目选题非常开阔，宇宙奥秘、自然规律、军事科技、人文地理无所不包，要在立足事实的基础上保有这些选题的趣味性和知识性是制作团队叙述能力的综合体现。社教类节目选题不能仅放在神秘事件等内容上，因该更多地放在科学知识、科学思想、科学方法的传播方面，或者放在科技前沿、科学发展史、科学人物乃至科学刊物和媒体的介绍上。例如，中国科学发展历程、一些科学家的生平、中国现有科学设施等都可以成为很好的选题①。

二是节目要注重叙事技巧和自省意识。为了使节目内容更有趣、更引人注目，可运用多种叙事手法，将生涩的知识变得更有感染力。但是要把握好节目效果的"度"并非易事，"文化产品变成了商品，商品化的逻辑贯穿于文化生产和消费的全过程，也就意味着对市场的争取和对利润的追求。"制作者倘若过于关注收视率，就会影响节目的品质。制作人员要时刻自省节目内容是否有利于科学文化的传播，是否传递了正确的价值观。

三是节目要有完备的把关和评估环节。节目的制作人员并不一定拥有各个行业的专业知识，节目中可能会出现他们注意不到的知识漏洞和认知错误，这就需要专业人士的参与，进行细致把关，弥补制作人员的知识短板②，更要做好对节目开播后的社会反映的评估工作，这样才能促进节目的自我完善和发展。

4. 创新思维模式，推动社教类节目的融媒体发展

科学技术的发展在很大程度上推动了电视行业的发展，新技术的发现为电视提供了形式多样化的传播手段和方式。一方面，新技术为社教类节目的传播增加了新的表现手段，催生了大量新的节目形态。一些电视社教类节目引入了真人秀、竞赛、游戏等元素，使更多的参与者感受到了科技带来的全新体验方式，再加上水下摄影、高速摄影、三维动画特效、数字影像合成等技术的应用，增加了节目的看点，大大丰富了节目的表现方式；另一方面，新技术为社教类节目增加了新的传播渠道，使其产生了广泛的影响力。网络、数字电视、手机等新媒体的出现，使得大众可以通过多种方式接触到社教类信息。传统的线性传播方式已经不再适应现代观众的收视习惯，越来越多的受众更喜欢运用新媒体随时随地地接收相关信息。社教类节目已经进入了全媒体传播时代，网络传播、移动终端传播成为受众直接参与节目的主要渠道，而受众的广泛参与直接促进了社教类节目的发展。

无论拍摄任何节目都会有一套不成文的"范式"，新闻类节目该如何制作，娱乐类节目该如何制作，纪录片、宣传片该如何拍摄，社教类节目该如何制作，许多从业人员往往难以突破这些"范式"，不懂得运用创新思维模式，这也就导致所制作出来的节目像流水线产品一般平淡无味。随着新媒体的发展，碎片化、去中心化、个性化和多元化的诸多特征也构成了后现代主义

---

① 项华，冯鑫丽.中美电视科学教育节目的比较研究[J].中国电化教育，2007(10):56-58.
② 种雪，翁成峰.浅析电视科教节目发展现状及传播对策[J].视听，2019(11):36-37.

的文化语境。社教类节目更强调深度和逻辑性,需要观众全神贯注地去收看、去思考。而新媒体越来越多地出现,势必影响到人的思维方式和文化接受心理,受众也更习惯于接受碎片化的信息。所以,社教类节目要想突破当前的困境,最重要的一点就是要改变传统的思维模式。而创新思维模式的根本是打破陈旧观念,不要被"范式"中的条条框框所束缚,要敢于跳出圈子。在融媒体时代,我国的社教类节目在内容表现、创作手法、制播平台等各方面都亟待进行大刀阔斧的融合创新与转型升级,以充分满足新媒体时代人们的收视需求①。

5. 发展和节目相关的产业链

电视节目衍生出的如手机游戏、书籍等一系列相关产品,也会吸引更多的潜在受众,实现电视节目的全面传播。第一届《中国汉字听写大会》利用官方网站、微博、微信等媒介进行节目传播,引发了社会的热议和高关注度,在一定程度上取得了可喜的成绩。同一时期播出的另一档汉字类节目《汉字英雄》利用新媒体进行传播的效果更佳。《汉字英雄》节目选择和视频网站爱奇艺强强联合,并与百度的技术团队合作开发节目同名 App,使得该节目无论是前期制作还是后期宣传,都把电视媒体和新媒体的优势发挥到极致。第二届《中国汉字听写大会》牢牢把握时机,推出了节目同名 App 以及同名书籍,在市场上再次获得广泛好评。然而,一档高质量的电视节目,想要打造属于自己的品牌,仅仅靠诸如此类的衍生产品是不能够将受众的注意力长期锁定的,优秀的节目一定是不断衍生出新的产品,以适应受众的不同需求。

阅读材料   是真的吗?

1. 栏目简介

《是真的吗?》是一档由中央电视台财经频道 2013 年全力研发的大型互动求证节目。节目首创网台联动的全新方式,携手电视观众与广大网友,通过各大新媒体共同互动求真,对网络流言进行专业验证与权威实验,为国人探求真相。每期节目由脱口秀、真相视频调查、现场真假实验、嘉宾猜真假等环节构成,将新闻调查与综艺娱乐、脱口秀元素相结合,用最幽默的语言讲述最严肃的事件。

2. 栏目版块

以 2020 年 2 月 1 日播出节目为例,栏目版块见表 5-1。

表 5-1 《是真的吗?》栏目版块

序号	内容	时间	形式
1	节目精彩预告	30 秒	视频短片
2	播放栏目片头	15 秒	片头包装短片
3	主持人黄西出场给观众拜年并主持"黄西·开场秀"	3 分	演播室现场录制

---

① 张鸿梅.电视社教节目的发展困境及突破[J].青年记者,2018(26):70-71.

续表

序号	内容	时间	形式
4	主持人蓓蓓出场给观众拜年	1分10秒	演播室现场录制
5	蓓蓓请出节目嘉宾白海涛和海铃,用视频短片介绍嘉宾,蓓蓓请嘉宾说出爸妈做的最难忘的一道菜	2分25秒	演播室现场录制、视频短片
6	播放本期内容精彩提示短片	30秒	视频短片
7	主持人黄西讲了一个小笑话后让现场嘉宾讨论话题:"彩虹是拱形的,是真的吗?"随后嘉宾判断真假,白海涛判断为真,海铃判断为假	1分15秒	演播室现场录制
8	播放调查短片,得出"彩虹是拱形"这一结论为假	5分35秒	视频短片
9	黄西确认结论,然后嘉宾坐椅被翻倒以惩罚答错题的嘉宾,接着黄西引入下一话题:"一根吸管能将瓶子提起,是真的吗?"白海涛和海铃都判断为真	1分20秒	现场录制
10	蓓蓓做实验验证"一根吸管能否将瓶子提起",结论为真,并解释了原因	8分05秒	演播室现场录制
11	进入黄西脱口秀之"黄西·我相信"环节,主题是"十一条月初和月末的区别",然后引入下一个话题"伤口消毒要用酒精,是真的吗?"白海涛和海铃都判断为真	3分35秒	演播室现场录制
12	播放调查短片,得出"伤口消毒要用酒精"这一结论是假的	6分20秒	视频短片
13	黄西确认结论,然后嘉宾坐椅被翻倒以惩罚答错题的嘉宾,接着黄西引入下一话题:"拧死的水龙头过滤网也能折下来,是真的吗?"白海涛判定为真,海铃判断为假	1分40秒	演播室现场录制
14	蓓蓓做实验验证话题"拧死的水龙头过滤网能否折下来",结论为真,解释了原因,并邀请观众体验方法	10分10秒	演播室现场录制
15	黄西确认结论,然后嘉宾坐椅被翻倒以惩罚答错题的嘉宾,接着黄西引入下一话题:"站在地上伸手就能摘到椰子,是真的吗?"白海涛判定为假,海铃判断为真	1分25秒	演播室现场录制
16	播放调查短片,得出"站在地上伸手就能摘到椰子"这一结论是真的	7分	视频短片
17	黄西确认结论,然后嘉宾坐椅被翻倒以惩罚答错题的嘉宾,接着进入节目收尾部分"黄西·有说法"环节	2分35秒	演播室现场录制

3. 节目分析

《是真的吗?》在60分钟的节目时长里,主持人黄西与蓓蓓搭档,用轻松幽默的语言向受众介绍蕴藏在生活中的知识。节目以脱口秀为纽带连接每期节目需验证的五个选题,让受众在诙谐的气氛中获取知识。

(1)网台联合。

《是真的吗?》节目的特色之一是网台联动,优势互补。伴随网络媒体的快速发展,尤其是社交媒体微博、微信的出现,社会舆论开始呈现多元化,因此就有了信息的真假难辨。网络上的虚假传言,小则影响人们的日常生活,大则扰乱社会。而《是真的吗?》节目以"互动求证"为宗旨,对网络传言进行有关科学实验等专业探索,来判断真伪,带给受众科学严谨的答案。节目的选题、线索均是来自网络。网友们可以通过微博、邮箱等方式给电视节目提供线索,编导们可以从中筛选出一些关系人们日常生活的,具有趣味性、实用性、新奇性的传言,来进行求证,去伪存真。

(2)求证权威严谨。

节目每期都会对五个网络流言或公众问题来进行求证。而科学求证的方式主要有两种:一种是调查短片,另一种则是现场实验。其中,对于制作调查短片的方式,所验证的话题需要栏目组小分队找到相关领域的权威专家,对其进行采访,以获得答案。还有一些网络流言,做起实验来所需要的设备不是很多,过程也不是很复杂,就可以在现场进行。通过现场实验,观众可以亲眼看到整个操作过程,眼见为实,可以增加可信度。

(3)脱口秀营造幽默风趣的节目氛围。

与以往科学实验节目的严谨氛围相比,《是真的吗?》节目就显得轻松很多。节目主持人黄西负责脱口秀及各环节的串联。黄西虽并非专业主持人,但其网络知名度很高,对美式幽默颇有研究。伴随节目的成长,黄西独特的脱口秀风格逐渐被大家接受,被称为"高雅的幽默"。他不丑化自己,不开低俗玩笑,许多网友认为,听他讲笑话像是思维训练。正是因为这样的主持风格,黄西获得了很多观众的喜爱。而在节目编排上,以"黄西·开场秀""黄西·我相信"和"黄西·有说法"三个环节来串联所呈现的调查实验,旨在用轻松调侃的方式来保证节目的流畅性和幽默性,将节目的节奏把握得恰到好处。

纵观目前的电视荧屏,"娱乐化"成为了潮流,而对于精深博大的人类智慧结晶的思想遗产,却成为无人问津的"古老话题"。人们为了追求快感,放弃了"高雅""严肃""深刻"这些崇高的字眼,而让"娱乐""庸俗"成为一种流行的消费模式。大众传播有责任引导整个社会电视文化消费的正常化、合理化、科学化,有责任抛弃"纵欲、颓废、虚无与享乐",重新树立起对人的精神价值以及对高尚道德理想、人性的全面发展、人的终极关怀的追求。我国是一个历史文化积淀深厚的古老国家。电视节目要利用声像合一的传播特点,将中华民族的优秀文化以人们喜闻乐见的形式传播开来,帮助人们树立和坚持正确的历史观、国家观、民族观、文化观。提高国家文化软实力,要努力展示中华文化的独特魅力,要使中华民族最基本的文化基因与当代文化相适应、与现代社会相协调,以人们喜闻乐见并具有广泛参与性的方式推广开来,把跨时空、超国度、富有恒久魅力、极具现代价值的文化精神弘扬开来,把继承传统优秀文化又弘扬时代精神、立足本国又面向世界的当代中国文化创新传播出去。在国家政策与文化的影响之下,作为传播国家主流文化、传达社会核心价值观的电视媒体,必须勇于担当文化传承的重任,创作出更多符合时代要求的电视节目,不断创新节目形式,促进中华文化传播的可持续性。[1]

---

[1] 邓显超,黄小霞.习近平文化软实力思想初探[J].江西理工大学学报,2014(6):33.

思考题

1. 社教类节目有哪些类型?
2. 策划社教类节目应注重哪些方面?
3. 《是真的吗?》这档节目在媒介融合方面有哪些做法?
4. 你认为社教类节目还能从哪些方面进行题材和形式的创新?

第六章　生活服务类节目

电视媒体诞生伊始就被社会赋予服务的特性。它向受众提供外界的新闻资讯,帮助受众了解外界环境的变化,便于做出最优化的安排和决策;它也播放文艺节目、娱乐节目等为受众提供欢乐舒适的视听体验。但是电视最直接的服务功能体现在传播衣食住行等各生活领域的专项内容,如医疗健康、烹饪技巧、居家收纳、美妆打扮等,这些节目直接为受众的日常生活提供指导或帮助。这是生活服务类节目区别于其他节目的关键所在。

在电视节目的不同发展时期,都有一定数量的生活服务类节目活跃在荧屏,这说明受众对于此类节目有着不竭需求。随着经济的蓬勃发展,城市化进程的加速,人们的生活方式也在不断变化,生活理念、消费心理呈现多元化,生活质量日益提高,对运动、休闲、养生话题的关注日益增加。这就需要帮助受众了解更全面、更新潮、更便捷的生活技巧,辨别错误观念,减少冗余信息对观众的干扰,生活服务类节目因此而显得更为重要。

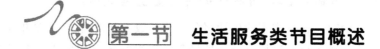

第一节　生活服务类节目概述

一、生活服务类节目的概念界定

《广播电视词典》把生活服务类节目定义为"以实用性内容为主,直接为观众日常生活、学习、工作服务的节目"。这类节目通过传播信息、答疑解惑和反映观众呼声,帮助观众解决日常生活、工作和学习中的各种实际问题,为社会提供直接、具体的服务。生活服务类节目注重实用价值,力求满足人们现实生活中的各种服务需求[1]。

浏览近期播出的生活服务类节目,我们不难发现其服务范围正在扩大,政策法规、文化消费、法律常识、心理健康等均被纳入生活服务类节目的范畴。而今,新兴媒体如雨后春笋般出现,传播者更注重为受众提供全方位、互动式、个性化服务,受众的主导权和自主意识逐渐提高,催生出新的"大服务"概念。不仅如此,"大服务"概念还体现在节目内容逐渐从具体细节上升为对生活方式的解读,单纯的生活小贴士已经不能满足人们的需求,节目越来越重视对生活新动态和新特征的关注,以"生活"为核心,实现了节目内容的纵横交叉、立体发展[2]。

二、我国生活服务类节目的发展历程

我国生活服务类节目始于 1978 年 8 月中央电视台的《为您服务》,它主要以"反映群众呼

---

[1]　韩青,郑蔚.电视服务节目新论[M].北京:中国广播电视出版社,2005:1.
[2]　曹晚红.中外电视生活服务类节目新模式解析[M].北京:人民邮电出版社,2016:2.

声、解决实际问题、指导日常生活"为宗旨,以平民视角观察生活,通过热线电话、读者来信的方式了解群众生活,通过受众关心或感兴趣的生活话题服务受众的生活。这是第一个完整意义上的电视生活服务类节目,该节目从传播理念、内容构成及节目形式上都体现"为观众服务"的理念。此后电视生活服务类节目取得了长足发展。

1. 生活服务类节目的形成期(20世纪80—90年代)

在《为您服务》创办以前,整个电视服务类节目的制作都属于摸索期。改革开放后,电视也逐渐面向社会、面向市场谋发展,《为您服务》正是在这个时候诞生的。经历了4年的发展,1983年元旦,《为您服务》进行了改版,在原来节目基础上增加了精神生活和社会生活方面的内容,也增加了知识性和趣味性。同时《为您服务》也有了固定的主持人沈力,她庄重朴实的主持风格得到了观众的肯定,同时也奠定了电视生活服务类节目最初的风格。

以《为您服务》为代表,20世纪80年代我国电视生活服务类节目进入形成期。我国其他省市电视台先后结合地方优势,努力发掘了适合本省市的一些生活服务类节目,例如广东电视台的《家庭百事通》、湖北电视台的《生活之友》、湖南电视台的《社会与生活》、上海电视台的《观众中来》等。这个时期,我国电视生活服务类节目整体制作水平不太精细,在电视手段的应用上还不是很成熟,播出节目涉及的领域和话题较少,节目在整个收视份额中所占比重不大。

2. 生活服务类节目的发展期(20世纪90年代至21世纪初)

进入20世纪90年代,各个省市的生活服务类节目数量开始增多,质量相比之前也有所提高,在表现形式上也打破了仅在演播室录制的局限。但当时还没有形成完全意义上的主持人节目,也没有完全意义上的杂志型节目,因此这个时期多数电视台效仿的都是《为您服务》,生活服务类节目出现了同质化现象。

1996年7月中央电视台经济生活频道《生活》栏目开播,着力表现在时代变革背景下,涌现出的新的生活观念和生活方式,这是生活服务类节目在20世纪90年代以来得到发展的重要标志。《生活》栏目围绕老百姓的衣、食、住、行、用、休闲等进行多方位服务,强调反映生活、服务生活、介入生活、引导生活,以科学、健康、智慧的新生活方式服务百姓、引导百姓。"实用至上"是《生活》栏目的宗旨,杂志化是其创新之处,同时《生活》的节目包装水平也有所提高。

同《为您服务》一样,《生活》栏目一经创办便掀起了一股生活服务类节目的跟风制作潮流。这一时期经济市场的进一步细分促进了生活服务类节目内容的进一步细化,健康类、旅游类、美妆类等各具对象性的节目开始亮相荧屏,并受到了受众的广泛关注与喜爱。北京电视台生活频道的成立标志着地方电视台生活服务类节目走向专业化、集中化、精致化,此类节目的制作水平及规模提升到了一个新的层次。随后几年,湖南电视台生活频道、河南电视台生活频道、福建电视台生活频道、浙江电视台经济生活频道、山东电视台生活频道相继成立,由此生活服务类节目彻底改变了以往在其他类型节目的夹缝和边缘中求生的形象[1]。

这一时期生活服务类节目大量运用新的电视手段,镜头运用也不再墨守成规,而是依据节目的需要不断变革;电视字幕在这一时期运用也比较明显;同时,后期制作水平也有了质的飞

---

[1] 陈明.生活服务类节目现状透视[J].市场观察,2010(7):98.

跃。整体来看,综合性生活节目逐渐减少,取而代之的是专业性的节目,如美食节目、旅行节目、时尚节目、健康节目等。

3. 生活服务类节目的创新期(21世纪以来)

进入21世纪,中国的电视业出现了繁荣景象,生活服务类节目也不例外,这主要表现为形式多样化和专业化生活频道的出现。节目形式多样化在20世纪90年代就已经有所显现,到这一时期显得更加成熟。生活频道的出现为生活服务类栏目进一步扩展和细分提供了广阔空间。随着节目定位的细分和数字电视的发展,定位于生活服务的专业化频道不断涌现,如旅游卫视、江苏靓妆频道、中华美食频道、孕育指南频道等[①]。

这一时期生活服务类节目的特点主要体现在以下四个方面。首先,生活服务类节目和新闻类节目跨界组合,借助新闻的表现手法和视角做生活服务类节目。如北京电视台生活频道的《生活面对面》既有权威可信的生活资讯,也有日常的家长里短,既有对政策法规的贴心解读,也有温暖的切实帮助。其次,生活服务类节目中融入了娱乐等综艺元素。以2009年河北卫视推出的《家政女皇》为代表,节目融入了表演、娱乐等诸多内容。再次,美容时尚类节目不断涌现。例如,旅游卫视的《美丽俏佳人》将美容与时尚知识带给广大的白领女性。最后,生活服务类节目也有故事化倾向。例如,北京电视台的《快乐生活一点通》开创了我国将电视生活服务类节目以室内情景剧形式播出的先河。《快乐生活一点通》模拟情景剧,以三代同堂其乐融融的一家人为主人公,这一家人分别由几位主持人饰演。在这一家人每天的生活中,总会遇到包括吃、穿、住、行等各个日常生活方面的小问题。在遇到这样或那样的问题时,一家人会想办法解决,或者是向外人寻求帮助。节目正是通过这种虚拟的日常生活,在线帮助受众解决日常生活中遇到的各种问题,提高受众的生活质量与生活乐趣。当然,这一时期的电视生活服务类节目仍然存在一些不足,主要包括收视率处于中低水平,节目供大于求,服务对象不够细化,节目同质化现象仍然比较严重。

三、生活服务类节目的特征

生活服务类节目的内容与受众的日常生活息息相关。从前文所述"大服务"的概念出发,该类节目是为社会生活、职业生活、个人生活和家庭生活提供直接服务而存在的,因此具有实用性、专业性、地域性和亲和力的特征。

1. 实用性

实用性强调生活服务类节目中的内容应该具体有效、可操作性强,对现实问题有足够的指导价值。这也是生活服务类节目区别于其他节目的本质属性。

生活面前,没有人是全知全能者。人们总会有这样那样的困惑或需求,大到如何与人相处、如何降低疾病发生的概率,小到菜价上涨不合理该向谁反映、家中废旧物品如何变废为宝等。如果这些问题都能在节目中找到答案,那么创办生活服务类节目的目的就达到了。生活服务类节目的精神内核是关注百姓、服务生活,这就要求栏目必须以实用性为基础,绝不能纸

---

① 任晓润,顾晓燕,余承璞.生活服务类节目大盘点[J].视听界,2008(2):34-40.

上谈兵。

现今的生活服务类节目实用性的服务倾向越发明显,比如我国中央电视台的《健康之路》、北京卫视的《养生堂》、湖南卫视的《新闻大求真》、陕西卫视的《好管家》等,都体现了极强的实用性,细致入微地指导受众解决生活难题。

2. 专业性

作为帮助观众享受更加科学、健康生活的节目,专业性也是生活服务类节目的重要特征。对于生活中错误的思想观念或者常识,普通受众囿于自身局限不能辨别真假,就需要一个权威的声音来帮助他们。这种权威不是强加于人,而是基于科学专业的原则,为受众提供最优解决方法。

专业性可以说是生活服务类节目的生命线。以健康养生类节目为例,这类节目一旦被证实曾播出虚假信息,尤其是人为原因造成的错误引导,对整个节目的打击将是毁灭性的。2010年南方一省卫视某节目开播之初,收视率一直在同时段居高不下,时隔不久,节目嘉宾被北京工商部门查出非法行医,被其炒得火热的喝绿豆汤治百病、生吃泥鳅去虚火等养生理念被证明纯属虚构,至此该节目一时间成为众矢之的,于当年6月7日暂别荧屏。北京卫视的《养生堂》却与之截然相反,自2009年1月开播以来,就以传播养生之道、传授养生之术为栏目宗旨,秉承传统医学理论,按照二十四节气来安排节目内容,既介绍中国传统养生文化,又有针对性地介绍实用养生方法。2010年12月《养生堂》专门成立了北京卫视健康节目专家顾问团,为内容制作出谋划策,2011年还对节目进行了改版,除调整了时长外,还在原有的基础上增加了西医内容,使得栏目更具权威性、科学性。

生活服务类节目是对生活中的方方面面提供指导和帮助,所以必须保证节目中传达内容的专业性。电视媒介的传播影响力较大,如果节目中有错误信息,一经播出可能会造成恶劣后果,甚至严重影响观众的生活,所以生活服务类节目的专业性不可忽视。

3. 地域性

"橘生淮南则为橘,生于淮北则为枳",水土对于植物的影响尚且如此,何况是人?就以我国为例,从东到西,从南到北,各地的经济状况、气候、风俗习惯都有很大差异。生活服务类节目的地域性正是由这种差异决定的。要想更好地服务于受众,传播实用性强的信息,就必须尊重和承认差异的存在,使节目内容更具有针对性。

地域性的特征可以体现在节目选题上。南京电视台科教频道节目《有请当事人》每期的选题都来自南京本地,一般主要是发生在普通人身上的矛盾纠纷,涉及房产、赡养、夫妻矛盾等方面的问题。北京电视台生活频道《生活2016》则关注公主坟附近针对老年人的诈骗,调查北京菜市场的过期冻肉,这些都是地域性的体现。安徽卫视《留言终结者》曾讨论过如何安全使用电油汀。电油汀是我国南方地区人们常用的取暖设备,自然会引起南方人的关注。当然,地域性也可以体现在节目内容的表达方式方面。北京电视台生活频道《美食地图 一探到底》常推荐最值得去的京味小馆,频繁使用"倍儿受欢迎""点卯""练家子"等北京方言;黑龙江电视台、陕西电视台的生活服务类节目都会使用大量的本地方言、典故,亲切的本地俚语无疑更能吸引目标受众,获得认同。

生活服务类节目中的地域性特点要求我们秉承具体问题具体分析的原则,对某地域受众的生活环境、生活问题进行阐释和分析,并提供解决办法,服务的实用性不能仅从节目内容来判断,更应该从受众体验的角度来考量。

4. 亲和力

由于科技的发达和媒介资源的丰富,媒介之间的竞争日趋激烈,再加上受众主体意识的回归,建立了传受关系新的格局。电视节目必须站在普罗大众的角度,尊重和满足受众的需求,以受众的期许作为建构电视节目的基础。

生活服务类节目本就是为服务大众生活而生,其亲和力可谓是与生俱来,渗透于节目的形式、内容、样态的方方面面,要比其他节目更贴近受众,并更容易给受众带来心理上的亲和感。

生活服务类节目的亲和力是基于帮助老百姓解决日常生活难题,享受更优质更便捷的生活而产生的。深入普通百姓的日常生活,发现引发共鸣的个人故事及生活经历,探讨生活本质,建构普世价值体系,塑造精神家园需要生活服务类节目更加具有润物细无声般的亲和力,这也更能引发受众产生情感共鸣。英国 BBC 频道播出的生活服务类节目《生活帮手》(*The Life Luandry*),由家庭顾问和住宅整理专家组成的主持团队前往节目参与者家中,帮助其整理杂乱的居室,清理生活垃圾,并解决生活中存在的深层情感障碍,倡导积极的生活理念。其中,主持人与节目参与者交谈,从他/她的生活经历中找出症结所在,挖掘事件背后的故事,增强节目的叙事性和可看性,并帮助参与者丢掉思想包袱,开始学会打理生活。该节目以这种亲和力,深受观众欢迎。

第二节 生活服务类节目的主要类型

生活服务类节目的分类标准不一。以收视对象为分类标准可以将节目分为一般性服务节目和对象性服务节目,以服务功能为分类标准可以将节目分为传播信息类服务节目、释疑解惑类服务节目、生活指导类服务节目和提供帮助类服务节目,以节目内容为分类标准可以将节目分为气象节目、美食节目、美容节目、家居节目、房产节目、汽车节目、旅游节目、职场节目、购物节目等①。本书结合当前生活服务类节目的发展态势,主要从内容和形态两个方面对其节目类型进行介绍。

一、按内容分类

生活服务类节目能够全面关注人们在服饰、饮食、房产、家居、旅游等多个方面的需求,因此种类众多。

1. 美容服饰类

美容服饰类节目的主旨在于和受众分享化妆、美颜技巧,以及如何进行衣着穿搭等。2006

---

① 孙宝国. 中国电视节目形态通论[M]. 北京:中国传媒大学出版社,2011:337.

年重庆卫视开播的《时尚俏佳人》被誉为是时尚界的"造星基地",也掀开了我国美容服饰类节目的序幕。2010 年湖南卫视的《我是大美人》为爱美女性提供时尚美丽方案,主要分享护肤技巧、化妆技巧和衣着搭配方法,深受女性观众欢迎。东方卫视节目《女神的新衣》呈现了美妆节目的新形态,加入了真人秀、竞技等节目元素,使节目呈现更丰富多元的样态,话题性更强。节目邀请嘉宾围绕一个主题投入服装设计制作,然后进行 T 台展示,全方位表达自己的设计作品,进而赢得代表市场的四位买家、顶级时尚观察团的认可及现场观众的支持,最终将自己的时尚理念推向市场。

2. 健康养生类

近年来,随着生活质量的提升,加之空气、水源、食品安全问题不断出现,受众越来越关注健康养生类的知识和资讯。

健康养生类节目关注健康知识及各类疾病的防治方法,传播健康的生活理念,节目一般都会邀请权威专家进行病例分析,答疑解惑。以中央电视台《健康之路》为例,它是我国首个以直播形式播出的养生类节目。在极具医疗特色的演播室内,栏目组邀请顶尖医学嘉宾以严谨的态度和通俗的语言为受众介绍医学知识,解读人体奥秘。此外,辽宁卫视的《健康一身轻》、北京卫视的《养生堂》、浙江卫视的《健康最重要》、贵州卫视的《天天健康》收视率也颇为可观。据不完全统计,有关健康养生的节目达数百档之多①。

3. 家政家居类

当前,人们对生活质量、生活环境的关注程度和审美需求日益增加,家政家居类节目就是为满足受众此类需求而诞生。此类节目主要包括家政和家居两大部分。家政主要涵盖洗衣、做饭、家庭保洁、园艺、家庭理财等内容,家居则包括地产资讯、居家装饰、家居文化等内容。

2010 年河北卫视播出《家政女皇》,该节目旨在传播生活知识,在综艺形式的包装下营造轻松愉悦的氛围,分享生活中常见问题的解决方法或是生活的小窍门,如"如何快速打开死结"等。该节目还请老百姓参演情景剧,讲述老百姓自己的故事。此类节目还有在爱奇艺生活频道播出的《家有妙招》、湖北卫视的《生活帮》。

在频道专业化细分的浪潮下,国外的家政家居类节目通常被集纳成为独立频道。例如,美国斯克里普斯公司独立拥有的家和花园电视频道的节目内容包括日常生活、家庭园艺、房屋内外装饰装修、手工艺品的制作等,这些节目分类细致,贴近生活。

4. 美食旅游类

国内美食节目起始于做美食的专业教做,随着节目类型和形态的丰富,美食节目开始尝试向娱乐化方向转变,制作者已经意识到"美食不止好吃那么简单"。在国外美食节目中,虽然服务类节目的宗旨还在,表现形式则越来越深入浅出、活泼有趣。例如,美国的《古怪的食物》这档节目旨在周游世界找寻最稀奇古怪的食物,每集节目都会选择一个地区或一个民族的食物作为重点,从选材、烹饪等方面予以介绍。而围绕食物的知识问答也成了美食节目的创新主

---

① 汪震. 电视健康养生类节目热播的冷思考[J]. 视听纵横,2015(3):31-33.

题,《食物知识大竞赛》《食物革命》等节目主要测试嘉宾们对于食物、采购、原料生长和品尝等诸多知识的了解程度。《美味的花园》《完美的美味》则主要和受众分享如何吃得营养,吃得科学。

和旅游相关的服务类节目中,国内早期的有北京卫视的《好山好水好心情》,主要介绍国内外风景名胜、气候植被、特色文化,深受观众喜爱。但是,网络的快速发展使旅游节目的功能发生变化,许多关于路线、最佳出游时间甚至日程规划都可以在网上搜到,所以现阶段旅游节目更偏重观赏性和娱乐性。

此外,也有将美食与旅游合二为一的节目,如《美食征程》《美酒行天下》《印度美味之旅》《改造美国食物之旅》等。在美国《消失的世界》节目中,著名厨师和美食畅销书作家带领观众到少有涉足的地方,以食物为主线,以当地的风俗、时事和文化为辅料,烹制出别具风味的旅行大餐。

5. 情感服务类

情感服务类节目以人文关怀为宗旨,关注大众生活,寓情于理,鼓励善行,使当事人和受众的情绪都能得到慰藉。这类节目主要包括婚恋交友、调解和求助等,是有明确的受众群体和服务内容的节目。

代表性的婚恋交友类节目有东方卫视的《百里挑一》、浙江卫视的《爱情连连看》、湖南卫视的《我们约会吧》、江苏卫视的《非诚勿扰》、贵州卫视的《非常完美》,这类节目主要为步入婚恋阶段的年轻人提供服务,在节目中通过设置相应的环节展示当前年轻人的择偶标准、恋爱观、家庭生活方式等。

调解类节目主要邀请当事人、调解员、居委会工作人员或嘉宾对事件进行分析讨论。2011年天津卫视热播的《婚姻保卫战》针对的是夫妻矛盾,江西卫视的《金牌调解》、湖北卫视的《调解面对面》、北京卫视的《第三调解室》针对的是家庭矛盾、邻里矛盾。

求助类节目往往具有极大的社会责任感和情怀,关注社会问题并尝试解决这些问题。具有代表性的如2001年湖南卫视播出的《真情》,该节目不仅关注失学儿童、流浪少女,还有器官捐献、抗震救灾等社会性话题。2012年湖南电视台都市频道又开播一档节目《寻情记》,该节目立足普通人的冷暖人生,用情感这一永恒话题引起观众的共鸣。2014年中央电视台综合频道播出《等着我》,这是全国首档国家力量全媒体大型公益寻人节目,旨在发挥国家力量,帮助更多人实现自己的寻人团聚梦。

6. 生活资讯类

生活资讯类节目主要以和人们日常生活息息相关的资讯为主要内容,涵盖商品打折信息、天气资讯、列车时刻、便民服务等内容。气象节目就是典型的代表。气象节目是以电视这种传播媒介为载体,为受众提供日常生活所需的气象信息,它不仅是气象科学为人民大众服务的重要渠道,同时作为不可或缺的电视节目类型,也是具有电视新闻价值的服务类节目。气象节目与电视信息传播的整体变革密切相关。总体来看,自1980年中央电视台《新闻联播》之后播出《天气预报》起,从中央到地方电视台都先后创办了自己的气象节目。气象节目的资讯逐渐丰富和立体化,电视语言也朝多元化方向拓展,栏目更加注重整体形象的包装,传统的形式单一、内容单薄的情况得到了一定程度的改观。

此外,中央电视台创办于 2003 年的《每周质量报告》始终致力于产品质量和食品安全领域的调查报道,以打假除劣扶优、推动质量进步为第一诉求,凸显了新闻资讯服务人们生活的特性。例如在 2020 年抗击新冠肺炎疫情期间,该节目围绕防疫用品进行质量调查,及时回应民众关注的防疫用品质量问题,起到了稳定民心的作用,具有鲜明的服务民众日常生活的特征。

二、按节目形态分类

生活服务类节目的形态近年来不断革新,将脱口秀、访谈、科学实验、情景剧、真人秀等元素杂糅,使节目更具可看性。

1. 真人秀类

真人秀是以纪实手法反映虚构情景设定下的人表现出的真实情绪、行为和思想。近年来,真人秀这一节目元素被运用于多种节目类型中,而真人秀与生活服务类节目的结合也成为必然趋势。

与真人秀类娱乐节目不同,真人秀类生活服务节目通常将情景设定为日常生活,例如烹饪、装修房屋、求婚、婚恋交友等。随着这一节目形态的日趋成熟,逐渐加入竞技、游戏、情感等元素。戏剧冲突下实用生活信息和娱乐并存,是真人秀类生活服务节目不变的内核。

中央电视台财经频道的《交换空间》每一期节目的内容是两个家庭互相交换,在设计师指导下帮忙装修对方的一个房间,家庭成员和设计师在规定的情境中须完成装修任务。节目中既有两个家庭的装修冲突,也有装修相关信息的分享。节目一经播出,受众对一反专家说教的风格表现出极大的兴趣和关注。英国 BBC 第三频道的节目《睡眠诊所》,每期呈现两个不同的睡眠疾病案例,通过录像日记或照片的方式呈现患者的睡眠情况,比如梦魇、失眠症、嗜睡症等,最后由医生做出诊断,该节目为备受睡眠质量不高困扰的人提供了科学的指导。

2. 访谈类

访谈类节目的主阵地一般是演播室,在节目中,主持人和嘉宾交流分享相关信息,并使受众产生价值观或情感共鸣。在这个过程中,主持人的采访引导能力和反应能力是访谈节目至关重要的地方。但访谈类生活服务节目的中心是生活服务,访谈只是节目的主要表现方式,它基于某个生活类话题,主持人引导嘉宾徐徐道来,嘉宾的妙论则为服务类节目增添了看点。

之前按内容分类提及的健康养生类、情感服务类节目大多都会运用访谈这一元素来呈现内容。例如,北京卫视《养生堂》以访谈形式将话题深入、细化,指出百姓在养生知识方面的误区,为受众答疑解惑。而江苏卫视的《非诚勿扰》则是以年轻人交友为主线,通过爱情导师和主持人的互动,讨论当下备受关注的话题,如房子、孩子、婆媳关系等,指导当下年轻人树立正确的婚恋观。

3. 情景剧类

情景剧是一种轻喜剧,一般是室内戏,不用外景,有相对封闭、独立的空间,靠情节和角色性格设定吸引受众。生活服务类节目利用情景剧的优势,还原事件发生场景,可唤起受众身临其境之感。

北京电视台生活频道的节目《快乐生活一点通》以"快乐一家人"室内情景剧的形式开创了生活服务类节目角色化主持的先河。节目中设定三代同堂的五口之家,塑造出其乐融融的氛围,将原汁原味的生活场景搬上荧屏,通过日常生活的展现,受众在轻松的家庭氛围中学习到了简单实用的生活窍门。湖南卫视的《恋家有方》也是利用清晰简短的情景剧来探讨婆媳关系、子女教育等话题。

4. 实验类

实验类节目是以科学实验为手段对百姓在意的生活现象和健康问题予以证实或证伪,以寓教于乐的方式传播科学信息,破除谣言。当然,正如前文所言,实验元素只是呈现节目内容的一种手段,这一元素当然也可以被其他类型节目所采用。将实验元素与生活服务类节目结合,其内容只要和百姓日常生活相关就可以归为实验类生活服务节目。

湖南卫视的《新闻大求真》是此类节目的典型代表。该节目运用现场还原、情景演绎等方式建构话题,用实验进行验证,破除流言,纠正被误读的生活常识。节目话题涉及如何正确挑选草莓、加油站打电话会不会引起爆炸等,对受众的生活有直接指导作用。

5. 纪录片类

生活服务类节目可以通过真实记录来还原事件原貌,为民众提供帮助,如中央电视台财经频道的《消费主张》关注消费生活领域的动态变化,主要通过记者的亲身感受,从而为广大消费者提供有价值的资讯、观点和判断依据。《消费主张》以体验性、调查性、故事性为特点。如一期节目讲述体验者在密云的一些经历,从而介绍了栗子的采摘,密云板栗出名的原因,什么样的栗子更好吃,糖炒栗子的做法,如何剥栗子等多个方面的知识,还介绍了密云其他两宝,即蜂蜜和水库鱼。节目在最后做出消费提示。通过纪录片的形式,《消费主张》呈现了多方面原汁原味的故事,提供了多方位的服务。

从上述分析不难看出,生活服务类节目融入了许多节目元素,从而丰富了节目样式。首先,真人秀元素与生活服务类节目的融合使节目的娱乐性变强。其次,竞技、娱乐元素的加入使得该类节目充满了未知性和悬疑色彩,趣味性十足。再次,生活服务类节目借鉴了情景剧节目中相对独立封闭的叙事结构,将每一期节目的内容通过设计编排好的矛盾冲突表现出来,增强了节目的故事性。

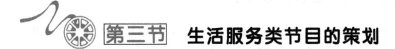

第三节 生活服务类节目的策划

进入21世纪,我国经济高速发展,人们生活水平不断提升,面对鱼龙混杂的消费市场,面对多元而丰富的新的生活理念与生活方式,人们迫切需要能够帮助和提升自身生活品质的节目,因此这一时期的生活服务类节目数量激增,更加注重对受众的细分和节目内容的多样化。

一、当前国内生活服务类节目的不足

近年来,生活服务类节目发展迅猛,全国有30多家省级卫视、市级地面频道开办了生活服

务类节目,而且为了延伸节目的服务性,不少节目增加了节目版块和时长,但这种繁荣的景象也折射出生活服务类节目存在的硬伤,不少节目存在选题重复、陈旧、低俗、脱离百姓生活的倾向,给观众"有效信息"太少,无法为观众提供更多可用、可信,满足大多数观众心理需求的信息,加之新媒体发展迅猛,表现形式新颖、轻松、活泼,传统媒体受冲击更为严重。

1. 泛娱乐化

娱乐文化能够为广大受众减轻日常生活的压力,使其获得身心上的愉悦,但是过度的娱乐化就会导致泛娱乐化现象的产生。在生活服务类节目的发展中,娱乐元素与服务性相结合的最初目的是想通过一种轻松愉悦的方式将受众日常生活中出现的,他们所关心的、有疑虑的问题予以解答,使受众既获得了信息,又放松了身心。但近年来一些地方媒体在消费文化与市场经济的影响下,忽略了生活服务类节目实用性与专业性的根本特征,在节目中大量运用娱乐元素,节目原有的实用与专业特征被削弱,甚至从娱乐化发展到低俗化,这样的节目不仅对受众的日常生活没有起到服务与指导的作用,还在一定程度上削弱了受众对节目的关心,只沉醉在娱乐所带来的感官刺激上。

2. 同质化

受众对于节目的关注度是节目不断发展的动力,不断地推陈出新,拥有自身的个性化特色则是每个节目保持持久生命力的重要保障。而在当下,各种同类型的电视节目铺天盖地地席卷着电视荧幕,如婚恋交友、养生、美食等,一个节目火了,随之而来的衍生品也都纷纷跃上荧幕,相同类型的电视节目在节目内容、形式、题材以及节目的整体设计上,都有相似之处,难免会让受众产生审美的倦怠感。因此,摆脱当下节目翻版的克隆现象,拥有自身个性化特征的原创节目,才能推动生活服务类节目更好地发展。

3. 节目定位不够精准

不同类型的节目有不同的定位,因此明确"为哪些受众提供什么样的服务"是节目定位准确的前提条件。随着电视产业的不断发展与竞争加剧,电视的传播模式也由传播者本位转向受众本位,即以受众为中心,最大程度地维护受众的根本利益为出发点,满足受众获取信息的需要。对目标受众的科学认识和各方面情况的把握是设计一档节目开播的前提和基础,节目必须准确找到对自己的信息服务感兴趣的受众,作为自己生存和发展所依赖的基础①。

二、生活服务类节目的策划要点

从起初中央电视台的《为您服务》到后来的《生活》,再到今天形形色色的从地方到中央的各种节目,相较于最初关注柴米油盐的基础服务,目前生活服务类节目在内容和形式上都愈发丰富,它的触角已伸向了人们生活的各个领域。当代生活服务类节目更加注重时尚、情感以及当代人所面临的一些共同的生活问题。

1. 细分领域,服务多元化

生活服务类节目应当贴近百姓生活,做到及时把握受众最新的需求,找到市场空白点,不

---

① 谭焱."接地气"和"引领"是生活服务类电视节目的生命[J].当代电视,2013(12):29-30.

断开拓新的服务领域。例如,针对当前生活压力增大,如何买到实惠经济商品这一老百姓的需求,陕西电视台家庭生活频道推出了节目《乐淘淘》,这是一档专门以个人的二手物品转让交换为内容的节目。该节目是国内最先推出的以"二手"为内容的电视节目,具有很强的原创性。观众可以通过24小时热线电话来发布出让消息,也可通过电话、短信等手段获得想要的物品。该节目还设置了"明星亮宝"环节,将名人的东西转卖掉来做慈善捐助。《乐淘淘》充分利用"二手市场"这一空间,真正做到了为百姓着想。

当今人们生活节奏加快,需要的服务也随之增多,各项经济政策的改变都与人民的生活息息相关,这也成为生活服务类节目选题的源泉。要做好节目,节目组一定要深入到群众中去,了解百姓生活的最新变化,按照百姓最需要的信息随时增加或替换选题。通过增加系列选题丰富节目内容,一方面能从多方面满足观众需求,另一方面,可以拓宽节目深度,可联合旅行社、装修公司、家政公司、医院、教育机构等单位,实现社会效应和经济效应双赢。

只有以受众的需要和兴趣为第一考虑要素,才能保证电视节目所传播的内容更加贴近受众的生活所需。随着生活水平的提高,受众所关心的已不再局限于柴米油盐酱醋茶等物质方面,而是感情、时装、生活理念等更高的层面。因此,生活服务类节目应该紧跟现代受众的意识变化而不断完善自身。比如英国公共服务频道的节目《美好体型》把服务对象锁定在女性受众身上,不仅为女性提供实用的穿衣指导,更告诉女性朋友美的内在理念,让年轻爱美的女性观众通过观看节目重塑自信,更加热爱生活。

2. 灵活运用真人秀元素

生活服务类节目发展到现在,我们可以看到诸多节目都运用了真人秀这一元素,欧美国家的节目在这方面先行一步。比如《美食厨房》是一档美食类的生活服务节目,但借助了竞技和真人秀元素,锁定受众的眼球,进而突出其为生活服务的本质。再比如英国BBC第二频道推出的《换装达人》是一档换装类生活服务节目,其中有选衣、购衣与衣饰搭配、自己设计饰物等环节。《换装达人》最主要的看点是游戏互动环节,共有100人参与,每人自愿拿出5件衣服与他人免费换装,整个过程都穿插着真人秀的元素。国内的生活服务类节目也贯穿了真人秀的元素,比如《交换空间》中两户人家和设计师之间的交流以及整个装修过程,就贯穿了真人秀元素。生活服务类节目中出现真人秀元素,是此类节目发展的必然,使得节目能够具有真实感。

3. 丰富与创新节目的表现形式

丰富多彩的表现形式对节目的成功起着至关重要的作用。将贴近受众生活、满足受众需要的节目内容通过新颖独特的表现形式呈现给受众,这样不仅可以满足固定受众群体的需要,而且可以扩大收视群体。丰富与创新节目的表现形式可从以下三点进行。

(1)合理运用不断发展的电视技术。

通过电视传播声画结合的优势,在拍摄制作上下功夫,可运用镜头语言展现独特视角,传递信息。目前,在电视行业中,电视技术的发展总是超前于电视节目。越来越多的智能3D电视机走进人们的生活。将3D技术运用到节目的制作当中,可以使画面变得逼真,使受众犹如身临其境,有助于拉近节目与受众的距离。将不断发展的电视技术合理创新地运用到节目中,不仅在视觉上可给受众带来全新的震撼感受，同时也是节目走向成功的重要环节①。

(2)充分发挥主持人的特色效应。

主持人是节目标志性的核心人物，一名优秀的主持人往往还会在节目中起到引领的作用。仔细探究名牌主持人与品牌节目之间的关系，不难发现，二者之间相互作用的关系显著，主持人对于节目的形象提升发挥着重要的作用。心理学研究发现，人的第一印象往往会占据主导地位，会给他人留下最鲜明、深刻的印象。主持人也不例外，留给受众的第一印象就是外形，可以说一档节目的成败，一次主持的成功与否，往往首先是从主持人的造型开始。生活服务类节目的主持人，如果在着装、造型上具有亲和力，便可在最短的时间内拉近和受众的距离。主持人的风格与节目定位相互配合，并运用具有独具特色的语言，在突出个性、彰显魅力的同时，还可将节目的信息和自己的观点传达给受众，从而形成整体统一的独特风格。

(3)适当融入娱乐元素。

生活服务类节目主要是满足人们日常生活中的一些需求，使受众在轻松、愉快的氛围下获取所需信息。然而，如何在节目中融入娱乐元素使受众愉悦身心，同时又能够避免过度娱乐化造成节目庸俗、低俗，是值得我们思考的一个现实问题。节目中适当把握好娱乐的度，是成功融入娱乐元素的关键，要做到既让受众喜闻乐见，又能给受众正确的引导。江苏卫视的《非诚勿扰》之所以成为全国闻名、收视率极高的一个生活服务类节目，是因为它既迎合了当代人们择偶的新观念和价值取向，同时在节目的编排和创意上也能给受众在价值观、人生观上以教育、启发和引领的作用。

4. 注重节目包装

生活服务类节目的内容大抵就是衣、食、住、行等老百姓关心的事，每个生活服务类节目都要围绕着这些基本的事做文章，但要做好做精并非易事。如何让寻常的故事讲出不同的味道，怎样从相似的生活服务类节目中脱颖而出呢？这还需要从节目的包装入手，包装出老百姓喜闻乐见的节目形式，包装出适合当代人口味的、充实的节目内容。在这方面，湖南卫视2011年推出的生活方略体验类节目《好好生活》便是成功的典型。该节目由文怡和李锐主持，主打生活创意、智慧妙招。节目中，主持人文怡和参加节目的生活达人一同为受众分享自己的生活秘笈，其中的一些话题如"治感冒的家常菜""微波炉妙用""如何防家电辐射""夏日防暑防蚊"等均是人们迫切想了解的话题。节目在夯实内容的基础上，包装独到。首先，节目的参与人员都有固定的称谓，如主持人李锐被称为"好好先生"，主持人文怡被称为"好好生活家"，同时还有"幸福体验团"成员参与互动，包括"美丽主妇"岳菁蔚、"膳食达人"李铁刚等，增强了节目的亲和力。其次，节目主打主持人牌，文怡为美食畅销书作家、美食专栏撰稿人，是"会做菜的主持人"，她通过推荐菜肴等方式，迅速拉近了和观众的距离。再次，节目融合多种形式，包括访谈、竞赛等，增强了互动性。如关于"微波炉妙用"的一期节目中，主持人先让幸福体验团成员剥蒜皮，然后再请美食达人用微波炉加热的方式将蒜皮除掉，随后把二者效果进行对比，寓教于乐，加深了受众对节目的印象。

---

① 谭焱. "接地气"和"引领"是生活服务类电视节目的生命[J]. 当代电视，2013(12)：29-30.

此外，要根据节目的选题确定拍摄地点、切入视角、解说词撰写、场景布置、编辑和视觉设计等方面的工作，努力提高节目质量。

5. 立足实际，巧打地域牌

据中国广视索福瑞媒介研究收视统计显示，地域性正在成为影响受众收视的重要因素。随着新媒体不断发展，电视业界开始注重立足实际，巧打地域牌。生活服务类节目的特征之一就是地域性，具体表现为节目内容的地域化、审美风格的本土化和表达方式的本土化等。各电视媒体都应该从自己服务的受众出发，考虑其需求和利益，办出具有地域化特色的生活服务节目。比如无锡电视台的相亲节目《不见不散》增设了"喜妈帮腔"环节，以帮助男嘉宾展现自己、克服紧张等。喜妈指媒婆，为无锡当地名词，这一环节的设立让当地人倍感亲切，使得节目在众多省级婚恋节目的压力下突出重围，更接地气。

同样是相亲类节目，中央电视台的《乡约》另辟蹊径，主要为农村地区的年轻人提供服务。《乡约》主持人为嘉宾们现场说媒。通过嘉宾自我介绍，然后互相了解，主嘉宾根据所选嘉宾的关键词选择想更了解谁，在了解之后观众朋友们也可以参与其中，为主嘉宾出谋划策。第一轮淘汰之后，主嘉宾可以介绍自己，然后进入互相选择环节，决定是否能够成功牵手。无论牵手与否，嘉宾们都会为人所知，还可以在台下留下联系方式，寻找合适对象。此节目曾经创下连续八个季度的收视提升纪录，获得过"中国最具品牌价值电视节目"等奖项。该节目在相亲交友之余还呈现了嘉宾的励志故事，为节目增色不少。受众们喜欢这个节目，就是因为嘉宾们没有在外形、着装上刻意修饰，而是呈现普通生活中的状态，亲切之感油然而生。

6. 与新媒体融合，打造互动平台

电视缺少互联网的及时参与与互动性，节目在进行中较难听到受众有效的声音。所以，在制作电视节目的过程中应该积极与新媒体融合，打造节目与受众间更为广阔的互动平台。在制作生活服务类节目时应该挖掘尽可能多的与受众进行互动的方式，比如可以开通节目的专属官方网站、微博、微信等，直接与受众进行最及时的交流，获取第一手资料。这些做法在发挥新媒体为节目服务特性的同时，也为观众开辟了很好的反馈渠道，使媒介组合的资源得到最大化利用。

安徽卫视的节目《美丽俏佳人》在电视与新媒体融合方面就做得比较好。《美丽俏佳人》的制作方东方风行公司在2008年8月创办了乐蜂网，并整合了节目主持人李静旗下多种资源的互联网平台，囊括了视频、社区以及电子商务等诸多方面的服务。在《美丽俏佳人》节目中，主持人与专家近距离互动，节目中所推荐的各种护肤用品，同时在乐蜂网上销售，使其成为收视与口碑都不错的时尚美妆类节目。2014年2月唯品会战略入股乐蜂网75%的股份，共同打造顶尖女性时尚购物平台。双方的"联姻"有效结合了乐蜂网在化妆品垂直领域的经验以及唯品会的供应链管理能力，打通了前端时尚电商销售平台及后端时尚产品制造的生态产业链。同样，湖南卫视的节目《我是大美人》也创建了淘宝网的旗舰店，专门销售在节目中介绍过的产品，满足了消费者的购物需求，延伸了节目的产业链，增加了节目的市场效益。

《生活圈》是中央电视台综合频道在2016年推出的全新的"融媒体"生活服务类节目,也是目前国内上星卫视中唯一一档基于微信朋友圈理念设计的升级版电视节目,它利用最先进的"全媒体演播室",融合多种创新互动方式和呈现手段,兼具高度开放性、互动性、新闻性、服务性。《生活圈》以"大家帮助大家"为核心理念,通过移动互联搭建起"全民互助平台",为百姓遇到的难题寻找权威解答和实用办法。《生活圈》着力打造全媒体传播矩阵,实现了电视端及网络端多平台互动,分享"美好生活",传播"有态度的生活"。在《生活圈》电视端节目中,题材广泛,关注当下,内容涉及"科技""健康""消费""人际""政策""人物""美食""健身""旅游"等多个与老百姓生活息息相关的领域,全方位满足观众的真实需求和生活向往,力争打造快捷实用的生活帮扶平台和"美好生活"的分享平台。此外,《生活圈》开发出多个全网投放的音视频产品,组合成为具有创新特色的全媒体传播矩阵。《生活圈》微信公众号拥有几百万粉丝。《生活圈》在短视频平台投放的《一分钟懒人厨房》等一批系列短视频公众号也快速成长为各视频平台上的热门账号。

三、生活服务类节目的创新趋势

从节目形态层面来看,节目创新的方式之一就是利用各种元素的交叉互渗来丰富节目的表现力。常见的节目元素如纪录片、访谈、表演、播讲、真人秀、动画等,都可以融入生活服务类节目中,促使节目呈现出新的面貌。

1. 与综艺类节目多种表现元素的交叉互渗

轻松朴实是传统生活服务类节目的主要风格特色,但近年来新兴的生活服务类节目在保留实用性、人文性、贴近性的基础之上将综艺类节目中益智、竞技、表演、访谈等表现元素也逐渐渗入到节目中,充分调动了电视的表现手段,让受众在娱乐的同时了解信息并留下深刻的印象,起到指导与服务的作用。

竞技意味着比赛、对抗与游戏。在生活服务类节目中,无论是现场观众亲身参与的竞技,还是将嘉宾参与的竞技展现给观众,都能够充分调动观众的积极性。中国台湾地区的《别让身体不开心》在节目的开头往往会让两位明星嘉宾对主持人提出的几个问题进行抢答,输的人要接受一定的惩罚。通过这种形式,一方面用主持人提出的问题引出该期节目的话题,另一方面也提高了观众对节目的兴趣。

生活服务类节目对"表演"这一元素的应用主要体现在生活情景短剧的呈现上。情景剧源自于美国,其特点是剧情都是在室内搭建的空间中展开,一般不用外景。随着时代的发展,新式生活服务类节目对于情景剧的使用也发生了新的变化。通过事先的编剧和设计的人物矛盾冲突,可以用最短的时间将观众带入熟悉、亲切、贴近生活的相关情境中,给观众带来真实感与生动感。同时,生活信息和服务信息融合在情节中,又能够给人们的生活带来一定的指导意义。如今在新媒体环境下,网络低成本短剧的模式也许会成为地方生活服务类节目借鉴的一个新亮点和新尝试。

生活服务类节目的访谈环节可以有效地拉近节目与观众之间的距离。节目的选题都与人们的日常生活息息相关,所以邀请嘉宾和观众一起来谈论生活,如同聊天,很有生活气息。在美国深受欢迎的健康节目《奥兹医生秀》就是以奥兹医生的脱口秀为主线,穿插着医学专家、嘉宾或者现场观众的访谈。

2. 与新闻类节目多种表现元素的交叉互渗

生活服务类节目所涉及的内容与人们的生活息息相关,而新闻是对新近发生或正在发生的事实的报道,因此新闻类节目与生活服务类节目所涉及内容的关系是密不可分的。不过,在生活服务类节目中,不仅仅是播报与呈现生活中发生的事情,还是尝试着用新闻的手法去处理生活类的选题,有针对性地告诉受众发生类似事情要怎么办,对公众普遍关注的问题提供更多的生活服务方面的帮助。

街头调查采访可使节目真正深入百姓,把鲜活的声音展现出来,这正是生活服务类节目所需要的。通过选择与话题相应的拍摄场景,对拍摄场景中的普通民众进行随机采访,既贴近受众真实生活,也能为节目引出话题。对于街头调查采访运用较为成功的是北京电视台生活频道的《生活2015》,该节目最大亮点是就当前社会生活中出现的热点现象,进行广泛的社会采访,同时对现象级问题进行梳理和解析,在某个层面上给予一个收尾式的回答。

直播这一形式最初始于新闻类节目,对于时效性要求并不高的非新闻节目来说,录播已经成为一种约定俗成的状态。但是进入移动互联网时代,受众在观看节目时,可以通过网络及时将感受、问题或意见、建议等与节目方进行沟通。加上网络匿名性的特征,受众在与节目进行互动时的表达会更加真实,节目方提供的服务也会更加具体实用。日本的《电视加油站》是一档健康服务类节目。在演播室里男主持人用免提电话现场接听观众打来的热线,这时女主持人在旁边的黑板上随时写下观众诉说烦恼的要点,节目的其他嘉宾也通过电话与观众进行现场对话。节目中主持人、嘉宾、观众共同交流,主持人把控节目的进程与氛围,使节目展现出一种更加活泼生动的风格。

体验式调查是记者直接投入到所要报道的新闻事件中去体验生活,以获得新闻报道所需的素材,以及对新闻事件的认识,是记者深入生活、体察民情的一种好办法。生活服务类节目也可以采取这种体验式调查的方法邀请嘉宾、观众和主持人一起通过亲身体验探寻结果,同时穿插嘉宾、观众对体验调查过程的感受或者观点,这样的方式一方面可以探究出更丰富、更真实、更易于接受的东西,一方面也更有利于表现主持人、嘉宾和观众进行互动交流的过程。

四、生活服务类节目的转型与融合

生活服务类节目由于和人们的日常生活最具有直接相关性,因此除了节目本身内容和形态方面的创新外,在节目运营环节,还可以运用当前新媒体环境下的用户思维将服务触角从本地延伸开来,建构线下营销网络,在获取经济效益的同时为民众提供更好的服务。

1. 整合资源,版权变现

自全国电视媒体的频道专业化运作以来,大多数地方电视台都开办了生活频道。目前,全国有数百档生活服务类节目,但是大多数节目覆盖面有限,仅为当地观众所熟知。覆盖面有限等于受众有限、影响有限,最终导致市场有限。《生活大参考》作为杭州市级频道的强档节目,在做好本土服务的基础上,打造去地域的节目版本,尝试通过版权分销的形式,将节目影响力扩展到全国。从 2014 年开始,《生活大参考》与中广天择传媒展开合作,利用中广天择传媒强大的节目购销渠道进行资源整合,再由中广天择传媒将该档生活服务类节目装入其生活服务节目带,整体配置给近百家市县电视台,为杭州生活频道实现了全国版权收益①。

2. 打造新型产业链

如今,依靠内容优势、渠道优势实现自身价值和盈利空间的电视媒体已开始逐步出现经营瓶颈,这给主要依靠广告收入支持运营的电视媒体带来了经营创收的压力。作为直接与广告挂钩的收视数据,已经不再是绝对的焦点。以生活服务类节目为切入点,开发线下产业是电视行业开始实践从"收视经济"往"用户经济"转型发展的缩影②。

《做给你看》开播于 2010 年 1 月,是杭州电视台一档生活服务类节目。该节目以丰富观众的菜篮子为目的,通过主持人的体验式互动,向观众介绍和展示优质农产品食材;再通过主持人和当地农户在劳动中的一问一答,把如何分辨农产品优劣的知识点传递给观众,具有很强的实用性。由于内容贴近大众的生活,深受观众的喜爱。节目组利用该节目的溢出效应,形成了从"电视团购"到长期"门店销售",再到建设以"活力农产品"为品牌营销队伍的良性发展过程。节目下设门店近 20 家,遍布杭州周边县、市、区,绝大多数产品长期在门店销售,2015 全年销售额达到约 1500 万元。

阅读材料　　　　　　　　　　**超级保姆**③

1. 节目简介

《超级保姆》是一档迄今为止全球最成功最具品牌价值的亲子真人秀节目之一。该节目 2005 年开播,至 2012 年停播,节目时长 30 分钟左右。节目采用实景跟拍的方式记录求助家庭,表现在"超级保姆"(Jo)的帮助下,父母学会如何教好孩子的过程。"超级保姆"乔·弗罗斯特从事全职保姆多年,跟无数幼童打过交道,从实践经验中悟出多种处理问题儿童的方法。节目中,乔耐心地与孩子父母协调管教的办法。小孩具有较强的可塑性,态度和行为的转变在镜头的记录下一目了然。节目中真实且具有戏剧性的家庭矛盾冲突,真人真事真实的场景,让观众学习到了不凡的教育方法。2005—2012 年该节目在美国播出后广受欢迎,并被许多国家引进。中央电视台财经频道《环球驿站》在 2012 年曾播出该节目。

2. 节目版块

以 2012 年 9 月 5 日播出的节目为例,具体见表 6-1。

---

① 何超,李卓凡.生活服务类节目的转型与融合[J].中国广播电视学刊,2016(10):41-44.
② 何超,李卓凡.生活服务类节目的转型与融合[J].中国广播电视学刊,2016(10):41-44.
③ 曹晚红.中外电视生活服务类节目新模式解析[M].北京:人民邮电出版社,2016:100.

表6-1　2012年9月5日播出的《超级保姆》的内容

序号	内容	时间	形式
1	片头加内容提要，简要介绍本集Jo将去往的家庭	1分30秒	视频短片
2	Jo来到亚利桑那州，在出租车上观看Horry和Jimmy夫妇小孩的麻烦情况：7岁的James喜欢说谎，5岁的Tyler喜欢和哥哥一起去邻居家玩大孩子的电子游戏，2岁的Ryan甚至比哥哥们还要调皮。妈妈Horry拿他们束手无策，爸爸Jimmy的管教又太粗鲁严厉	2分5秒	主持人外景户外视频短片
3	Jo来到Horry和Jimmy夫妇家和大家打招呼，James表示不欢迎	43秒	现场同期声
4	Jo开始观察这个家庭的情况。她发现父母对大一点的James和Tyler完全放任，Tyler在没人陪同的情况下骑车在马路上玩，而James带着弟弟玩一些暴力的电子游戏（这些游戏上有明显的分级标志）。两个大孩子在家里喜欢模仿游戏情节，互相打斗	2分40秒	现场同期声
5	James和Tyler在家里打架被爸爸批评，James又撒谎了。吃饭的时候Ryan不听话，用叉子丢爸爸，爸爸用叉子打了Ryan的头两下，并认为这不会带来什么伤	2分25秒	现场同期声
6	Jo找Jimmy谈话，Jimmy坦诚地讲述了自己的伤心之处，Jo告诉他与孩子沟通才是最重要的，希望父亲能给孩子树立榜样	1分54秒	现场同期声
7	Horry不知道该如何跟邻居谈起电子游戏的事情，Jo建议她邀请邻居来家里谈谈。Jo希望邻居设身处地地为James着想，并建议Horry和邻居互留电话	1分16秒	现场同期声
8	邻居走后，James表现出不安。Jo与James聊天，James告诉Jo自己不希望爸爸整天都在工作而没时间陪自己。Jo让James在爸爸回家之后主动找他谈心，谈话后Jimmy决定每周末拿出两小时带孩子去玩儿	3分50秒	现场同期声
9	Jimmy带孩子们出去玩橄榄球，觉得自己现在才像一个称职的父亲。James说Jo最棒的地方就在于让爸爸和他在一起的时间更多了	1分21秒	现场同期声
10	Jo离开Horry家，4天后回来检查这期间家里状况的录像。Jo发现，她不在的日子里，Horry教会孩子们认识了分级标志，制定了每个人必须遵守的家规。但是James说谎的毛病依然没有改掉，并且当他说了脏话之后，妈妈让他口含洗洁精作为惩罚。Jo批评她这个惩罚方式不对，Horry愤然离座，并让Jo离开	4分43秒	户外视频短片现场同期声
11	Horry独自在车里冷静一阵后回到了家里。就在Jo与Horry谈话的时候，James又向妈妈撒了谎，妈妈惩罚他原地不动，James一直搞大动作，吸引妈妈的注意力。Jo告诉Horry不要理他，这招很奏效，James不一会儿就放弃制造动静了，并向妈妈承认了错误	4分3秒	现场同期声
12	在Horry和Jimmy习得Jo教的全部方法之后，家庭生活已经步入了正轨。Jo要与全家人拥抱作别。Horry和Jimmy纷纷表示Jo教了他们之前从没学过的东西	3分24秒	现场同期声

3. 节目分析

《超级保姆》曾在全球引发了收视热潮，其背后的原因正是其所针对平凡家庭带来的育儿良方让陷于亲子教育困境中的父母收获良多。

(1) 实用的育儿技巧。

《超级保姆》以年轻父母、准爸妈作为核心受众人群，并广泛辐射家庭剧受众，以高度的社会责任感关注年轻父母的育儿困惑，以轻松、富有戏剧性的方式向年轻父母传递科学育儿理念。

乔的训练周期为三周。前两天观察家里的情况，不做干涉；观察以后与父母谈话，并制定时间表和规则表；乔会亲自指导父母一段时间，纠正孩子的不良行为，让孩子养成良好的生活和行为习惯；之后，乔会离开几日，通过录像监控家中情况；最后，乔返回家中再进行一周的指导，指出所发现的问题。

乔认为教导儿女是父母两人的事，规矩定下来后就要遵守，父母要同步协调，要在同一阵线。她还强调父母与孩子要多谈话，切忌高高在上地讲道理。此外，乔还"发明"了没收玩具技巧、睡觉分离技巧、参与技巧等，这些都是非常实用有效的育儿方法。

(2) 平凡家庭的故事。

将摄像机对准普通百姓的平凡生活，去关照他们的生活情态，反映他们的内心世界，并从中提炼出新的思考，这是电视节目的发展趋势。

《超级保姆》将视角对准忙于工作，又不得不照料多个小孩的年轻父母，真实地展现他们焦头烂额、手足无措的尴尬状况。面对这样的电视节目，人们穿越矫情，从中看到了自己真实的生活。

育儿知识相对来说比较枯燥，并且受众定位鲜明，假如只是访谈式的传授经验，被接受程度会大大降低。《超级保姆》用实际案例来讲解育儿经，在操作中教会父母处理问题的办法。由于每个家庭的情况不同，在解决问题的过程中往往会产生误解、碰撞、惊喜、感动等，为节目内容传播增加了观赏性。

(3) 社会责任感。

与其他亲子类节目不同，《超级保姆》不打明星效应和娱乐效应，以高度的责任心关注年轻父母的现实需求，有效地解决了诸多育儿共性问题，被《纽约时报》称赞为"有价值的真人秀节目"。

电视市场中过分依赖广告和赞助的现象，直接导致了亲子类节目的商业气息过重、"成人化"、"城市化"、消费儿童童真等诸多问题，从长远看这种现象将大大缩减节目参与社会发展的教育意义。而《超级保姆》完全摒弃了商业因素，以乔亲往普通家庭解决情况各异的育儿问题为主线，体现出节目为亲子教育出谋划策、提供恰当服务的责任担当。

乔采用重沟通轻说教的方法，通过建立良性的沟通机制，在快速获得儿童父母信任的同时，也收获了电视机前观众的信任。乔在节目中面临的各种育儿困难，正是困扰全世界万千年轻父母的"疑难杂症"。乔在具体的育儿情境中传授的育儿理念，对于所有无法上电视的父母都具有启迪意义。

思考题

1. 什么是生活服务类节目？如何理解"大服务"这一概念？
2. 生活服务类节目的节目特征有哪些？
3. 结合案例谈谈你对生活服务类节目策划要点的理解。
4. 你认为生活服务类节目在融合发展创新方面有哪些做法？

第七章 影视广告

在现代市场经济中,影视广告已经成为一种成熟的广告形式。它既是视觉艺术,也是听觉艺术;既是动态艺术,也是静态艺术;既有再现艺术,也有表现艺术。它使用语言、声音、文字、形象、动作、表演等综合手段以及独特的构思,成为认识与情感的统一体。

第一节 影视广告概述

广告活动起源于商业活动,应用于商品交换,但随着商品经济的发展,广告所具有的特质及影响已经远远超越了商业自身的范畴,其角色已经跳出商品销售的领域。从广义上来说,一切为了沟通信息、促进认知的广告传播活动,不论是否作用于商业领域,是否将盈利作为运作的目标,只要具备广告的基本特征都是广告活动。

一、影视广告的概念界定

在大众媒介环境下,广告(advertising)不仅指刊登在报纸、杂志、广播、电视上的介绍商品的信息,也有公告、通告、启示、劝告之意。广告的正式诞生可以说与19世纪面向大众的报纸媒体的诞生息息相关。到目前为止,国内外许多机构或学者都从不同角度对广告进行过概念界定,但一直没有形成统一的认识。总体来说,美国市场营销协会对广告的界定得到了较多的认可,该协会对广告的定义为:"广告是由明确的广告主在付费的基础上,采用非人际传播的形式,对观念、商品或劳务进行介绍、宣传的活动。"[①]围绕这一界定,目前人们对广告概念基本上形成的共识包括"可以清晰辨识出广告主的付费信息""可识别的对广告主有利的信息""非个人的传播"等核心要素。"可以说,既有的广告概念与内涵,是特定时代的产物,且依然具有其合理性、生命力。"[②]

互联网蓬勃发展的今天,各种新媒体不断涌现,以往在大众媒介环境下依赖报纸、杂志、广播、电视等界限分明的载体才能传播的广告有了更多的渠道选择。以影视广告为例,随着户外大屏幕显示技术、互联网多媒体技术以及智能手机的发展,现代影视广告的含义已经在往"影像视频"概念方向延伸[③]。另一方面,影视广告必须应对更趋个性化、更多元化,并与传统媒体整合交融这一新的媒介环境的变化趋势。技术的进步与创新促使传统媒体从最新的技术变革中汲取营养,完成了向更高级别传播方式的跨越,也为影视广告的创新与发展提供了良好的契

---

① 倪宁.广告学教程[M].北京:中国人民大学出版社,2014:3.
② 舒咏平.新媒体广告[M].上海:上海交通大学出版社,2017:7.
③ 杨仁敏,文红.影视广告[M].重庆:重庆大学出版社,2015:1.

机。基于这一新的媒介生态环境,结合上述美国市场营销协会对广告的界定,我们对影视广告定义为:影视广告是特定主体付出某种代价,通过传播媒介将经过科学提炼和视听艺术加工的具有声画同步、视听结合特征的信息传达给目标消费者,以改变或强化人们认知和行为为目的,公开的、非面对面的信息传播活动。这个定义反映出现代影视广告的主要特征。首先,影视广告主要通过视听艺术加工手法传播信息,这是影视广告所具有的本质特征。影视以视觉听觉为中心,充分调动人的感官世界,让人产生身临其境的感觉,充分感受到广告中的"真实"。其次,影视广告的信息传播快捷,说服力强。目前常规影视广告的长度,基本集中在以5秒、10秒、15秒、20秒、30秒、45秒、60秒、90秒和120秒为基本单位。一则广告要在极短的时间内完成信息传递并有效地说服受众,这就决定了影视广告必须运用恰当的表现形式传递信息,在受众几乎完全被动的状态下影响他们的行为。最后,和其他广告类型一样,影视广告不仅仅是传播商品信息、促进企业实现盈利的营销手段,而且它还具有告知、引导、教育、协调、娱乐等功能,渗透到社会生活的各个方面,从而获得社会效益和经济效益,是一种集说服性、引领性、预见性与艺术性等特征于一体的,公开有偿的信息传播活动。

二、我国影视广告的发展

世界上最早的影视广告是以现场直播的方式播出的,随着录像技术的成熟、影视影响的扩大和营销观念的革新,从20世纪60年代起,影视广告开始逐步走向成熟,表现为影视广告的形式和内容越来越丰富。20世纪90年代以后,影视广告又有了突飞猛进的发展。与世界影视广告发展历程相比,我国的影视广告仅有40多年的短暂历史。

1. 起步期(1979—1982年)

改革开放后,倡导国内广告恢复发展先行者的代表丁允朋先生在1979年1月14日的《文汇报》上发表了一篇《为广告正名》的文章,第一次为当代广告的合法性进行辩护。此时的中国,社会正处在一个转型期。当时全国电视台的设备简陋,电视台经济来源完全依靠财政拨款,因而从中央到地方的财力都难以满足需要高投入的影视广告事业的发展。

改革开放之初,由于资金的缺乏和技术的落后,电视台本身的建设举步维艰,而且在国内,广告完全是新生事物,其制作没有任何的经验可循。当时的专业广告代理公司力量还很薄弱,无力介入广告制作,电视台从事广告制作的人员多是由新闻、专题、影视剧等部门转过来的,缺乏广告和市场方面的经验,其理念也比较落后,因此这一时期影视广告的主流是新闻报道型。1979年1月28日上海电视台发布了"上海电视台即日起受理广告业务"的告示,随即播出了中国内地第一条影视广告——"参桂补酒"的影视广告。这条广告片长1分35秒,由几个静止画面构成,没有运用运动镜头,类似于电视新闻片的表现形式。尽管如此,这部广告片仍具有划时代的意义。同年3月15日,上海电视台又播出了中国内地的首条外商广告——"瑞士雷达手表"广告。同年11月,上海电视台与香港地区太平洋行集团签订了播放日本手表品牌西铁城的报时广告协议,为期一年,总金额达130万港元。国外和香港地区影视广告的进入,为中国内地影视广告的快速发展提供了良好的机遇。1979年11月,中共中央宣传部批准新闻单位承办广告,当年12月底中央电视台开办广告业务,此后各地方台相继开办广告业务。

2. 初步探索期(1983—1995年)

20世纪80年代初,大量国外前沿广告理论的进入、国内各层次广告协会的成立,以及国外广告代理商的逐步加入,为中国影视广告业的发展创造了条件。首先,电视台广告意识增强。随着影视事业的发展,影视广告业务继续扩大,各地纷纷加强广告部门的制作力量。其中,中央电视台于1987年7月成立广告部,并分别在第一套节目和第二套节目中开辟了《榜上有名》和《名不虚传》等栏目。其次,影视广告创作水平和传播效果大幅提升。影视广告的创意设计开始突破告知型和自我表现型的窠臼,注重感性诉求和人情味,商品个性突出、主题定位准确、信息传达清晰、广告语精炼的广告作品层出不穷。如当时"太阳神"口服液的广告,突破了"产品告白+产品图像"简单广告创作模式,取得了巨大成功,对后来的广告创作影响深远。

3. 成长期(1995年至今)

经过一段时期,影视广告创作人才迅速成长,在市场经济蓬勃发展的新形势下,我国的影视广告业进入成长期,呈现出百花齐放的局面。

首先,影视广告传播的市场化运作机制逐渐成熟。社会主义市场经济体制的确立,使现代营销观念被广泛接受,消费者成为市场主体,因此站在消费者的立场上做广告,说消费者关心的事成为广告的主要诉求方法。同时,影视广告成为影视产业经营的具体手段,以中央电视台为例,1996年6月起实行"栏目带广告,广告养栏目"的运作机制,电视栏目和广告经营完全步入市场化。实行这个运作机制的栏目拿出10%的时间用于播放广告,广告收入的50%用作栏目经费。节目质量好,栏目广告就带得满,广告价格也可提高;广告收入多,节目制作经费也就多,就更能保证节目的资金投入和质量的提高,从而形成节目质量与经营创收共同提高的良性循环。市场化运作成为影视广告传播以及媒介产业化经营的有力支撑。

其次,影视广告传播专业化态势全面形成。社会主义市场经济体制的确立,也为各种企事业单位介入广告传播提供了依据。许多广告代理公司和专业影视、戏剧、音乐等文艺界人士纷纷参与影视广告的创意与制作,逐步开始了较为专业化的运作。同时拥有一流人才与设备的专业广告制作公司开始出现,使得我国影视广告制作水平开始与国际接轨。这些机构的出现,打破了过去电视台"一统天下"的局面,影视广告传播的竞争态势开始形成。

最后,影视广告创意与设计水平全面提高。21世纪初至今,我国的影视广告以消费者的关注点为目标,更加注重感情诉求和对人情味的追求,注意与时代和社会发展步伐相一致,努力追求卓越和创新,普遍摆脱模仿,全面提升格调与品位,使影视广告获得了广泛的社会影响和较好的经济效益。

三、影视广告的分类

对影视广告进行分类,有助于进一步认识和把握其特征,为进行影视广告策划采取相应的策略奠定基础。

1. 按广告的社会职能划分

从总体上来说,广告分为非商业广告和商业广告两大类。非商业广告是不以经济利益为直接目的,不存在盈利问题,是为实现某种宣传目标而发布的广告,亦称非经济广告;而商业广告是以盈利为目的所开展的广告活动,亦称经济广告。影视广告作为现代社会主要广告类型之一,也有非商业和商业之分。

(1)非商业影视广告。

非商业影视广告主要包括政治影视广告、公益影视广告和个体影视广告。

政治影视广告主要为政治活动服务,如通过影视广告形式,公布宣传政府的政策法令,传播各级政府部门的公告。随着我国广告产业的不断发展,有意识地运用政治影视广告发布推广有关信息也逐渐普遍起来。

一般来说,公益广告是指为维护社会公德,帮助改善和解决社会公共问题而组织开展的广告活动。公益影视广告主要通过视听化艺术表达手段,就人们目前关心的如道德、教育、环境、健康、公共服务等社会问题予以表现,进行某种观念或行为的号召。1986年由贵阳电视台播出的"节约用水"公益广告,成为我国现代公益广告的发端。1987年10月,中央电视台在黄金时间正式开办了公益广告节目《广而告之》,不仅丰富了电视节目的类型,也对人们关注的社会问题予以正能量宣传,赢得了人们的好评。此外,针对社会重大灾难和疫情,相关组织机构运用影视公益广告积极发声,如2003年为配合抗击非典、2008年为助力四川汶川抗震救灾、2020年为战胜新型冠状病毒等拍摄的公益广告在鼓舞人们勇敢面对困难、及时疏导错误认知等方面发挥了较大的作用。

个体影视广告是为满足某个组织或民众个体的各种利益和目的,运用视听表现手法制作并在相关媒体上发布的广告,如某单位招聘广告、个人启示、声明、征婚、寻人、求职、商品销售等。在新媒体环境下,短视频 App 的兴起,给个体提供了易于制作和发布个人广告的平台。

(2)商业影视广告。

由于广告目标的不同,广告也有着不同的诉求目的,从大的方面来看,可以将商业影视广告分为四类,分别是以推销商品或劳务为目的的影视广告、以树立产品品牌形象为目的的影视广告、以树立企业形象为目的的影视广告、以建立观念为目的的影视广告。

以推销商品或劳务为目的的影视广告着重突出商品或劳务的功能、特征与品质,其目的是使商品或劳务能够给消费者留下深刻的印象,进而吸引消费者购买该商品。

以树立产品品牌形象为目的的影视广告主要以声画表现手法将有关商品、劳务品牌个性传达出来,从而提高商品品牌的知名度、公信度和美誉度。该类广告不直接介绍产品,而是以品牌作为传播的重心,为铺设经销渠道、促进该品牌产品的销售起到很好的配合作用。

以树立企业形象为目的的影视广告主要包括以下几类:宣传企业的优点、长处,以吸引顾客光临的企业广告;通过宣传为企业树立良好的形象,沟通企业与社会关系的公共关系广告;从企业的经济和社会责任方面着重宣传企业对社会所做出贡献的公共服务广告,如企业对社会公益活动、慈善事业的支持等。

以建立观念为目的的影视广告主要通过相关影视信息的传播,或者帮助消费者建立对一个企业、产品或劳务的认识,或者帮助消费者改变对一个企业、产品或劳务的印象,达到建立或改变一种消费观念的目的。这是企业面向社会进行全方位信息交流,对消费者进行消费培训的一种方式。

2. 按广告的表现形式划分

影视广告按照表现形式，可以划分为以下多种类型。

(1)示范式。

示范式也叫演示式、纪实式、示证式，是通过影视画面展示在某种真实情境、条件下商品的特性，使消费者对商品的质量、功能等一目了然，说服力强。运用这种形式要注重趣味性，能够吸引消费者的注意力，对示范动作及效果要用特写予以突出展现，同时不要忘记强调品牌商标。

(2)消费者证言式。

消费者一直认为演员无法完全扮演真实生活中的角色，他们更相信同为消费者的证言。消费者证言式广告必须反映现实生活中消费者真的使用并喜爱的产品。运用这个方式，可信度、感性与幽默不可或缺，绝不可呆板无趣。

(3)名人演出式。

这种方式主要依赖于演出者。名人演出，本身具有一种新闻效应，选择的名人只具有知名度是不够的，运用这种形式一定要注意人物与推荐的商品、功能、劳务等要有一致性，只有让名人去表现产品的特点时，名人演出才会显得更有效，消费者才不会只记得名人，而忘记了名人所要表现的产品。

(4)核心人物(形象)式。

很多知名大品牌均塑造了属于品牌或产品的核心人物或核心形象。例如，麦当劳叔叔、肯德基上校、康师傅、老干妈，或者天猫的黑猫形象、京东的小狗形象，这些人物或形象其实可以更快地拉近品牌与消费者之间的距离，尤其适合担任服务大使的角色。

(5)其他形象(婴儿、动物、产品主角)表现式。

以往婴儿通常被用来表现或代言婴儿产品，但现在很多与婴儿无关的商品也常用婴儿作代言人，如汽车、家电、IT类产品等。因为婴儿纯真、不造作、不撒谎，可引发消费者童心等优势，易于打动消费者。在消费者心目中，动物可爱、机灵、能唤起同情心，如果要使广告具有创造性，动物是有效合适的代言人①。如果产品的功能强大，一定会吸引消费者，那让产品自己作为影视广告中的主角，也会更加具有说服力。

(6)难题解决式。

这类广告首先把消费者经常遇到的难题或尴尬，用夸张的手法呈现出来，然后切入消费者使用商品的过程，使难题得以解决。运用这种形式要注意商品、劳务的特性与难题要有直接而有效的关系，夸张要不失真实性，难题解决的过程要清晰易懂。

(7)生活片段式。

这是最普遍也是最有说服力的表现形式。通过日常生活中的某个片段，商品或劳务同人联系起来，在解说的基础上，使消费者感到真实亲切，产生代入感。运用这种形式要选用真实常见的生活场景。

---

① 为了让广告引人注意和招人喜爱，广告创意有 3B 法则，即 beast(动物)、baby(婴儿)、beauty(美人)。3B 法则认为只要广告中出现了这三种元素之一或其组合，就能吸引观众的眼球，并赢得他们的喜爱。

(8) 故事式。

这类广告通过戏剧化的故事情节,表达商品、劳务等与人之间的关系,确认接受广告诉求能得到的好处。运用这种形式要求情节与商品劳务等有关联,真实可信,简单明了,前后连贯且有一个故事发展的高潮,使感染力得到集中渲染。

(9) 动画式。

这类广告通过动画及电脑特效来表现实物不易表现的内容,可以有更多创意的发挥空间。在众多的实物表现形式的广告里,这也是令人耳目一新的表现方式。动画式广告制作费用高,运用时要注意创意新颖、情节精炼、富有情趣。

(10) 音乐式。

音乐式也叫歌唱式、歌谣式,是通过歌唱或歌舞的方式传达广告信息,通常是把品牌、商品功能、广告语等编成歌词,配以音乐,和表现歌词的影视画面相结合。

第二节　影视广告的策划

广告策划是在分析判断市场机遇和问题的基础上,根据企业自身的特点制定发展目标和市场对策,运用脑力对复杂的广告活动进行谋划的理性行为。整体广告策划的内容主要包括:市场调研,制定广告目标和广告主题,进行广告核心创意与表现,制定终端与活动策略,制定广告媒介策略,提供广告预算和广告效果评估,最后把以上内容整理成广告策划书文本。就影视广告策划而言,主要完成市场调研、确定广告目标和广告主题、进行广告核心创意与表现等相关内容。

一、广告策划的核心内涵

1. 以广告主的营销策略为依据

广告策划要体现企业营销策略的总体战略意图和安排,因此策划的具体内容应服从企业整体营销活动的需求。无论从 4P 到 4C 的营销理论,抑或是在整合营销传播的营销框架下,广告都是营销的主要手段,必须与公关、人员销售、促销等手段协同配合,才能发挥最好的效果,这也就意味着,广告策划要根据广告主的营销策略来进行整体筹划。

2. 以市场调查为前提和开端

对现实情况的深入研究分析是一切策划获得成功的基础,广告策划也不例外。缺乏对市场环境、目标消费者、竞争对手等方面信息的全面深入了解,必然导致广告策划的主观性与盲目性。因此,市场调查是广告策划的首要环节。

3. 广告策划要有创新

广告策划的广告定位策略、诉求策略、表现策略应有自己鲜明的特点和独创性,不能简单地套用他人的广告模式,当然这种创新不能脱离广告目标与营销目标的要求。随着时代的变迁，广告越来越呈现出一种"大广告"的趋势，广告策划与营销策划逐渐融合在一起，很多情况下相互交织，难以分割，而实践中也出现一种将传播与营销整合的潮流。鉴于时代的需求和实践的发展，我们在广告策划实践中不能拘泥于传统广告传播的内容，而要将对广告策划有利的其他因素都整合进来，为广告策划的总体目标服务。

二、影视广告的策划流程

成功的广告通常具备三个要素，即引人注目、传达信息和说服受众。如何在影视广告策划中创造性地实施这些要素，需要主创人员运用脑力对纷繁复杂的信息进行理性的梳理和分析，运用创意思维赋予影视广告新颖的表现力。

1. 撰写创意简报

在广告公司中，市场部向客户部或策划部提供品牌的市场信息，包括市场状况、竞争对手、消费行为、消费心理、使用模式等；客户部或策划部通过与客户的沟通和对市场的分析，提供广告创意的策略，包括广告目标、市场细分、目标受众、品牌定位（产品定位）等。在此基础之上，为了使抽象的策略在广告文案与表现设计之中得到充分、准确、一致性的体现，需要用创意简报的形式来引导和规范。

（1）创意简报的要求。

创意简报首先要做到"简"。创意简报主要用来为广告公司的创意人员提供创意指引，所以要尽可能简洁，一般只讲结论，无需论证。太多的事无巨细的描述会把关键信息淹没，把创意人员的注意力吸引到无关主旨的细节上。创意简报一定要对创意有明确的方向指引与告知。有些创意简报写得十分含糊，创意人员看完后不知所云，有些创意简报写得太抽象，全是大道理，创意人员从中得不到足够有实质性价值的信息。好的创意简报，既明确了创意方向与要求，又给创意人员足够的发挥空间，还可以启发创意人员的思路。

（2）创意简报的内容。

创意简报就是把创意策略用既准确又简洁的语言传递给创意人员。创意简报一般涉及以下几个方面。

①市场状况的简述，包括市场的基本走势与状况、直接竞争对手和间接竞争对手及其表现、本品牌在市场上的状况、市场的机会点与问题点。

②目标消费者的状况，主要涉及目标消费群体的社会特征、消费心理和消费行为、消费者用本产品或服务做什么以及怎样使用等情况。

③产品或服务的优势，即产品或服务的主要特点，按其重要性进行罗列，可以说明该产品或服务在消费者心目中的位置是怎样的。

④亟待解决的广告问题，主要说明本广告需要解决的问题。

⑤广告目标，即本广告要实现的效果，消费者在广告投放前后的态度差异等。

⑥利益承诺，即广告提供给消费者什么样的利益或承诺，可以促进消费者改变态度，产生购买行为。

⑦承诺支持,即有什么样的信息可以支持以上的利益承诺,而且消费者可以相信这些支持点。

⑧品牌描述,包括品牌的历史回顾、广告要表现的品牌特征或者品牌个性,此外,还要考虑到继承的品牌资产或以前的广告元素。

⑨广告格调,也就是广告表现的基调,例如,是时尚的还是传统的,是科技感的还是人情味的,是强调冲击力的还是强调亲和力的,等等。

2. 挖掘创意概念

创意概念是围绕品牌的产品或服务的关键词,是产品的特性与消费者所需求利益的一致性的交叉点,是整个广告运动的核心诉求点。创意概念的产生必须在明确广告目标、明确品牌形象、明确产品或服务的定位、明确目标消费者、明确竞争者等的基础上,对其进行深入了解,广泛地搜集信息,深思熟虑,进行反复的酝酿之后初步确立基本的核心诉求点。所以,这一阶段不仅仅是对消费者的洞察,还包括对常识的洞察,对竞争品牌的洞察,对产品的洞察,以及对整个市场的洞察等。洞察是创意的基础和精髓,非常重要。

有些产品或服务在研发的时候就有了明确的概念,如核心竞争力或者产品本身的品质特征,只要稍加提炼就可以了。例如,海尔"小小神童"洗衣机的核心特点是体积小、功率小、耗电少,主要满足夏天人们穿衣少,但又需要每天换洗的需求,所以"小小神童"洗衣机的核心概念是"夏天及时洗"。

挖掘创意概念还可以从与竞争品牌的比较入手。美国的七喜汽水面对可口可乐与百事可乐的霸主地位,将其定位为非可乐。美国艾维斯(Avis)出租车公司面对最大的赫兹出租车公司,将自己定位为出租车行业的第二,其广告创意概念就是"第二"。

当今市场,产品高度同质化,仅从产品特征、品牌个性上寻找创意概念是有难度的,因此创意概念可以从目标受众的生活洞察中去挖掘。统一企业人气方便面系列广告"小时光面馆"获得了2016年戛纳娱乐金狮奖,而在此之前,该系列广告也已经捧获了包括"亚洲创意节"(Spikes Asia)年度大奖在内的许多重量级奖项。统一企业亟待解决的问题是近年来方便面销量受到被便利店鲜食等即食食品替代的影响,已呈现停滞下滑的状态,再加上年轻一代对统一面熟悉度也不高,因此统一面的广告目标是希望能与年轻一代有效沟通,在巩固原有市场外,让统一面的品牌年轻化,吸引年轻人成为该产品的消费群体。统一面广告策划团队从对消费者饮食的洞察入手,发现人们很多情感记忆都和饮食相关,有时候看似普通的一顿饭却是人们酸、甜、苦、辣生活的见证,也成为一段难以忘怀的记忆。于是创意团队设立"情感记忆"这一创意概念。

创意概念是广告创意的"核",广告传播通过这个"核"爆发与辐射出去。作为传播的切入点,创意概念一旦确定就要求广告在一段时间内都要围绕着它去体现,以确保广告的累积效果和整体形象。创意概念可以在一段相当长的时间内使用,也可以在短时间内使用。一般来说,从品牌形象角度出发的创意概念使用时间会比较长,而从产品、市场和消费者角度出发的创意概念使用时间相对较短。

3. 确立广告主题

广告主题是将创意概念背后的策略思路传达为一个中心思想,这一中心思想是对该品牌形象最主要的个性特征、产品或服务的定位或主要卖点、消费者的核心利益的概括性、生动性的表达。广告主题可以同时包含以上要素,也可以表达其中的某一个或两个要素,这要视具体创意概念的情况而定。创意概念解决的是"说什么"的问题,广告主题则是在"说什么"的指引下解决"如何说"的问题。

广告主题一般以广告口号的形式出现,可以是产品广告语,也可以是品牌口号,还可以是阶段性推广口号。广告口号既是对创意概念的发挥,又是表达产品或服务的主要信息,是对创意表现的浓缩。所以广告主题是创意概念的延伸化、放大化、形象化,广告主题把创意概念通俗易懂、新颖独特地演绎和表达出来,把概念性的东西变成口语化、形象化的东西,使受众对该品牌的特性、定位有更具体、更明确的认识。

海尔"小小神童"洗衣机推出的广告主题是"小小神童及时洗,夏天洗衣好轻松",掀起了小型号洗衣机的消费热。美国艾维斯出租车公司如何放大和发挥"第二"的价值呢?艾维斯的广告主题是"我们排名第二,所以更加努力",这种演绎不仅可以获得消费者的同情,也可以使消费者联想到其服务态度会更好。统一面"小时光面馆"系列广告将"情感记忆"这一创意概念演绎出"以心情调味"这一广告主题,使得创意概念与产品本身建立了很好的相关性。

总之,如何将创意概念整合成一个优秀的广告主题,是一件颇有难度的工作。广告主题是对创意概念的生动性、形象化表达,要求通俗易懂,能够与目标消费者产生共鸣。有些广告主题说出来了,我们称之为广告口号或广告语,是一条明线,有些广告主题没有明确说出来,是一条暗线,但都是围绕着一个主题思想展开的。

4. 设计广告表现

把有关商品、劳务和企业等方面的信息,通过广告创意,运用各种符号及其组合,以形象的、易于接受的形式表现出来,达到影响消费者购买行为的目的就是广告表现[①]。完成这一环节,需要将广告主题具体化为多种符号,诸如图案、文字、听觉、视觉等,使广告主题更加具体、丰富,有感染力和表现力。

统一面"小时光面馆"系列视频广告讲诉了8款以"面"为主打的料理,这8款料理和来小时光面馆吃面的人身上发生的故事息息相关,而这些故事被小时光面馆店长用充满磁性的嗓音娓娓道来,从家常的肉臊子面到创意的栗子蛋糕,每一道面都被赋予了一种心情含义,在敲击观众心灵的同时,以情感为切入点,让消费者与品牌产生共鸣,从而改变了品牌形象。在这个案例中,系列视频广告都是在"小时光面馆"这样的场景中拍摄,让来面馆的人身上发生普通大众都可能经历的故事,而故事中人物的心情总是和面馆中以"面"为主打的料理产生千丝万缕的联系,其中的场景、人物形象、对白、旁白、音乐等视觉、听觉符号体系完成了"以心情调味"这个广告主题的表达。

---

① 倪宁.广告学教程[M].北京:中国人民大学出版社,2014:171.

第三节 影视广告的创意与表现

对于广告创意的界定,还没有一个基本一致的看法,虽然詹姆斯·韦伯·扬曾经对什么是广告创意做过十分精辟的说明,即所谓"旧的元素、新的组合",但这仅仅是对创意元素的归纳总结,并没有对广告创意的过程做更深入的阐述。

一、影视广告的创意原则

应该以怎样的标准衡量广告创意呢?波恩巴克认为有感染力的广告作品应具有关联性(relevance)、原创性(originality)和震撼力(impact),即 ROI 理论。随着现代文化思潮的影响和媒介环境的不断变化,人们对广告创意的认知和解读也有了新的发展。

1. 简洁性原则

创意的要点就是简洁、单纯、明确、清晰。创意的宗旨与目标就是为了更好地沟通,更有效地传播,把复杂的问题简洁化。简洁最基本的要求就是单一。一个简洁的创意和艺术处理,能强有力地把意念表现出来。广告创意不是为理解设置障碍,而是为理解搭建桥梁。

不要指望一个创意能够表达多个信息内容,不要在一次广告中表现多个创意元素,否则信息就会超载,相互干扰。在短短 30 秒甚至 15 秒的影视广告里,如果表达多个信息,就会超出有限时间里受众能够接受信息的容量,会让消费者眼花缭乱、印象模糊。受众所关心的只是他们感兴趣或跟他们相关的话题、产品和服务特点,把广告诉求集中到一个他们的兴趣点上,往往比较容易被接受。如果广告创意忽视了这一点,花费大量时间与精力诉求众多次要的特点,反而"欲多则寡"。

影视广告要做到简洁,是为了更好地突出第一信息。正确的广告策略就是单一地诉求产品的第一信息,把这第一信息通过简洁单纯、明白无误的创意强烈地表达出来。例如,中国银行借记卡有许多功能,如 24 小时理财、通存通兑、购物消费、银证转账、代收代付、取现转账、网上交易等,广告如何将这些功能信息提炼为一个简洁的创意表现呢?我们看到一个钱包里有许多插袋,但这些插袋中只有一个里面插着一张中国银行借记卡,其他插袋空空如也,"功能之多,一张足矣"。这个创意高度简洁,将中国银行借记卡所具有的多功能带来使用的方便性特征突出显现出来。

2. 差异性原则

创意要有差异,是指创意的角度、手法与众不同、突破常规、出人意料。如果能做到独一无二,那就是原创性。广告创意具有原创性是最理想的,如果没有原创性也应该追求差异性。

广告必须在刹那间引起消费者的注意,如果广告创意没有差异性,吸引不了消费者的注意力,消费者就会视而不见、听而不闻。在现代社会,同类产品越来越多,同质化倾向越演越烈,信息发布铺天盖地,消费者每天都处在信息的海洋之中,雷同的大众化的表现方式很难引起目标消费群体的注意。广告效果要通过许多环节的传递才可以产生作用,但是吸引注意是第一步,没有第一步一切就无从谈起。

差异性容易给消费者留下印象。广告如果没有强大的差异性,就不能形成震撼力,很快就会被消费者遗忘。注意与接触只有达到一定的值,才能进入记忆。例如,许多房地产广告都是一个个美轮美奂的建筑画面,一幕幕优美的自然风景,这些广告由于没有差异性,缺乏闪光点与记忆点,很快会被后来的广告所淹没,消费者对这个产品或者品牌一无所记。

差异性容易让消费者从一个新的角度、一个新的思维方式去看待产品或服务。为了使广告产生新鲜感与吸引力,差异性可以是创造新的、前所未有的表现形式,也可以是在前人创造的成功表现形式基础上,运用现代的手段,包括现代科技手段去进行旧貌换新颜的改造,赋予一种新的形式、新的含义,从而使目标消费群体产生耳目一新的感受。一些品牌老化,相当一部分原因是广告表达老套,或者是品牌广告表现的陈旧加速了品牌的老化。具有差异性的广告可以在提高广告的注意力、沟通力的同时,增强品牌的活力、时尚感与新鲜感,使品牌与时俱进。

3. 形象性原则

形象性原则是广告创意的价值所在。我们之所以说广告是科学与艺术的结合,就是因为广告的形象性正是艺术的重要特性。

(1)形象化创意易于提高受众视听率。如今人们生活节奏越来越快,信息输出量越来越大,媒介碎片化越来越强,消费者接触广告的干扰越来越多,所以广告的形象化就越来越重要。随着科学技术的飞速发展,许多产品和服务的科技含量越来越高,广告创意越来越要求做到化抽象为形象,化枯燥为生动,化无趣为有趣,化腐朽为神奇,只有这样的广告创意,其介绍的产品或服务才有可能进入消费者的视线。

(2)形象化创意可增强广告主题表达的清晰度。形象化创意在某种程度上起着放大镜的作用,能够使消费者更加清晰地了解广告主题。

(3)形象性强的广告创意会增加产品本身的感染力,大大提高消费者对产品或服务的兴趣,增加产品传播的戏剧性和娱乐性,干瘪、枯燥、乏味的说教灌输只会使受众对产品或服务产生厌烦与反感。

4. 通俗性原则

广告要让目标消费群体依然接受,就要让目标消费者能够一听就知,一看就懂,一目了然,所以影视广告还应该做到通俗易懂。

(1)广告制作者要运用广告创意把复杂的、技术的、专业化的问题通俗化。一个好的广告创意,能够把一个复杂的产品功能与特点,用通俗形象的方式表达出来,让目标受众喜闻乐见,这就意味着,广告制作者首先要考虑目标受众的文化程度,广告的通俗程度要与受众的文化教育程度相适应。其次要避免广告创意可能带来的和目标受众之间的文化差异。不同的国家、不同的民族、不同的地区具有不同的文化特征,包括语言风俗习惯等,有些在欧美是十分通俗的创意,在我国受众看来就不知所云。如1996年荣获戛纳广告奖的沃尔沃安全别针广告,创意很棒,但是对我国消费者而言就难以理解,因为在我国别针没有"安全"的含义。

(2)广告制作者还要考虑目标消费群体所具有的经验背景。经验背景包括目标消费群体的社会经验、文化特征、社会环境、生活阅历等。广告创意所建立的经验与目标消费者所具有的经验重叠越多,消费者认知的通俗性就越高。比如:游戏玩家对一些网络游戏语言很熟悉,而不玩网络游戏的人则对此很陌生;球迷对一些足球术语如数家珍,而非球迷则对这些足球术语不知所云。

(3)广告创意的通俗性原则是具有相对性的,是相对目标消费群体而言的,没有一个固定的标准。我们在进行广告创意的时候,一定要考虑目标消费者是否能够理解这个创意,且要了解这些创意是否能够得到他们普遍的认知,以及广告创意所选的符号、语言、画面、场景等创意要素,是否能够为基于性别、年龄、文化等方面差异的目标消费者所普遍接受而广泛传播。例如在许多广告创意中会对一些传说、历史典故、文学作品加以改造,但是我们在这样做之前,一定要考虑这一信息是否普遍通俗到足以与目标消费者的理解水平一致。

5. 关联性原则

关联性原则体现在两个方面:一是广告创意必须与产品或服务发生关联;二是广告创意必须与目标消费者发生关联。广告如果没有关联性,就失去了广告的目的。关联可以是内在的关联,也可以是外在的关联。

(1)广告创意必须与产品或服务发生关联。广告创意与商品服务的关联性越明显,消费者的认知就会越清晰,感受就会越强烈,这样,广告创意就会发挥它应有的作用。关联性越多,广告创意就会越贴切,越生动形象,消费者就可以从更多方面感受到产品或服务的价值。如果广告创意的表达与产品之间没有多少关联性,或者只有很弱的关联性,没有强化主体的卖点、特征,消费者对其的可信度就会下降,甚至会认为是牵强附会。关联是指相关的联系,而不是形式的跟随。有些优秀的影视广告从头到尾都没有看见产品,直到最后标版才出现,但仍然让消费者产生强大的共鸣,那是因为广告表现的理念与产品之间建立了高强度的内在关联性,虽然只有最后一点,但"心有灵犀一点通"。

(2)广告创意必须与目标消费者发生关联。优秀的广告创意都是找到产品特性与消费者需求之间的结合点,让产品特性与消费者需求相交,而且使这个结合点与相交点放大,使消费者更加真切地感受到自己的需要有了回应。品牌、产品的诉求与表现与消费者的关联度越高,其共鸣度就越大,如果一个生活片段、一种情绪、一个观点、一段经历、一个场景、一个表情等与消费者内心深处发生高度关联,从而引起共鸣,那么这就是好的创意,就可以使消费者对该品牌印象深刻。

6. 真实性原则

真实性原则是企业的生命力所在,也是广告的生命力所在。如果广告创意违背了真实性原则,扩大了优势,放大了利益承诺,消费者就会感觉上当受骗,随即就可能对该企业产生强烈的反感,甚至厌恶,还会对该企业属下的产品或服务都产生不信任。

坚持真实性原则与广告创意的艺术性两者之间并不矛盾。广告创意的依据都是具有客观性的。广告创意中表达产品的性能、用途、品质、价格等承诺必须是真实的,而不是虚假的。广告创意中使用的有关数据、统计资料、实验等必须真实准确,而不是在头脑中臆想出来的。从消费者角度来说,消费者有权知道自己将购买的产品与服务的真实信息。当然,广告创意的一个重要特点是将真实的广告信息采用艺术的手法创造性地表现出来。其中,真实是指广告创意中提供的消费者所能获得的利益和承诺要真实,而手法上的艺术虚构是指广告创意可以用虚拟的场面、人物情节、故事情景、行为等来表现真实的广告信息。表现形式上的艺术化表达,是为了有效地展示商品或服务的利益点,使消费者更加直观、清晰地了解产品或服务。

二、巧妙处理创意的技巧

一则优秀的影视广告之所以能拨动人们的心弦,往往在于其不同凡响的广告创意,这就要求主创人员运用创意技巧赋予广告主题独特、新颖的意义,并转换成消费者认同的意念或形象。下面介绍几种创意技巧。

1. 调整

改变背景,想想除了显而易见的东西外,产品还有可能成为什么?一只某品牌精华护手霜的广告,就成功地运用了这一技巧。广告一开始,一名女性骑着一辆嘎吱嘎吱响个不停的自行车,然后她下车打开一瓶护手霜,在车链上抹了一些,然后上车骑走了,但车链依旧嘎吱嘎吱响个不停,为什么会这样?这是因为像旁白说的那样,"精华保湿,不含油脂"。

2. 想象

问"如果……会怎样?"让你的想象长上翅膀,不要怕出丑,如果人们能在睡眠中完成讨厌的工作会怎么样?如果动物在大厅中畅饮会怎么样?美国一个叫克莱德的酒吧,确实使用该创意做了一则广告:一头美丽的大象和一头漂亮的驴,穿着西装坐在桌旁互相敬酒,标题说:"克莱德,人们的选择。"

3. 颠倒

从反面看待事物,有时所期望结果的反面恰好具有很大的冲击力和记忆度。例如,有家化妆品公司为其保湿润肤膏做的广告文案是"向你的丈夫介绍一位更年轻的女士",大众老爷车的广告则采用了这么一条标题"丑陋只是表面现象"。

4. 联系

把两个不相关的事物合并在一起,将二者建立联系,可能会产生一些新的创意。例如,国外一家服装家居公司的广告是这样的:一名模特背朝观众,身上只覆盖着一个背包和灯罩,灯罩遮住了模特的身体中部,就像一件小衬衫,紧挨公司标志旁边的广告词"服装与家居"。

5. 比喻

比喻是用一个概念描述另一个概念。国外一家公司是这样给自己的洋葱圈做广告的,在路牌上画一个洋葱圈,然后请开车的人"来做钻圈表演"。刊登在一家高档杂志上的派克钢笔的广告,更是一个纯粹的比喻:"美妙绝伦,纯银出身,丝般流畅。"

6. 删节

删节是指删掉部分东西或打破常规。在广告制作中墨守成规,几乎不会有太大收获。例如,七喜就是因为宣传了它所不具备的因素(非可乐)而名声大噪,并且成功地把自己定位为可乐的替代品。大众汽车为了推介其新车型,曾采用了一系列幽默搞笑的广告,中间没有出现任何汽车的身影。

7. 滑稽模仿

开玩笑逗乐,讲笑话,尤其是在压力之下,能营造出愉悦消费者,并使消费者产生对产品好感度的效果。幽默与创造性发现之间有着密切的关系,幽默拓展了我们的思维,如果运用得当,便可能产生出色的效果。斐乐公司的影视广告"异乎寻常、绝对的狂欢、绝对的酷"篇展现一只螳螂脚穿斐乐运动鞋飞快地爬上叶梗,以逃避杀手般的配偶,这样的广告让消费者觉得在好玩之余也会对产品留下深刻印象。

三、影视广告的表现

影视广告以其生动的画面、逼真的音响效果、绚丽夺目的色彩将信息传递出来,在有限的时间内要使观众产生兴趣,必须借助有效的表现手法。常见的表现手法包括示证表现、情感表现和戏剧表现。

1. 示证表现

示证表现,包括自我示证和用户示证。

(1)自我示证。

自我示证是企业从自身的产品或服务出发,注重传达产品或服务的质量、性能、特点,服务的范围等信息,带有明确的告知性。具体来说,自我示证包括功能优势示证、产地优势示证、生产过程示证和科学数据示证。功能优势示证是表达产品具有的功能,以及给消费者带来的好处,这一点在宝洁公司洗发产品的影视广告中表现得特别突出。有些产品的优势在于产地,如矿泉水、白酒、葡萄酒、水果等,这些产品以产地的历史文化、气候、地理等特征作为证实产品优势的元素。如农夫山泉广告就是以产地作为广告创意的表现元素,支撑其"农夫山泉有点甜"的主张以及矿泉水的产品特征。对产品的生产过程进行描述,可以体现产品的质量、性能、特征等优势。在广告创意中多使用数据展现产品优势,通过呈现细节,或者通过实验的方式证明产品的功效,会增强广告的说服力,这些都属于科学数据实证。舒肤佳香皂广告常用实验来表明产品的杀菌功效,让人记忆犹新。

(2)用户示证。

用户示证是通过换位思考,让消费者对产品进行示范与证实,从消费者的角度出发,利用消费者使用产品的体验去阐述产品特征、性能、优势,以及消费者购买产品所获得的利益好处。使用者的现身说法,表现出了较强真实感。用户示证着重表现普通消费者的使用感受。由于普通消费者的形象与目标用户的形象相一致,普通消费者的心理与大多数购买者的心理接近,因而广告中出现的普通消费者具有极大的代表性,体现了广大用户的心声,且有一种"自己人效应",拉近了与目标消费群体的心理距离。奥利奥夹心饼干广告是让不同的小朋友表演奥利奥的独特吃法,"扭一扭、舔一舔、泡一泡",让人有尝试的欲望。

2. 情感表现

影视广告的情感表现是指从感情、感性的角度渲染情绪、强化气氛,从而引起消费者的共鸣。人性是一个内涵丰富的主题,生命的新陈代谢、生老病死,人生的喜怒哀乐、悲欢离合,感情的相互交流以及对生活的追求等，都构成了广告创意中极为广泛的题材。消费者的需要正在从量的满足、质的满足上升到情感的满足，这是更高层次上的需要，消费者更加注重拥有一个产品所带来的心理感受和情感价值，所以情感表现发挥的作用越来越巨大。情感表现可以诉诸亲情、爱情、友情等，将人与人之间的关怀、牵挂、思念、温暖、怀旧等情感内涵融入品牌，唤起消费者内心深处的认同和共鸣。

(1) 表现爱情。

这类广告主要体现的是恋人之间、夫妻之间的情感。爱情是人类情感中特别具有感染力的。当某个产品或服务在异性交往中扮演着重要的角色，那么恋人们就会在感情上对它产生特别的偏爱。如果一个产品能够与爱情关联，那么就会强化该产品在恋人心里的分量与价值。最典型的例子就是戴比尔斯广告"钻石恒久远，一颗永流传"的广泛传播，以及众多钻石品牌在广告中对求婚、结婚时要带上钻戒这一仪式的强调，其根本原因就在于广告将钻石的坚硬质地和透明质感与爱情的忠贞和纯洁联系在一起。表现爱情的广告需要注意产品的品牌调性与爱情、婚姻、浪漫等是否吻合。

(2) 表现亲情。

这类广告主要体现家庭成员如父母子女之间、兄弟姐妹之间、祖孙之间的血缘感情。央视曾经播出的一则公益广告《关爱老人·打包篇》让许多观众印象深刻。广告中患有老年痴呆症的父亲记忆力越来越差，忘记了很多事情，甚至认不出儿子，也不知道家在哪里。儿子带他外出吃饭，盘子剩下两个饺子，父亲竟然直接用手抓起饺子放进口袋要给儿子带回去，因为父亲依然记得自己的儿子最爱吃饺子。诉诸亲情的广告很多，关键是找到新颖的角度和动人的细节，对亲情进行刻画，并将产品有机地融入情感之中，如果只是对亲情空洞地泛泛而谈，或者是将产品生硬地植入，广告就不会有感染力。

(3) 表现友情。

这类广告主要体现朋友之间的感情，如同学情、战友情、同事情等，可以是老友间的相交一生，也可以是陌生人的萍水相逢。依托友情进行表现的产品，其消费形式多为众人一起分享，很多酒类如白酒、啤酒的广告多诉诸友情。通过友情的表达传达产品是朋友间情感的纽带和催化剂，并告诉消费者，在传递友情的场合购买和使用该产品。比如雀巢咖啡的经典广告语，"好东西，要跟好朋友一起分享"，就是表现友情的创意。

3. 戏剧表现

影视广告的戏剧表现是通过戏剧性的表现手法强化广告所要传递的信息。戏剧表现主要有戏剧化表现、幽默化表现和夸张化表现三种表现手法。戏剧化表现、幽默化表现和夸张化表现的共同特点在于摆脱常规思维，不按常理出牌，或奇怪，或夸张，或巧合，让人有意外的惊喜和耳目一新的感受。从某种意义上而言，广告的戏剧表现寻求的是一种陌生化的效果，即广告中的产品、人物、事件可能都是常规的，但表现出来的却是陌生的、新鲜的状态，从而引起目标受众群体的关注，并对广告所要传递的信息有所强调。

(1) 戏剧化表现。

戏剧化表现主要是指戏剧中紧张、深刻的矛盾冲突，所谓"没有冲突就没有戏"。广告中戏剧化表现的运用主要是广告要为传达的品牌、产品或服务构建一个故事或一个情节,品牌、产品或服务在故事或情节中充当工具或道具,通过表演以及故事中出现的或偶然,或巧合,或骤变的出人意料的结局,将故事引向一个全新的陌生的结果,超出人们的生活经验,使其产生思维上的新鲜感和兴奋点。戏剧化的故事情节,不仅可以吸引受众注意,而且可以增加广告对于产品卖点、特征的表现力和感染力。美国多力多滋薯片的广告就采用了这种表现手法。其广告表现的是几个人在钓鱼,其中一人不小心把拿过薯片的手放入水中,结果吸引出一条美人鱼不停舔他的手指,另一个人也想尝试,但是却被一条肥胖的男美人鱼亲吻,广告的结局出人意料,超出人们既有经验,同时让消费者对多力多滋薯片的美味留下深刻印象。

(2)幽默化表现。

幽默化表现是用轻松活泼、诙谐风趣的风格,寓庄于谐的艺术构思引起受众的兴趣,提高注意力,引发思考,有助于对信息的回忆与理解。这种表现手法可以缩短广告与受众之间的距离,使广告信息在轻松诙谐的气氛中传达给受众。有时人为制造不对称与不平衡等矛盾现象,就会造成幽默的效果,因为平衡、协调是现实世界的主题和常理,不平衡、不协调的现象总是出人意料。幽默化表现还可以人为地将不相关的东西连在一起,利用表面毫无逻辑关联的语言和行为,营造滑稽的场面。幽默是创造性的艺术形式,是源于生活的大智慧,它不同于为了引人发笑而制作的低级趣味的视频,那样的作品会让人觉得庸俗、矫揉造作,反而会降低品牌的格调。

(3)夸张化表现。

广告中对夸张的运用可以是对产品功能、卖点的夸大,也可以把产品的使用效果加强,让广告所传达的信息更加突出。例如,伊莱克斯吸尘器的一则广告《跳楼篇》,一中年男子要跳楼,跳到半空中时,被一位老太太隔着窗户用吸尘器吸住,悬浮在半空中。广告夸张地突出了产品吸力的强大。

广告中夸张的应用同样也可以是对广告情节或人物举止行为的夸大,从而突出所要诉求的信息,产生喜剧化的效果。例如喜力啤酒的一则广告:刚乔迁新居的一对夫妻邀请朋友到家中参观,妻子得意地带领女伴参观一个特别房间,当女伴们看到一屋子的衣服和鞋子时,开始不顾形象地疯狂尖叫,却被隔壁传来的更疯狂的男士们的尖叫打断,原来男士们见到了一屋子的喜力啤酒。

广告中所展示出来的夸张通常都远远超出客观事物的实际,是现实中不可能发生的。正是这种虚构的夸张情节与客观实际所形成的强烈反差、对比和矛盾为广告带来了戏剧性的效果,出乎意料但又合乎情理。

四、影视广告的脚本写作

影视广告的各种构成要素,如主题、素材、艺术形式、表现手法以及解说词等共同构成影视广告的内容与形式,并通过影视广告脚本体现出来。影视广告脚本能够把创意情节完整记录下来,是体现广告主题、塑造广告形象、传播信息内容的语言文字说明,也是设置影视广告的基础和蓝图,对未来广告作品的质量具有举足轻重的作用。影视广告脚本分为两种类型:一种是文学脚本,另一种是分镜头脚本。文学脚本是分镜头脚本的基础,分镜头脚本是对文学脚本的切分再创作。

1. 影视广告文学脚本的写作

文学脚本的写作格式常用画面与解说词的对应式格式。例如雅克V9糖果的影视广告文学脚本就是将画面内容与视觉形象效果结合,对应画面编写出了解说的内容。

雅客V9影视广告脚本——跑步篇(30秒)

画面:清晨的城市,朝阳映衬着密集的高楼。
　　　周迅穿着一身运动装跑过街道。
　　　周迅的身后出现了两三个尾随者。
　　　路人惊奇地看着他们跑过。
　　　很快变成了几百人的阵容,继续不停地跑着。
声音:轻松、有节奏的音乐。
　　　(高兴的男声)具有创意精神的糖果雅客V9,爱吃的人越来越多!
画面:周迅自信的表情。
声音:轻松、有节奏的音乐。
　　　周迅边跑边说:知道为什么吗?
　　　(高兴的男声)因为两颗雅客V9,就能补充每天所需的9种维生素!
画面:雅客V9的特写,叠压雅客糖果使诱人的糖心流出。
声音:轻松、有节奏的音乐。
画面:"9"字的动画色块闪动。
声音:清脆的音效。
画面:特写周迅自信的表情。
声音:轻松、有节奏的音乐。
　　　周迅手一挥,说道:"想吃维生素糖果的,就快跟上吧!"
画面:周迅和众人一起跑着,叠压"雅客V9"的标版。
声音:轻松、有节奏的音乐。
　　　(高兴的男声)雅客V9。
　　　(稚嫩的童声)雅客!

写文学脚本时,要尽可能用生动形象的语言把创意按场景顺序描述出来,让人看过后,脑海里马上能浮现出相应的画面和动作,对未来的广告片有一个具体、形象的印象。抽象的、不确定的、不能用具体画面表现的描述都需要舍弃,并代之以具象化、直观、准确的描述。文学脚本不是导演分镜头脚本,不需要注明景别和一些具体的拍摄技巧,那样有时会因为过于细致而影响对创意的整体理解和想象。此外,影视思维和蒙太奇技巧对文学脚本画面感的形成将发挥非常重要的作用。

2. 影视广告分镜头脚本的写作

影视广告分镜头脚本是在文学脚本的基础上,运用蒙太奇思维和蒙太奇技巧进行脚本再创作,是依据文学脚本所描述的广告内容,按拍摄要求进行镜头分切的文字说明。影视广告分镜头脚本是进行拍摄、后期制作的依据和蓝图,也是包括演员在内的所有创作人员领会导演意图、理解广告内容、进行再创作的依据。

撰写分镜头脚本主要考虑时间因素、镜头技巧因素、画面与解说因素以及音乐与音响因素。对于30秒的影视广告来说,要充分表达广告信息内容是件不容易的事,所以每一个镜头的时间长度要尽可能考虑时间限制这一因素。当然,影视广告的画面要求紧凑,有逻辑性,因此运用景别技巧要符合认知规律和逻辑规律,还要让镜头的组接富有节奏感。此外,影视广告的画面是广告内容的重要体现,而解说是对广告内容的陈述,两者要根据创意、表现的要求,尽可能配合得恰当、和谐。最后,音乐是渲染广告画面氛围的艺术表现形式,音响可更好地表现某种逼真效果。在编写影视广告分镜头脚本时,何时出现音乐,何时需要音响,这也是不容忽视的。

以第十一届大学生广告设计大赛获得文案类一等奖的分镜头脚本《请给一个躲避的眼神》为例,这个脚本围绕大广赛公益命题"善心、善言、善行"进行了脚本创作,很好地把控了时间因素、镜头技巧因素、画面与解说因素以及音乐与音响因素。

请给一个躲避的眼神

镜头1:

画面:一位衣着朴素的母亲,站在地铁的站台上,正等待着下一班地铁的到来。她的怀里抱着一个未断奶的孩子,手臂上还挎着一个包。

随着下班高峰期的到来,她的身边聚拢了一群人。

景别:全景

时长:2s

镜头技巧:镜头不动

镜头2:

画面:一列地铁徐徐而来,待安稳停靠后,车门打开,母亲及旁人井然有序地进入车厢。

景别:全景

时长:4s

镜头技巧:跟镜头

镜头3:

画面:母亲坐在让出来的空位上,把包放在座位的空隙处。

这时,怀里的孩子不知为何,突然嚎啕大哭起来,母亲轻轻摇晃着他,安抚着他。

景别:中景

镜头技巧:移镜头

时长:4s

声音:孩子洪亮的哭声,母亲温柔的安抚声。

镜头4:

画面:孩子依旧哭不停,母亲猜测他可能饿了。她环顾四周,装满乘客的车厢映入眼帘。

景别:全景(车厢环境)

时长:2s

镜头技巧:摇镜头(环顾四周)

镜头5:

画面:她想给孩子喂奶,但因为是在公共场所,有些为难。

景别:特写

时长:1s

镜头技巧:镜头不动

镜头6:

画面:正对着这位母亲的是一位拉着扶手的男子,他的左手边还牵着一个七八岁的男孩,这个男子似乎察觉到了什么,立即转过身,扭过头,背对着她,同时让男孩的身体也转过去,此时,父子俩的方位正好挡住她的一部分。

景别:全景

时长:3s

镜头技巧:移镜头

镜头7:

画面:车厢里的其他人也注意到了父子的举动,大家心照不宣,纷纷把眼神躲避开来。

景别:全景

时长:2s

镜头技巧:摇镜头

镜头8:

画面:母亲对于车厢里无声的善行了然于胸,眼睛里噙着感动的泪光。

景别:特写

时长:2s

镜头9:

画面:孩子止住哭声,安静地吃奶,可爱的双脚互相摩擦。

景别:特写

时长:2s

镜头技巧:移镜头(从母亲的脸转移到孩子的脚)

字幕:善,是一个躲避的眼神,一个绅士的转身。

中国影视广告起步比较晚，仅有四十多年的时间，而西方影视广告已经有近百年的历史，所以中国影视广告从创意手法、制作方式来说较西方落后不少。1999年中国广告才开始走出国门与国际接轨，但能在国际五大广告节上获奖的影视广告较少。随着数字化时代的到来，中国影视广告的传播方式和接收方式也发生了很大变化，因此我们不仅需要借鉴其他国家优秀的广告创意方式和表现技法，也需要结合本国国情将这些方式与技法加以消化，才能创作出更加优秀的广告作品。

思考题

1. 请结合当前新媒体技术的发展，谈谈你对影视广告概念的理解。
2. 影视广告创意的原则有哪些？
3. 观看一则优秀的影视广告作品，指出作品的广告主题，分析其创意概念。

第八章 电视剧、电影与微电影

电视剧、电影、微电影与一般意义上的节目不同,它们既属于影视艺术的组成部分,也是各自具有独特风格的艺术形式。电视剧、电影、微电影在一定程度上而言,都属于戏剧在影视上的延伸,都在追求以更好的方式讲"故事",它们多数情况下以受众观看故事性视频为主。

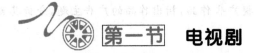

第一节 电视剧

作为一种以电视荧屏为主要播映载体的艺术形式,电视剧融合了电影、戏剧、文学、音乐、舞蹈等诸多艺术元素于一身,其所涉及的题材内容和面向的受众群体也更加广泛[①],受到了我国观众的喜爱。本节就电视剧的发展、类型与策划三个方面展开介绍。

一、电视剧的发展

实际上,"电视剧"这一名词是中国特有的,同样的概念在美国使用的是"电视戏剧"代称,在日本则称之为"电视小说"。虽然不同的国家对其称呼的方式有所不同,但所指的大都是在电视媒体上播放的具有一定数量剧集的故事性影视作品。纵观电视剧发展史,主要有以下几个关键时间节点。

1. 1930 年电视剧诞生

早在 1930 年,英国广播公司(BBC)就实验性地播出了皮兰德娄的独幕式电视剧《嘴里叼花的人》。电视剧的剧目在第二次世界大战前后主要来源于舞台剧剧目[②],因此,当时除传播手段不同外,在剧作上,电视剧与舞台剧几乎同出一辙。

2. 1936 年电视节目诞生

1936 年 11 月 2 日,英国广播公司打破了当时以声音播报的形式,在伦敦向公众播出了有史以来的第一个电视节目,让人们看到了鲜活的视频画面,这正式宣告了电视节目的诞生。值得一提的是,20 世纪 40 年代至 50 年代中期,由于录像技术发展迟缓,当时的电视节目都是以"直播"的形式来播放,可以说直播这种播出形式在电视(见图 8-1)发明时就已经存在了。

---

① 刘兆虎.央视电视剧频道要让"好剧出央视":CCTV-8 剧目编播感悟[J].电视研究,2012(9):27-29.
② 宋家玲.关于电视剧艺术特征的探讨[J].文艺研究,1984(2):89-95.

图 8-1　早期的电视机

3. 1958 年我国国产电视剧诞生

1958 年由北京电视台拍摄制作的电视剧《一口菜饼子》拉开了我国电视剧创作的序幕,该剧是根据同名短篇小说改编的,比 1905 年拍摄制作的我国第一部电影《定军山》晚了 53 年。

4. 1978 年国产电视剧的影响力开始加强

随着 20 世纪 70 年代末电视机在我国大规模普及之后,我国国产电视剧开始大量出现,《敌营十八年》(见图 8-2)、《西游记》(见图 8-3)等优秀的电视剧一经开播就引起了人们浓厚的兴趣,产生了较大的反响,几乎出现了万人空巷的效果。

图 8-2　《敌营十八年》(1981)

图 8-3　《西游记》(1986)

5. 2007年网络电视剧诞生

随着互联网的发展与影视创作成本的降低,电视剧不仅可以脱离电视机在网络上播放,也发展出了网络连续剧等新类型。电视剧随着网络正式走出国界,开始在全球范围快速传播,例如2018年我国电视剧《延禧攻略》(见图8-4)成为了当年全球电视剧热搜的第一名。

图8-4 《延禧攻略》(2018)

二、电视剧的类型

严格来说,最早的电视剧《嘴里叼花的人》早于其他电视节目出现,这不仅说明了人们对戏剧的热爱,也证明了电视剧是电视节目的重要组成部分,并能令受众产生跨越时间与国界的观影热情。

电视剧类型的划分有很多方法:可以按照背景年代划分,例如我国电视剧就可以分为上古神话剧、古装剧、抗战剧、民国剧、现代剧等类型;可以按制作地域划分,例如国剧、美剧、日剧、韩剧等;也可以按照题材划分,例如,英国著名的节目制作人赛尔夫1984年将电视剧划分为单本剧、剧场剧、纪实剧、系列剧、连续剧、肥皂剧与直播电视剧等。随着电视剧产业的发展,其类型不断被细化,我国学者张智华在其《电视剧类型》一书中,将电视剧划分为青春偶像剧、情景喜剧、一般喜剧、武侠剧、破案剧、谍战剧、伦理剧、科幻剧、魔幻神怪剧、历史剧、古装剧、军旅剧。本节主要就电视剧按剧情划分的类型进行简要的说明。

1. 青春偶像剧

青春偶像剧(Trendy Drama)是偶像剧的主要形式。此类剧集能够将形体偶像与精神偶像进行统一,简而言之就是剧中人物需要外秀慧中,形象气质与内在涵养都能令以年轻人为主体的受众群体产生好感和敬佩之情。青春偶像剧自日本发源后迅速受到了全球年轻人的热爱,这类剧的代表作有日本的《东京爱情故事》(见图8-5)、韩国的《蓝色生死恋》(见图8-6)以及中国的《流星花园》(见图8-7)等。青春偶像剧在火遍全球之后，这类充斥着"丑小鸭变白天鹅"、爱情与绝症、三角恋或多角恋命题的电视剧出现了同质化现象，往往是一部剧大火之后，短期内必然会出现大量同样套路的剧集，这样的行为严重地影响了受众对该类型电视剧的观影热情。

图8-5 《东京爱情故事》(1991)

图8-6 《蓝色生死恋》(2000)

图8-7 《流星花园》(2001)

2. 喜剧

喜剧(Comedy Drama)原是指戏剧的一种类型，以夸张的手法、巧妙的结构、诙谐的台词及对喜剧性格的刻画，引起人们对丑的、滑稽的嘲笑，对正常的人生和美好的理想予以肯定。电视剧中的喜剧可分为情景喜剧与一般喜剧两类。情景喜剧一般有着固定的主演阵容，一条或多条故事线，围绕着一个或多个固定场景进行，例如《炊事班的故事》与《家有儿女》(见图8-8)等。一般喜剧多以人物的幽默或对社会现象的讽刺为主，如《铁齿铜牙纪晓岚》(见图8-9)与《戏说乾隆》等。

图8-8 《家有儿女》(2005)

图8-9 《铁齿铜牙纪晓岚》(2001)

3. 武侠剧

武侠剧(Detective Drama)是一种我国特有的电视剧种类,主要以功夫与侠义为题材,深受观众喜爱。武侠剧多由武侠小说改编而来,例如我国著名作家金庸所著的"飞雪连天射白鹿,笑书神侠倚碧鸳"十四部小说大多被搬上荧幕,并有着大量电视剧与电影的版本(见图8-10)。

图8-10 《雪山飞狐》(1991)

4. 伦理剧

伦理剧(Ethical Drama)原指通过结合现实生活情况,使用稍带夸张的演绎手法,来讲述现实生活中人与人、人与社会、人与家庭中具有社会伦理关系情节的戏剧。电视剧中的伦理剧,有时也被定义为剧情剧、家庭剧、爱情剧等,这类题材的作品很多,例如《回家的诱惑》(见图8-11)、《安家》(见图8-12)等。一般而言,收视率较高的伦理剧很容易引发社会热议,并与社会热点进行呼应,引人深思。

图8-11 《回家的诱惑》(2011)　　图8-12 《安家》(2020)

5. 动画片

动画片（Animation）出现在电视剧的分类里显得有些与众不同，但多集的动画片确实与真人饰演的电视剧在故事情节上区别不大，且播出的时间与平台和电视剧别无二致，因此电视剧在广义上理应包含动画片。动画片在剧情的展现中较为夸张，并且富有想象力，深受青少年群体的喜爱，例如《名侦探柯南》（见图 8-13）、《狐妖小红娘》（见图 8-14）等。

图 8-13 《名侦探柯南》(1996)　　图 8-14 《狐妖小红娘》(2015)

6. 悬疑剧与谍战剧

悬疑剧（Suspense Drama）是指通过层层递进的剧情破解谜题的电视剧，其中主要以破案剧为主，逻辑性和推理性较强，例如《福尔摩斯》系列（见图 8-15）与《少年包青天》系列（见图8-16）。

图 8-15 《福尔摩斯》(2012)　　图 8-16 《少年包青天》(2000)

谍战剧(Spy Drama)以间谍的秘密活动为主要内容,是包含卧底、特务、情报交换、悬疑、爱情、暴力刑讯等元素的电视剧。这类电视剧剧情紧张且充满反转,例如《潜伏》(见图8-17)。也有一些表现现代生活的同类型剧作,例如《越狱》(见图8-18)。

 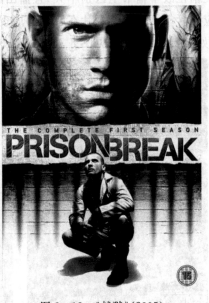

图8-17 《潜伏》(2009)　　　　图8-18 《越狱》(2005)

7. 科幻剧与魔幻剧

科幻剧(Science Drama)是指以未来、病毒、机械、世界末日等为题材制作的电视剧,在西方一般也会将一些超级英雄题材的剧集归入科幻剧,例如《神盾局特工》。由于科幻剧能够满足受众对未来或未知事物的好奇心,所以一直以来深受求知欲较强的精英群体喜爱。优秀的科幻剧非常多,例如《迷失》、《苍穹浩瀚》(见图8-19)、《相对宇宙》、《神探卫斯理》(见图8-20)等。

图8-19 《苍穹浩瀚》(2015)　　　　图8-20 《卫斯理传奇》(1998)

魔幻剧(Magic Drama)是指以魔法、神灵、怪兽、鬼魂、魔幻种族甚至盗墓寻宝等为题材制作的电视剧。魔幻剧与科幻剧容易混淆,其不同之处在于魔幻剧并不受现实逻辑的约束,属于老少咸宜的休闲娱乐剧种,例如《封神榜》(见图8-21)、《权力的游戏》(见图8-22)等。

图8-21 《封神榜》(2001)

图8-22 《权力的游戏》(2011)

8.历史剧与古装剧

历史剧(History Drama)是指取材于历史事件和历史人物的剧种,与现代剧相对应,是一种以时间跨度进行的分类方式。在我国历史剧中,民国以前的基本都被称为古装剧(Costume Drama)。历史剧还包含代表上古时期的神话剧、抗日历史剧、革命历史剧等,例如《大明宫词》(见图8-23)、《亮剑》(见图8-24)等。

图8-23 《大明宫词》(2000)

图8-24 《亮剑》(2005)

9. 战争剧与军旅剧

战争剧（War drama）是指主要记录战争过程的剧种。战争剧广泛地存在于历史剧、古装剧、科幻剧、魔幻剧甚至武侠剧中，可以说是只要存在较为宏大战争场景的电视剧都能够贴上战争剧的标签，无论其是真实事件改编，还是来源于文学创作等，例如《血战钢锯岭》、《三国演义》（见图8-25）等。

军旅剧（Military Drama）是指从当代军旅生活入手，结合现实军事领域和军队环境，能够面向普通民众展现较为真实军旅生涯的剧种。军旅剧与战争剧相比，往往缺少较为宏大的战争背景，多数情况下以展现小规模冲突为主。优秀的军旅剧不仅能增强民众的爱国情怀与民族自信，还能激发民众入伍的热情，例如《士兵突击》（见图8-26）、《我是特种兵》（又名《子弹上膛》）（见图8-27）等。

图8-25 《三国演义》(1994)

图8-26 《士兵突击》(2006)

图8-27 《我是特种兵》(2011)

电视剧的类型划分与电影不同，显得更为简单或纯粹一些，而电影则往往被很多种分类的标签包围。很多剧本在制作成电影大火之后常会被翻拍为电视剧，当然也有一些热门IP是从电视剧走向了电影，所以在有些情况下电视剧和电影的界限是模糊的，一些剧集较多的系列电影也可以作为特殊的"电视剧"。

三、电视剧的策划

电视剧的策划与电影、微电影的策划最大的不同在于，绝大多数电视剧都是纯粹的商业片，很少出现文艺片等不将盈利放于首位的作品。电视剧的制作也存在很多不确定因素，例如目前很多作品不会完成制作后再上映，而是使用源于美剧的经典延续方式，即通过统计收视率与点击率进行边拍边播的制作方式,由作品的热度决定整部作品的集数;还有因预算、剧本改编进度等原因,将一部作品进行拆分的行为也较为常见。

除去上述的一些特殊情况,电视剧的策划与电影、微电影的策划区别不大。

第二节 电影

自19世纪摄像技术被大规模地应用后,至今已在全球发行了约600万部影视作品,其中长篇电影超过55万部。电影已经成为了现代人生活不可或缺的一部分。

电影有狭义和广义之分。狭义的电影是在一定时长内(一般不超过240分钟),具有相对完整的故事情节,集表演、视觉与听觉艺术为一身,利用胶卷、录像带或数字媒体将影像和声音记录下来,并通过剪辑、特效与校色等工序制作而成的影视艺术品。广义的电影则可以包含所有自我独立制作的影视剧,包括完整的短视频、微电影、纪录片、专题片与狭义的电影。

一、电影的起源

19世纪末,路易斯·普林斯(法)、卢米埃尔兄弟(法)、托马斯·爱迪生(美)等依据摄影技术研制了一系列的摄像设备。1895年12月28日,卢米埃尔兄弟作品《火车进站》(见图8-28)在法国公映,自此电影这一事物逐渐开始出现在世人面前。

图8-28 卢米埃尔兄弟作品《火车进站》

早在公元1000年时,我国的特色工艺品走马灯(见图8-29)就是利用热气流来使灯快速旋转,让人们看到了较为鲜活的动态图像,这也使视觉暂留现象出现在人类的认知中。19世纪初,比利时物理学家约瑟夫·普拉托和奥地利大学教授丹普佛尔利用视觉暂留现象发明了"费纳奇镜"(见图8-30),这项发明被普遍认为是早期电影的雏形。

图 8-29 走马灯　　　　　图 8-30 费纳奇镜

19世纪的电影先驱者们发现,依靠人类的视觉暂留原理,一秒钟播出24幅或更多连贯的画面,将会使观看者看到"真实"的视觉画面。自此之后,影像被正式应用在各行各业中,而影像中最小单位,即单幅画面则被称为帧,在影视行业中常用的制式为 25 帧/秒和 50 帧/秒两种,也就是说一部 90 分钟的电影至少包含了 135000 帧画面。

二、电影的发展

电影从 19 世纪末出现至今,一百多年的时间里经历了很多次变革,有技术革命,有理念创新,也有受到社会影响而发生的各种奇妙的变化,首先我们先看一看电影在历史上的一些大事纪。

1. 1895 年电影诞生

路易斯·普林斯于 1888 年进行了摄影活动,托马斯·爱迪生于 1889 年发明了一种活动电影放映机,卢米埃尔兄弟于 1895 年 12 月 28 日公映的全球第一部影片《火车进站》(片长 50 秒)被公认为是电影正式诞生的标志。

2. 1897 年制片厂出现

乔治·梅里埃(法)1897 年在法国巴黎成立了全球第一家制片厂。乔治·梅里埃在影视创作中创立了摄影的停机再拍方法,此后特技摄影和剪辑开始进入人们的视野。

3. 1902 年科幻片出现

由乔治·梅里埃导演的全球第一部科幻片《月球旅行记》(片长 14 分钟,见图 8-31)于 1902 年上映,该片是由儒勒·凡尔纳的小说《从地球到月球》和威尔斯的小说《第一个到达月球上的人》改编而来,开创了小说影视化的先河。

4. 1903 年西部片出现

由埃德温·鲍特(美)导演的全球第一部西部片《火车大劫案》(片长 11 分 45 秒,见图

8-32)于1903年上映。

图 8-31 《月球旅行记》(1902)

图 8-32 《火车大劫案》(1903)

5. 1905 年中国第一部电影诞生

由北京丰泰照相馆于 1905 年 12 月 28 日拍摄并公映的京剧电影《定军山》，是我国第一部独立制作的电影。

6. 1905 年电影院诞生

1905 年，在美国宾夕法尼亚州的匹兹堡，第一家五分钱戏院（电影公开放映初期美国电影院的通称）落成，这是全球的第一家电影院。

7. 1913 年好莱坞正式成立并逐渐成为世界电影产业的中心

从 20 世纪初开始，世界著名电影公司米高梅、派拉蒙、华纳兄弟、环球、联美纷纷入驻好莱坞（见图 8-33），直到今天，好莱坞依旧是电影人的天堂。

图 8-33 1923 年被安置的好莱坞的标志性白色大字

8. 1923年蒙太奇概念提出

1923年,苏联的爱森斯坦、库里肖夫、普多夫金等影视创作者认为当不同的镜头组接在一起时,往往会产生各个镜头单独存在时所不具有的含义,从而提出了蒙太奇的概念,并发展成为了颇具影响力的蒙太奇学派(见图8-34)。

图8-34 早期蒙太奇概念的代表作《战舰波将金号》

9. 1928年有声电影诞生

1910年托马斯·爱迪生发明了一部由留声机和摄影机组合而成的电影摄影机,并制作了一些作品,但国际上公认的有声电影开端是1928年好莱坞华纳兄弟电影公司拍摄的《纽约之光》。

10. 1999年数字电影诞生

早期电影的拍摄与放映都是使用胶片来完成的,在20世纪计算机技术快速发展的背景下,当时的影视创作者开始将部分计算机动画引入了电影之中。1968年由斯坦利·库布里克执导的《2001太空漫游》是全球首部加入计算机动画的电影,1999年《星球大战Ⅰ——幽灵的威胁》(见图8-35)公映标志着电影行业正式脱离胶片,进入数字时代。而实际上,历史上第一部无胶片电影是1995年迪士尼制作的全电脑3D电影《玩具总动员》(见图8-36)。自数字电影出现后,电影制作、储存、运输等成本急剧下降,此后电影的产量也开始逐年攀升,目前全球的电影产量可以达到每年数千部之多。

图 8-35 《星球大战Ⅰ——幽灵的威胁》(1999)

图 8-36 《玩具总动员》(1995)

三、电影的类型

当一部电影被贴上动作冒险片、喜剧片或剧情片的标签时,这说明受众在观影前就会对影片有特定的期待。不同的电影类型,虽然播放时长可能相差不大,但在风格、主题、节奏、背景、情节、人物性格及表现手法上都具有着一定的辨识度,能够自动归类于某一类或某几类电影类型。

电影的分类有很多种方法:就视听而言,可分为无声电影与有声电影;就色彩而言,可分为黑白电影与彩色电影;就地域而言,可分为北美电影、欧洲电影及亚洲电影等,或欧美电影、日本电影、韩国电影、中国电影等;就题材而言,可分为动作片、冒险片、喜剧片、故事片、动画片、科幻片、奇幻片、歌舞片、爱情片、英雄片、伦理片、历史片、传记片、灾难片、恐怖片、惊悚片、战争片、西部片等。多数情况下,一部电影并不仅仅存在于一种类型之中,往往是有多个类型标签同时存在,例如著名电影《泰坦尼克号》的类型就是剧情、爱情、灾难,而迪士尼出品的《疯狂动物城》的类型则是动画、动作、冒险。本部分就题材的分类进行简要说明。

1. 动作片

动作片(Action Film)又称为惊险动作片(Action-adventure Film),是一种具有巨大冲击力、快速节奏并具有大量惊险动作和事件的影片。这类影片常常含有大量搏斗与追逐镜头,镜头切换速度较快,属于受众较为喜欢的快节奏影片类型,例如,著名的《第一滴血》系列(见图 8-37)与《金刚》系列(见图 8-38)。

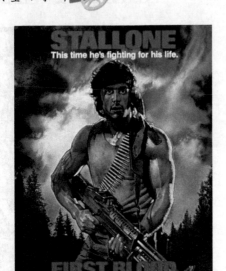
图 8-37 《第一滴血》(1982)

图 8-38 《金刚：骷髅岛》(2017)

2. 冒险片

冒险片（Adventure Film）与动作片的不同在于，冒险片主要强调的是主人公的冒险经历，一般情况下多与动作片、科幻片、奇幻片、西部片、海盗片、历史片、传记片、灾难片等类型共存于一部电影的分类指导之中，例如上文中的《金刚》系列、经典的《侏罗纪公园》系列（见图8-39）以及《少年派的奇幻漂流》（见图8-40）等。

图 8-39 《侏罗纪公园》(1993)

图 8-40 《少年派的奇幻漂流》(2012)

3. 喜剧片

喜剧片（Comedy Film）多以歌颂性喜剧和讽刺性喜剧为主，因其能带给受众开心、快乐的情绪，是多数人喜欢的影片类型，例如《长江七号》（见图8-41）与《我不是药神》（见图8-42）等就是其中代表。

图8-41　《长江七号》(2008)　　　图8-42　《我不是药神》(2018)

4. 动画片

动画片（Animation Film）的范畴非常大。所有通过绘画或电脑制作等手段创作出的、非真人演绎的影视作品，包括平面动画、三维动画甚至简笔画动画内容，都可称为动画片。动画片播放的时间有长有短。本节所阐述的动画片指的是动画电影，这类影片深受儿童的喜爱。国际上有很多著名的动画片制片公司，例如皮克斯动画工作室、迪士尼动画工作室与吉卜力工作室等。《神偷奶爸》（见图8-43）、《哪吒之魔童降世》（见图8-44）等是近10年优秀动画片的代表之作。

图8-43　《神偷奶爸》(2010)　　　图8-44　《哪吒之魔童降世》(2019)

5. 科幻片与奇幻片

科幻片(Science Fiction Film)与奇幻片(Fantasy Film)通过未来、科技、怪兽、魔法等元素,为受众展现了各种光怪陆离的"新世界",因此在一定程度上它们也都属于冒险片的范畴。科幻片主要体现的是对未来科技的想象,奇幻片则更多表现的是人类的一些天马行空的幻想。常见的科幻片与奇幻片很多,例如经典的科幻电影《黑衣人》系列(见图8-45)与奇幻电影《哈利波特》系列(见图8-46)。

 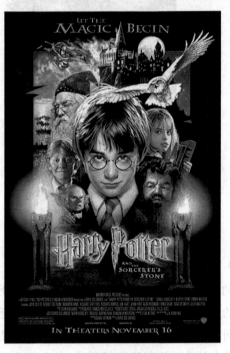

图8-45 《黑衣人3》(2019)　　　　图8-46 《哈利波特与魔法石》(2002)

6. 爱情片与歌舞片

爱情片(Romantic Film)是以表现爱情为主题,并以男女主角经历各种波折,最终得到大团圆或悲剧性离散结局的一类影片,例如经典爱情片《泰坦尼克号》(见图8-47)等。

歌舞片(Musical Film)包含了音乐电影、舞美电影与歌舞电影等,原本是指由大量歌唱和跳舞的形式组成故事情节的影片,但现已成为了具有较多演唱或舞蹈内容影片的一种分类,例如《歌舞青春》(见图8-48)等。

图8-47 《泰坦尼克号》(1997)

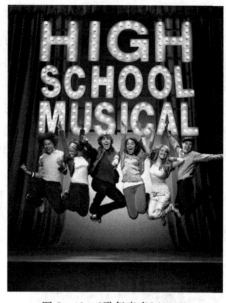
图8-48 《歌舞青春》(2006)

7. 恐怖片、惊悚片与悬疑片

恐怖片（Horror Film）是以制造恐怖为目的的一种影片，其使用大量的鬼怪、猛兽、魔法等元素来刺激受众产生恐怖感，虽然有时内容会过于荒诞离奇，但仍有很多人喜爱这类影片，例如《惊声尖叫》系列（见图8-49）。

惊悚片（Thriller Film）与恐怖片类似，同样使用大量鬼怪、猛兽等元素，但与之不同的是，惊悚片加入了大量的悬疑内容，通过巧妙的设计与多样的叙述手段令受众产生震撼感，可以说是集恐怖与悬疑于一身的影片类型，例如《寂静岭》（见图8-50）。

悬疑片（Suspense Film）和其他类型影片最大的区别在于，它的内容并不是一波三折，而是在不断的反转与矛盾中前进，往往是受众在刚看到了一个疑惑被解答，就马上会产生更大的疑惑。恐怖片、惊悚片与悬疑片三者之间很多时候界限比较模糊，例如《死神来了》（见图8-51）系列电影的分类就是恐怖片、惊悚片与悬疑片。

图8-49 《惊声尖叫》(1996)

图8-50 《寂静岭》(2006)

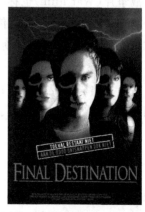
图8-51 《死神来了》(2000)

8. 英雄片与西部片

英雄片（Hero Film）常常是以英雄传记的方式来叙事的，其中就包含了漫威旗下的各类超级英雄系列电影，例如《超人》系列（见图8-52），因为这类影片中战斗的镜头都比较丰富，所以多数情况下英雄片也会是动作片或冒险片。

西部片（Western Film）也被称作牛仔片，是美国好莱坞的一种特殊的影片。西部片其中大量运用美国开发西部时的荒原、沙漠、牛仔、马刺以及火枪等元素，体现的是一种开拓与不羁的精神，实际上西部片也是一类特殊的英雄片，片中的英雄已经成为了西部牛仔的一种符号象征，例如《荒野大镖客》（见图8-53）等。

图8-52 《超人》(1978)

图8-53 《荒野大镖客》(1964)

9. 战争片与历史片

战争片（War Film）也称军事片，是以人类战争史上各类战争为题材的影片。常见的战争片分为记录个人经历的人物传记式影片，以及以还原战争事件为主，通过人物来展现的某一重大军事行动的影片，例如人物传记式的《兵临城下》（见图8-54）与战争事件类的《珍珠港》（见图8-55）。

历史片（Historical Film）以记录与阐释历史事件为主，战争片中的战争事件类影片几乎都属于历史片。另外很多历史片并不属于电影，而是属于纪录片。

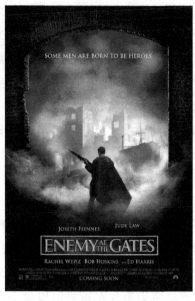
图 8-54 《兵临城下》(2001)

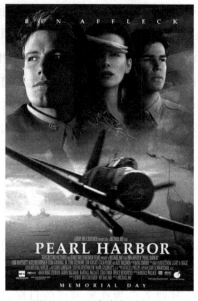
图 8-55 《珍珠港》(2001)

10. 怪兽片与灾难片

怪兽片（Monster Film）的看点必然是其中出现的各种各样的怪兽，如从金刚、哥斯拉、恐龙、异形到怪物史莱克与《怪兽电力公司》中的各类小怪物。在这类影片中往往怪兽才是真正的主角，而人类在影片中最大的作用多是怪兽的对手，或在一定程度上帮助、影响怪兽而已。这类电影也常被贴上动作片、冒险片、恐怖片、灾难片等标签，例如电影《阿凡达》（见图 8-56）。

灾难片（Disaster Film）则是因怪兽、病毒、外星人、自然灾害等内容，刺激受众的恐惧感，并引起人类反思的一类影片，这类影片常对人性、地球的过度开发以及灾难下人类社会的救赎等问题进行思考，很多灾难片也能够被划分为科幻片，例如电影《后天》（见图 8-57）。

图 8-56 《阿凡达》(2009)

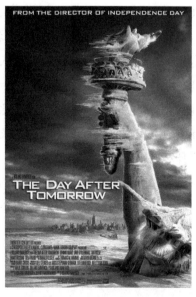
图 8-57 《后天》(2004)

美国影视中心好莱坞的电影人在很早以前就提出了类型电影的概念,这一概念使用公式化的情节、定型化的人物、图解式的造型,按照相对规范的制作方式来进行影片的创作,这种方法虽然能够将某种类型的电影与受众对该类电影的印象进行"捆绑",但也限定了影片的发展与剧情的走向,让越来越多的电影同质化。当下,虽然还有很多电影依然走的是类型电影的固定套路,但也有大量电影在创作的过程中能够走出类型化的藩篱,使之变得富有特色并更加鲜活。现在很多电影在分类上能够贴上多种不同类型的标签,这也是电影类型多元化的一种体现。

四、电影的策划

由于制作的特殊性,电影的策划难度很大,需要考虑的内容也必须十分周密。根据影片的类型不同,其策划的特点也不尽相同,以营利为目的的商业片需要追求票房收入,所以必然会将市场调研、明星加盟、特效渲染等作为扩大影响力的主要手段,而很多文艺片的制作却并不将票房收入作为首要考虑的目标,这导致这两类影片在策划阶段就会出现完全不同的侧重方向。

电影的策划内容极为驳杂和丰富,因此在本书中不会全部展开叙述,本节内容就电影策划所需要的主要内容进行简要介绍,其中包括电影的收益与预算、制作周期、主题与角色设置、场景与道具设计以及演职人员的确定等。

1. 收益与预算

提起电影的收益,最直观的体现就是电影所创造的价值。目前电影已经走出了院线票房作为唯一收入的时代,数字版权与付费播放早已成为了人们生活中司空见惯的场景。影响电影收入的因素主要是影片影响力、档期选择以及投资额度等。

影片影响力是指影片的评分、导演、明星、剧本自身影响力等因素。电影在公映前可进行有效的宣传,影片的评分越高,演职人员的知名度越大,且剧本是由知名小说改编,影片的影响力就会越强,并越有可能得到良好的票房收入。

电影公映档期的选择对电影收益来说也十分重要,虽然不同类型的新片不断涌现,老片也不定期再上映,大有"你方唱罢我登场"的感觉,但在不同的档期,上映影片的类型也截然不同。例如,我国春节的贺岁档一般喜剧片的票房较佳,暑期档各类面向青少年的影片票房较佳,总体而言,节假日对电影收益的影响是巨大的。例如,2017年暑期档的《战狼2》就斩获了56.39亿的票房收益,成为了当年我国电影总票房的第一名。截至2019年12月31日,中国电影票房总排行榜和2019年中国电影票房总排行榜见表8-1和表8-2。

表 8-1 中国电影票房总排行榜

排行	电影名称	票房收入	公映年份
1	战狼 2	56.39 亿	2017
2	哪吒之魔童降世	49.34 亿	2019
3	流浪地球	46.18 亿	2019
4	复仇者联盟 4:终局之战	42.05 亿	2019
5	红海行动	36.22 亿	2018
6	美人鱼	33.9 亿	2016
7	唐人街探案 2	33.71 亿	2018
8	我和我的祖国	31.46 亿	2019
9	我不是药神	30.75 亿	2018
10	中国机长	28.84 亿	2019

表 8-2 2019 年中国电影票房总排行榜

排行	电影名称	票房收入	公映年份
1	哪吒之魔童降世	49.34 亿	2019
2	流浪地球	46.18 亿	2019
3	复仇者联盟 4:终局之战	42.05 亿	2019
4	我和我的祖国	31.46 亿	2019
5	中国机长	28.84 亿	2019
6	疯狂的外星人	21.83 亿	2019
7	飞驰人生	17.03 亿	2019
8	烈火英雄	16.76 亿	2019
9	少年的你	15.32 亿	2019
10	速度与激情:特别行动	14.18 亿	2019

电影的投资额度在一定程度上也能够影响其收益,因为很多影片在制作过程中需要大量的资金来保障其特效效果与画面的精细程度,但也不是绝对的,例如 1916 年上映的美国电影《党同伐异》(见图 8-58)投资高达 250 万美元,可谓鸿篇巨制,可最终票房仅约 20 万美元,从这部影片开始,电影出现了"亏本"的概念。

电影的投资额度就是电影的预算,不同的电影所需要的预算也不尽相同,有数万元可以拍摄完成的电影,例如我国导演马凯创作的电影《中邪》(见图 8-59)制片成本约 7 万元人民币,也有制作费用高达数亿美金的电影,例如美国迪士尼电影公司所投资拍摄的《加勒比海盗》系列(见图 8-60)。

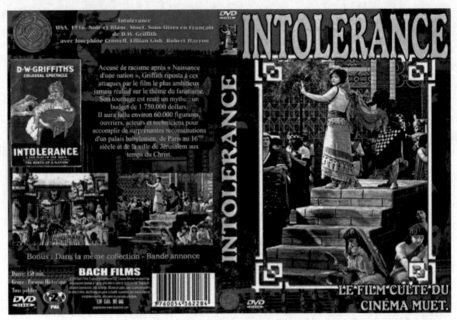

图 8-58 《党同伐异》(1916)

图 8-59 《中邪》(2015)

图 8-60 《加勒比海盗3：世界的尽头》(2007)

2. 制作周期

  一部电影需要经历从剧本的选择、预算的筹措、角色的选择、服装与道具的准备、拍摄场地的选择和预约，到面对各式各样突发状况的拍摄环节，剪辑、渲染、动画制作、特效添加、调色校色、配音配乐的后期制作环节，以及宣传炒作、送审报备、院线排片等环节才能够上映。除去前期的预算筹措与最后的宣传送审等环节，一部电影的制作大致可分为前期策划、中期拍摄与后期制作三个部分，多数电影的制作周期在数月至数年之间，例如好莱坞六大电影公司拍摄一部影片平均用时871天，即2年4个月19天。

制作周期快的电影可以只用 6 天时间完成拍摄环节,例如一镜到底的电影《大空港 2013》(见图 8-61);制作周期慢的电影可以长达十数年,例如理查德·林克莱特执导的电影《少年时代》(见图 8-62)就用了 12 年才完成拍摄,而这位导演的下一步电影《欢乐岁月》更对外宣传将用 20 年的时间来进行拍摄。

图 8-61 《大空港 2013》(2013)

图 8-62 《少年时代》(2014)

3. 主题与角色设置

电影主题不同于电影类型,可以说一部电影可以分属于很多类型,但其主题一般而言仅有一个,可能是对种族的反思、爱情的追寻、死亡的恐惧、孤独的困扰,也可能是对人性的思考等。从内容上而言,主题也是一种电影的分类方式,当一部电影的主题确定之后,影片中包括色调、对白、背景、角色设计等所有内容都要为之服务,电影的主题可以说是影片的核心所在。例如,作为我国票房冠军《战狼 2》(见图 8-63)的主题就是爱国,其影片中的所有元素均为这一主题而服务。

角色设置是指在影片中出现的所有人物都是有一定意义,就如同影片中不能出现无意义镜头一样,除去在条件受限的情况下拍摄到的一些所谓"路人"外,影片中的所有角色的存在都是有明确任务的。电影中的角色一般分为三类,即主角、配角与功能性角色。主角作为承载影片主题思想的角色,可以是一个人或两个人,也可以是几个人;配角是指影片中的次要角色,是介于主角和功能性角色之间的人物,具有一定的性格特征,并通过其特征推动剧情的发展,配角有时也可以成为影片中的反派,在促进剧情发展的同时衬托主角;功能性角色是指在剧情需要的情况下,具有一定功能的背景人物,这类人物的性格特征比较模糊,但必然会符合受众生活经验中的认知,例如司机、清洁工、职员、教师以及路人等。例如电影《复仇者联盟》(见图 8-64)中,主角是钢铁侠、美国队长、绿巨人、黑寡妇等人,配角是其他各种英雄与反派,里面所出现的士兵、外星人等人物均为具有一定作用的功能性角色。

 图 8-63 《战狼 2》(2017)

 图 8-64 《复仇者联盟 4：终局之战》(2019)

4. 场景与道具设计

电影的场景一般情况下分为两种，即实景背景与虚拟背景。实景背景是指租赁或搭建的各种看起来"真实"的场景，例如在城市、田野、影视城等实地进行的拍摄，不过拍摄时一般很少有非演职人员出镜，例如我国著名的横店影视城就有广州街、香港街、明清宫苑、秦王宫、清明上河图景区(见图 8-65)、华夏文化园、明清民居博览城、梦幻谷、屏岩洞府、大智禅寺、红军长征博览城、圆明新园等实景来为国内外的影视制作者提供租赁拍摄服务。

图 8-65 横店影视城清明上河图景区

电影的虚拟背景一般使用蓝幕或绿幕对人物和道具进行抠像,并与别处拍摄或电脑制作的背景相结合,从而使受众在观影时能够信以为真,得到良好的观影体验。有些电影在制作时不仅使用的虚拟背景,甚至里面的人物也是由电脑动画制作而成,例如电影《贝奥武夫》(见图8-66),另外还有一些电影虽然使用了实景背景,但里面的角色却都是电脑动画制作的,例如电影《昆虫总动员》(见图8-67)。

图8-66 《贝奥武夫》(2007)

图8-67 《昆虫总动员》(2014)

5. 演职人员

每当一部电影正片播放完毕后,几乎都会出现持续数分钟的演职人员名单,包括制片人、策划、编剧、导演、监制、出品人、制作人、摄影师、演员、场记、副导演、导演助理、执行导演、美术师、录音师、灯光师、道具师、化妆师、服装师、烟火师、置景师、剧务、场务、司机、视频剪辑人员等。有些电影往往会需要数百甚至上千的工作人员。

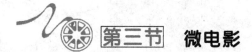
第三节 微电影

微电影与电视剧和电影的不同之处在于,它的定义更加模糊,形式与内容更加多样,并且播放的平台也不固定。可以说微电影包含了相当一部分的短视频、宣传片、纪录片、专题片、电视节目、广告片,甚至当下火热的Vlog,是除了电视剧与电影之外能够完整叙述某一故事的表现形式,在当下信息碎片化传播的过程中具有显著的作用。

微电影也可以称为微影、短电影、网络电影等。微电影有三种定义方法:一是以播放平台界定,即通过互联网新媒体平台传播的,比常规电影短的完整单集影片;二是以影片时长界定,即播放时长在60分钟之内的完整影片;三是以制作方式界定,即用短的制作周期加上小的投资规模制作出的微型"电影"。以上的三种定义都有一些不足,例如现在很多微电影也可以通过电视或院线进行播放,不一定必须使用新媒体平台传播;也有一些播放时长虽然超过60分钟,但还属于微电影范畴之中的影片;还有一些微电影虽然播放时间短,但投资与拍摄周期却与电影近乎相同。所以,微电影的定义不仅在学界还是在业界都是存在争议的。

一、微电影的起源与发展

实际上按照现在的分类方法,最早拍摄的《火车进站》《水浇园丁》《月球旅行记》以及《火车大劫案》等电影都属于微电影的范畴,但这些影片由于出现在影视发展史的早期,并且由当时最为顶尖的团队进行制作,所以业界一直认为它们是电影艺术的开端。

微电影(Micro Film)这一词语最早在我国提出,国外一般统一将播放时间短于电影而又非电视剧、电视节目的影片称作短视频(Short Film)。本节主要讲述我国微电影的发展史。

1. 微电影的萌芽

早期人们看到的影片,除了电影、电视剧及其他电视节目以外,大多是由广告和宣传片组成的,那时的广告以现在的视角看几乎都是"硬广告",并没有太多的剧情和转折,大多都是在有限的时间里以突出自身品牌的特征为主,而宣传片也很少用故事的形式来迂回地进行表述,大多都十分直接,因此我国的"短视频"在很长的一段时间里可以说是空缺的。

自我国独立拍摄制作第一部电影《定军山》开始,影视制作就和"需要专业团队""制作成本昂贵""与现实相距遥远"等词汇联系在了一起,当时的大多数普通民众没有想过自己也能独立制作一部属于自己的"影片"。这样的现状是由当时影片制作高昂的成本所决定的,但随着科技的发展,数字摄像逐渐代替了传统的胶片,电脑的剪辑(见图8-68)代替了原先真正使用剪刀进行的"剪辑"(见图8-69),成本的不断下降使得普通人接触影视制作成为了可能。

图8-68 现代影视的数字剪辑与制作

随着电脑的普及,我国的普通大众开始接触到了视频的剪辑与制作。2005年,视频制作人胡戈使用电影《无极》、中央电视台社会与法频道栏目《中国法治报道》以及上海马戏城表演的视频资料等,通过重制后期录音和视频剪辑的方法,创作了网络短片《一个馒头引发的血案》,并引发了社会的热议,自此视频创作这一词汇进入到了我国国民的视野之中。

图 8-69 胶片电影的剪辑与制作

2. 微电影的出现

我国微电影的概念是伴随吴彦祖主演的动作悬疑广告微电影《一触即发》(见图 8-70)而被正式提出的。《一触即发》这部广告微电影总时长为 90 秒,制作非常精良并有着完整的剧情。业界普遍认为《一触即发》是我国的第一部微电影。

图 8-70 微电影《一触即发》

此后,我国开始出现了形形色色的微电影,国际上也逐渐开始将具有完整剧情并制作精良的视频短片与广告片称作微电影。由于其播放时间较短,影片的主题更加明显,更容易在快节奏的生活方式中引起受众的共鸣,近年来微电影的热度在不断增高,其间出现了大量优秀的微电影作品,例如《老男孩》(见图 8-71)、《开包子铺的爸爸》(见图 8-72)等。

图 8-71 《老男孩》(2010)　　　　图 8-72 《开包子铺的爸爸》(2015)

3. 微电影的多样化发展

与传统电影相比,微电影的制作成本低、宣传少或无宣传,并且在网络平台放映不用通过较为严格并需要一定周期的审核,因此制作周期非常短。迄今为止,因每天都会有很多新的微电影在不同的平台出现,全球微电影的数量几乎不可计数。

微电影之所以出现当下这样"井喷"式的发展,主要有数字化摄影的普及降低了影视创作的成本,符合当下主流广告片剧情创作的需要、网络时代碎片化时间观影的需要,以及普通民众对影视创作的热爱等原因,创作渠道的多样性也导致了微电影的分类与传统电影相比更加细化。

二、微电影的类型

微电影在广义上涵盖了除电影、电视剧、其他电视节目以外的大多数影片种类,所以其分类的方法也有很多种。按影片的用途分类,可以分为广告微电影、纪录片微电影、故事片微电影等;按影片的题材分类,与传统电影较为一致,可以分为恶搞片、爱情片、故事片、动画片、励志片、悬疑片等。本节内容将阐述按影片的用途来分类的微电影,再对微电影的一些热门题材进行分析。

1. 广告微电影

随着媒体的发展,"千奇百怪"的广告不断出现在人类社会的各个角落,人们慢慢也对传统"生硬"而又雷同的广告形式产生了"抗体",如何能够将产品"清丽脱俗"地呈现在受众面前已经成为了所有广告商所追求的目标。

广告在跟随时代脚步发展的过程中,也慢慢开始从宣传产品功能的单一方式转型,有通过美丽的画面、优美的音乐与歌声为其产品加分的"包装牌",有通过反复播放或较为突然的刺激性画面而令人印象深刻的"洗脑牌",也有通过将产品嫁接植入各类影视作品之中的"植入牌",还有通过故事演绎令人紧张、博人一笑或催人泪下的"感情牌",而这些打"感情牌"的广告在不断发展中，慢慢变成了一种特殊的微电影，这也就是微电影和广告的界限较为模糊的原因所在。

被称为第一部微电影的《一触即发》实际上是一部汽车广告，热播并引人落泪的《老男孩》也植入了汽车广告。此外在世界各地每天都会涌现出各式各样优秀的广告微电影，让人印象深刻。例如泰国的公益广告微电影《狗狗与人的复杂关系》（见图8-73）与我国著名导演姜文所制作的《看球记》（见图8-74）。

图8-73 《狗狗与人的复杂关系》（2010）　　图8-74 《看球记》（2015）

2. 纪录片微电影

纪录片原是以展现真实为本质，并用真实引发人们思考的电影或电视艺术形式，但在自媒体大行其道的当下，纪录片微电影和仿纪录片式的微电影已经开始频繁地出现在人们的视野之中。

在新时代的纪录片微电影中，有些和传统的纪录片一样希望通过记录真实来引人深思，但更多的纪录片却产生了新的意义，有的是将纪录片与宣传片相结合，最终以微电影的形式来进行制作，就像《舌尖上的中国》风靡全国之后，各景区都纷纷以其风格仿制微电影，例如香格里拉松赞林景区的宣传微电影《遇见·香巴拉》（见图8-75）。

在影视创作门槛不断降低的当下，仿纪录片式的微电影已经被应用到了很多的行业之中，例如当下较为火热的记录婚礼实况和旅游历程的微电影，它们基本上都是以纪实拍摄为主，然后通过后期的剪辑与调色制作而成。

3. 故事片微电影

故事片微电影是微电影的主体，基本上包含了除了广告微电影与部分纪录片微电影以外的所有微电影种类，甚至包括在抖音、快手上录制的有完整剧情的微视频，能够完整呈现故事情节的音乐MV等。故事片微电影和传统的电影结构较为相似，都是具有合理的戏剧前提与剧情冲突，能给人以阅读完整故事的感觉，例如法国微电影《调音师》（见图8-76）与《机器人9号》（见图8-77）等。因故事片在微电影中所占比例最大，故在本节"微电影的策划"中予以详细展开，这里仅简单介绍其概念。

图 8-75 《遇见·香巴拉》(2019)

图 8-76 《调音师》(2010)

图 8-77 《机器人9号》(2005)

4. Vlog 微电影

Vlog 作为 2018 年出现在中国的新词汇,在 2019 年得到了广泛的传播与普及。Vlog 是指视频博客,也就是利用视频来分享自身动态的一种网络日志。Vlog 微电影则是指具有完整剧情的视频形式,不过与一般仅具有记录功能的 Vlog 相比,Vlog 微电影需要进行完整的故事设计与更精细的后期制作,这种新类型的微电影在 2019 年出现并成为了年轻人青睐的对象。

5. 微电影剧集

微电影剧集是指将多部无关联的微电影进行集合,在同一剧集内的微电影一般都具有较为相近的风格,例如《黑镜》系列、《9号秘事》系列(见图 8-78)、《万万没想到》系列(见图 8-79)以及《报告老板》系列。

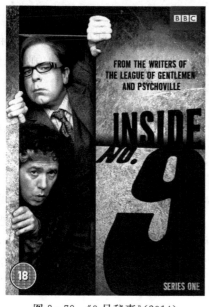
图8-78 《9号秘事》(2014)

图8-79 《万万没想到》(2013)

三、微电影的策划

微电影的策划相比传统电影的策划而言简单了很多,微电影的拍摄不需要太多的演员、道具和场景,也不需要太多的预算,在国内很多微电影的制作都号称除了创作者的时间以外"零成本",因此制作微电影成为了广大影视爱好者自由创作的最佳途径。

一部完整的微电影首先应该有简短但不"简单"的剧本,其次,制作人应具有较好的拍摄与后期制作能力,最后还要选择场景,准备相应的道具,预约化妆师。本节以故事片微电影为例,来阐释微电影的策划内容。

1. 剧本的选择

就像俗话"麻雀虽小五脏俱全"一样,严格意义上微电影也可以称之为电影的一种类型,它需要有完整的故事情节,因此选择剧本是微电影制作的第一个环节。

微电影的剧本一般讲求的是短而精。故事的时间跨度较小但充满了波折,内容吸引眼球又发人深省的剧本最受青睐。因预算与播放时长有限的缘故,剧本一般不会有过于宏大的故事背景。例如上文中提到的2010制作完成的法国微电影《调音师》的故事情节非常简单,并且由3段跨度不大的时间线进行串联,情节张力很强,其剧本在原剧上映8年后被印度导演斯里兰姆·拉格万改编并拍摄成为电影版的《调音师》(见图8-80),于同年内引进中国并获得了好评。

图8-80 电影《调音师》(2018)

2. 预算的筹划

虽然有很多微电影号称自身是"零成本"，但实际上微电影和其他影视作品一样需要制作经费，其中包括演职人员的劳务费与日常开支、道具的购置与租赁费用、化妆师的雇佣费用、场地的租赁与交通费用、拍摄与后期工作设备的购置与租赁费用等。

3. 演职人员的征集

在确定了剧本与预算后，微电影的主要制作人员将开始征集各类的演职人员，其中包括演员、化妆师、摄影师、后期剪辑师、场务等，有一些剧组还需要财务人员和司机。

4. 分镜头脚本的撰写

拍摄一部影片至少需要两个版本的分镜头脚本才可以进行，之所以需要以主线发展顺序与场景分类顺序分别制作分镜头脚本，是因为需要对后续的拍摄与后期制作活动进行辅助和推进。按照主线发展顺序所制作的分镜头脚本可以在全局上对所需镜头进行记录，不但在后期制作时具有较佳的参考作用，而且能对拍摄活动起到一定的促进作用；而按照场景分类顺序所制作的分镜头脚本，则主要用于将同一场景的多个镜头进行集中拍摄，起到最大化地降低拍摄成本的作用。

分镜头脚本是由剧本改编而来，而剧本相当一部分则来自于文学作品。就撰写一部来自于文学作品的故事片微电影的分镜头脚本而言，首先要做的工作就是将文学文本转换同影视文本，这一转换不仅需要将文学作品中的修辞与心理描写略去，将文字尽可能转换为能够呈现图像与声音的写作方式，还需要对作品的视觉形象进行较为完整的设计。进行视觉转换时，应注意将人物的性格用动作、表情以及眼神等具体的形象刻画出来，同时这种转换也具有一定的排他性，很容易使观众产生刻板印象，使某一角色的形象变得具体且固定下来。

当剧本的改编完成后，还需要将剧本再次改编成具有拍摄指导作用的分镜头脚本，这一过程是将原本剧本中的大致形象进行具象化、实体化，才能为后面的拍摄与后期制作活动带来显著的便利。这一转换首先需要将影视文本中已经比较细致的各类形象与实际条件相联系，对特定的场景、道具、服饰等进行选择。例如，在影视文本中的"桌上放着一个果盘，盘中放着很多水果"，在具象化转换时就需要考虑到，是怎么样的桌子、果盘以及水果种类，这是因为视觉艺术与文字艺术的展现效果不同，在观看影视作品时，任意一个细节形象的改变都可能会产生不同的观影效果。

分镜头脚本样本见表 8-3。

表 8-3 分镜头脚本样本

镜号	场景	景别	镜头技巧	时长	内容	对白	音乐音响	处理
1	1	全景	推镜头	3s	凌晨两点，漆黑一片的房间里，传来敲打电脑键盘的打字声		打字声	
2	2	全景	推镜头	5s	走廊向前延伸，转过了一个又一个拐角，脚步声在走廊里响动，最后，停在了一扇门前			
3	3	全景		5s	明媚的阳光从屏幕的一角逐渐浮出，凸显在优美的太空画面中			

续表

镜号	场景	景别	镜头技巧	时长	内容	对白	音乐音响	处理
4	3	近景	推	10s	闪动的光线越来越亮,朝月球的方向漫游过去,"砰",巨大流星体撞到月球,"吼"地一声爆炸,月球上红光如注,彩星冲天		"砰""吼"	
5	3	特写		6s	大地在不断的剧烈撞击中轰鸣和燃烧,月球变得阴浊、昏暗		"轰隆隆""砰"	

5. 场景的选择

微电影的场景分为实体场景与虚拟场景两种。实体场景选择较为简单,需要的场景数量也较少,一般3~5个不同的场景就能满足多数微电影的拍摄需要;虚拟场景一般是使用蓝幕或绿幕进行抠像更换背景的场景,需要提前搭建或租赁拍摄场所。

在微电影的策划阶段,制作人员需要实地考察每一个场景是否可以使用,在考察过程中要考虑到往返时间、交通成本、是否需要在特定时间进行拍摄、实地拍摄的机位、拍摄是否需要补光灯或其他设备等问题。

6. "化服道"的准备

影视创作的过程中常常会提到"化服道"这样的一个词语,这个词其实就是化妆、服装与道具的统称,或泛指在影视拍摄过程中所要使用的一切需要提前准备的物资与设备。

影视创作的化妆与常规化妆不同,可能需要大量假发、胡须等不常使用的物品;服装是指演员出镜时所需穿戴的特定服装,一般会根据影片需要进行增减,在同一场景拍摄不同时间段的内容时,会进行一些换装处理,拍摄时对服装进行不当的调整则会出现"穿帮"现象;道具是指在影视拍摄时所需要使用的各类特定器物,需要提前准备(见图8-81)。

图8-81 影视传媒公司的道具库

7. 拍摄与剪辑设备的准备

虽然如今微电影的拍摄与剪辑门槛都已经降得很低,甚至仅使用手机就能完成一部微电影的拍摄与剪辑工作,例如广告微电影《纵身一跃》就是全程使用手机进行制作,但实际上多数情况下微电影制作者依然是使用专业摄像机和电脑剪辑软件居多。

无论是使用手机、DV、单反相机还是摄像机,都应按照实际需要进行准备。例如,一般两个人的对话场景就需要3个机位同时进行拍摄,奔跑或追逐镜头也需要2个或2个以上机位同时工作,电池、镜头、录音器材等拍摄辅助设施必须准备充足(见图8-82)。如有条件可准备剪辑机、调音台、调色台等剪辑设备,若条件不足也可以使用安装了专业剪辑软件的高性能电脑。

图 8-82　各类拍摄器材

8. 拍摄时间的确定

可按照场景分类顺序的分镜头脚本进行拍摄时间的拆分,一般在影片的拍摄中如无特殊时段或光线要求时,应在同一场景中进行集中拍摄以节约成本,若更换"化服道"的成本比剧组切换场景成本更大时,也可以按照主线发展顺序的分镜头脚本进行拍摄。

上述工作均已完成后,就可以进入拍摄制作的环节,待拍摄完成后再进行后期的剪辑与调色,最终成片。

思考题

1. 电视剧的类型有哪些?你认为哪些类型的电视剧收视率较高,并说出原因。
2. 电影的票房收入是否与其预算的大小有关?请说出原因。
3. 选择一段小说文字,将其改编为微电影的分镜头脚本。

第九章 纪录片

近年来,纪录片产业发展迅猛,《美丽中国》《蓝色星球 2》《帝企鹅日记》《我在故宫修文物》《舌尖上的中国》等现象级的优秀作品牢牢地吸引了观众的目光,引发了一波又一波的收视热潮。

第一节 纪录片概述

从 20 世纪 90 年代开始,我国电视文艺工作者及学界一直围绕纪录片的本质特征以及叙事技巧争论不休,但和新闻资讯、真人秀、电视剧等其他大众化的节目类型相比较,纪录片明显属于小众化视听节目类型。

一、纪录片的概念界定

"纪录片""电视纪录片"两个名词是影视视听节目发展的产物①。19 世纪末,从卢米埃尔兄弟的《火车进站》《工厂大门》开始,纪录片本身就是影视艺术的母体,在漫长的影视发展过程中,才慢慢分化出故事片、新闻片、科教片、动画片等多种类型的视听作品。而纪录片也成为了一种特殊的影视片种,英文为 Documentary Film。

Documentary 一词源于法语 Documentaire,其形容词词性为"文件的,文献的,资料的",而作为名词则为"纪录影片"。暂不论词性属性的差异,其本意从"文献的,资料的"到"纪录影片",非常准确地揭示和定义了纪录片真实记录的本质特征。1916 年,美国地质工程师弗拉哈迪在北极探矿过程中拍摄了展现在北极冰雪天地中生活的爱斯基摩人生活风貌的纪录式影片《北方的纳努克》,而该影片并非纯粹呆板的纪录景象式的"再现生活",而是将人物、情节进行了一定程度的艺术化处理。《北方的纳努克》被国际影视界公认为是第一部完整意义上的纪录片,"纪录片"一词也由此出现。

从纪录片实践到理论的初步总结经历了 20 多年。但此后,关于纪录片的定义却一直困扰着业界和学界。内容范畴无法达成共识、形式主题无法兼容成为理论研究众所周知的主要难题之一。这里列举几个具有代表性的定义。

约翰·格里尔逊称纪录片是"对于现实具有创造性的诠释"②。其意思是说,如果运用创造力将以记录下来的真实碎片组织成为故事,那么就算是制作了纪录片,但这包括所有非剧情的形式,例如自然、科学、旅游等,甚至是以纪实为前提基础的宣传影片,纪实制作的新闻类影片,社教类、科学类影片等。但时代发展变迁,不同题材内容形式下的视听作品,因为某些特别

---

① 朱景和.纪录片创作[M].北京:中国人民大学出版社,2015:3.
② 迈克尔·拉毕格.纪录片创作完全手册[M].喻溟,王亚维,译.成都:四川人民出版社,2019:9.

的价值和议题选择,纪录片似乎也从非剧情类的视听作品里分离了出来。

美国1979年出版的《电影术语词典》给纪录片的定义是:"纪录片,即纪录影片,一种排除虚构的影片。它具有一种吸引人的、有说服力的主题或观点,它从现实生活中汲取素材,并用剪辑和音响来增进作品的感染力。"

而在国内,1992年由中央电视台组织全国大量专家、学者历时一年多研究讨论基本达成了对纪录片定义的共识:"电视纪录片,是以摄像和摄影手段,对政治、经济、文化、历史事件等作比较系统完整的纪实报道,并给人一定审美享受的电视作品。它要求直接从现实生活取材,拍摄真人真事,不容许虚构、扮演,其基本的报道手法是采访摄像或摄影,即在事件发生发展的过程中,用'等、抢、挑'或追随采撷的摄录方法,记录真实环境、真实时间里发生的真人真事,在保证叙事报道整体真实的同时,要求细节真实。真实是纪录片的基础,也是它最宝贵的价值所在。正是'物质现实复原'的真实,才使纪录片有它永恒的魅力。"①

吕新雨教授认为,纪录片是以影像媒介的纪实方式在多视野的文化价值坐标中寻求立足点,对社会环境、自然环境与人的生存关系进行观察和描述,以实现对人的生存意义的探寻和关怀的文体形式②。

对于以上定义的陈述,不是为了简单指出其存在的缺陷和不足而重新建立一个涵盖一切的标准化定义。比尔·尼科尔斯认为:"想要对纪录片这个概念进行准确界定,就像给'爱'和'文化'下定义一样困难,纪录片的定义经常表现为一种相关性或是相对而言的解释……纪录片的含义体现在它与故事片、实验电影或先锋派电影的相对性中。"③

在这些中外不同的关于纪录片的定义中,我们不难发现其中一些共同存在的特点:一是强调纪录片是对现实生活及环境进行非虚构的呈现,非虚构性是区别于其他视听节目类型的主要特点;二是国外学者更注重强调纪录片的审美性与艺术性,注重纪录片的创造性表达以及吸引力和感染力。而国内学者则强调纪录片的真实性,这种真实性不仅仅表现在拍摄制作技巧上对客观存在的"四真"(真人、真事、真实环境、真事时间)的记录,还表现在制作者在拍摄过程中对于拍摄对象的不干扰,让其自然而然地呈现真实形象。

非虚构性是纪录片的本质特征,但是,强调其非虚构性及说明在拍摄过程中的"四真"并不能严格地将纪录片与新闻节目、电视真人秀、电视访谈节目等类型区别开来,因为这些节目类型同样是对真人、真事、真实环境、真实事件的记录和反映,尤其是新闻节目,真实性是新闻报道的基本要求,也是新闻报道的生命。

同样,强调纪录片的艺术性、感染力及审美性,也无法把纪录片与虚构性的剧情片、故事片、电视广告、微电影等类型进行区分。因为,对于这些节目而言,艺术审美性是其存在的前提与基本诉求,基于叙事结构基础上的艺术表现与审美情趣才能使得受众在进行视听享受的同时,产生情感上与心理上的共鸣。

因此,本书认为,纪录片是通过视听媒介(包括电视、网络新媒体平台、视频网站等)载体进行播放的,以非虚构的叙事方式反映人以及人类生活环境、生存状态的,并具有艺术审美性的影像视听节目类型,是人类个体或某一群体记忆的载体,是对现实生活及生存状态有目的的选择。

---

① 杨伟光.中国电视专题节目界定[M].北京:东方出版社,1996:2.
② 张健.视听节目类型解析[M].上海:复旦大学出版社,2018:72.
③ 比尔·尼科尔斯.纪录片导论[M].陈犀禾,刘宇清,译.北京:中国电影出版社,2007:28.

二、纪录片的发展变革

(一)西方纪录片发展概要

电影自问世以来,长达几十年的时间里,一直处于纪录片和新闻片的雏形期,呈现出明显的原始特征。但是,电影的发明者却在坚持记录真人真事,确立写实传统,并为后来的纪录片所继承和发扬。早期的纪录片演进史基本也是电影的演进史。由于纪录片的资料与创作者极其庞杂,本书以纪录片的流派史来说明其发展历程。

1895年3月前后,电影发明者法国人卢米埃尔兄弟在巴黎放映的第一批短片《工厂大门》《火车进站》《婴儿吃奶》《水浇园丁》等,都取材于真实生活,都是对现实生活场景的朴素还原。当20世纪20年代中期,英国青年约翰·格里尔逊在高度评价弗拉哈迪的非虚构影片《北方的纳努克》时,首次使用了"纪录电影"一词,把纪录电影创作概括为"对真实事物作创造性处理"。这一概括意味着纪录片的概念是与故事片相对而言的,非虚构也由此成为纪录片区别于其他剧情片或故事片的基本特征。

1. 约翰·格里尔逊与纪录片运动

20世纪20—30年代,约翰·格里尔逊在美国研修社会学期间注意并深入思考了电影的社会功能问题,他敏锐地意识到电影作为教育和意识形态工具的巨大潜力,在高度评价弗拉哈迪非虚构影片《北方的纳努克》时,首次用到"纪录电影"一词将这种区别于故事片、剧情片的影片类型独立出来,使其有了自己的特点。作为电影理论家,约翰·格里尔逊建立了纪录电影的基本体系,即表现形态、基本功能、视听语言特点。约翰·格里尔逊主张把电影作为宣传、教育和舆论手段,因此他呼吁用镜头关注现实生活和社会问题。

1927年,格里尔逊制作的纪录片《漂网渔船》形象地表现了现代鲱鱼捕捞技术如何取代传统生产方式。在该影片中,弗拉哈迪的长画面技法与爱森斯坦的蒙太奇手段都被娴熟地运用,表现了海上波涛激浪中,人与机器的协作生产。该影片成为了英国纪录片的开山之作。之后,格里尔逊创建了纪录片小组,将30多名志同道合的青年组织起来,共同学习研究并不断实践创作纪录片,产生了一系列如《住房问题》《煤矿工人》《造船厂》《吸烟的危害》等优秀的纪录影片。约翰·格里尔逊公开宣称:"我把电影院看成一个讲坛,并以一个宣传家的身份来利用它。"格里尔逊小组的"从现实社会现象和普通人生活中取材,以电影为工具,以公共利益为目的,参与各个机构的服务性事业,利用字幕、解说词、剪辑等手段对现实进行创造性处理的影片制作模式",在当代综合性纪录片中仍然起着非常重要的指导与借鉴作用,除了宣传用途,其商业价值也被开发出来,成为人们所熟悉的现代纪录片制作模式,如探索系列的纪录片。

2. 人类学纪录片的开创

电影产生初期,发达国家的摄影师都把眼睛聚焦于远离西方文明世界的偏远民族地区和土著人身上,以弗拉哈迪为代表的创作者坚持在"非虚构"的基本原则下,积极地介入当地生活,让真实的生活场景与作者的主观感情结合起来。他们将镜头对准那些即将消失的文明,在一家人或个人的经历中,展现人与自然的关系,其主观意识是赞赏现代文明入侵之前的自然美和人性美。这种用影像记录社会,用影像挽救文化传统的模式后来被命名为"人类学纪录片",如侧重描绘人物和环境朴实无华天然美的影片《亚兰人》《土地》《蒙阿那》等就是其中代表。

3. "电影眼睛"与客观纪实

苏联十月革命后,列宁十分重视新闻片和纪录片的宣传鼓励和新闻传播的作用。由吉加·维尔托夫主编的系列影片《电影真理报》广泛发行,影片的素材是由摄影师分别在战争前线和后方各地拍摄的,然后由导演集中起来,进行编辑,加上字幕,成为新闻主题。有些新闻主题后来又根据新的构思汇编成篇幅较长的纪录影片,如《国内战争》《前进吧,苏维埃》《在世界六分之一的土地上》等。摄影师们把摄影机的镜头看作电影的"眼睛",认为"电影眼睛"比人眼更完善,更具有分析力。被称作"电影眼睛派"的纪录电影艺术家认为,为了达到现实意义的效果,搜集到的现实的片断,必须有真实的基础。他们经常带着摄影机到市场、工厂、学校、小酒馆或是在街道上,遇到合适的素材就拍下来。事先不征得被拍者的同意,也不要求被拍者表演,他们只是找一个可以隐蔽摄影机的地方,就进行拍摄,然后再经过剪辑,把混乱的视觉现象变得条理分明。

法国社会学者让·鲁什在总结人类学研究的基础上创立真实电影学派。1960 年他摄制的《夏日记事》是其第一部有影响的作品。真实电影学派的目标是直接把握人物、运动或事件的现实性,即通过对真实人物的采访、交流,获得热点问题的真情实感;把几个不同的采访对象之间的交流、争论记录下来,然后让采访者观看样片,并将采访者的观感编入影片中,故事性虽不强,但人物的个性、见解以及观点争论却被完整、真实、自然地记录下来,形成客观写实的风格。

1960 年,美国《时代》杂志记者罗伯特·德鲁和理查德·利科克创作的纪录片《初选》问世,该影片跟踪拍摄两位总统候选人约翰·肯尼迪与休伯特·汉弗莱竞选总统的过程,客观地记录了充满故事性和生动入微的细节。与此同时,德鲁宣称要创立真正的电视纪录片的拍摄方式。这种方式必须合乎生活内在规律,用一种富有戏剧性的电视语言进行叙事,而不是让解说词牵着受众来观看发生的事件。罗伯特·德鲁和理查德·利科克也成为了直接电影学派的代表人物。

"真实电影"《夏日记事》与"直接电影"《初选》以全新的写实风格追求真实客观效果,其影响令格里尔逊式的宣传教育片学说受到强烈冲击,新的写实纪录风格也成为国际纪录片领域颇有影响的影视纪实艺术学派。

20 世纪 70 年代以后,纪录片的风格演变与电视传播的快速发展有着密不可分的关系。少数大的专业影视制作公司对影视行业垄断的局面慢慢被打破,自由文化人和小公司成为独立制片的重要力量。他们与各电视台、影视机构竞争又合作,使得纪录片的创作空前活跃,并呈现出题材内容广泛、艺术形态风格多样及艺术形式技巧相互渗透的三大特点。

(二)中国纪录片发展概要

与国外纪录片发展类似,当电影以记录拍摄和叙述方式传入中国后,自 1905 年开始,在很长一段时间内,我国的纪录片也主要是以纪录电影的形式出现。直到 20 世纪 80 年代,随着我国电视媒体事业突飞猛进地发展与崛起,纪录片才慢慢地在电影和电视媒体中合流。

1. 中国纪录片的出现

影视艺术的上层建筑属性决定了它必须适应于其依附的社会经济基础。自 1896 年始,法国人卢米埃尔兄弟陆续向世界各地派遣摄影师进行了大约 750 部影片的拍摄制作,其中以中国为拍摄地的影片大概有 50 部,题材主要包括八国联军侵占北京、日俄战争等,电影也于这一时期传入中国。中国人自己拍摄的影片始于 1905 年,在北京泰丰照相馆拍摄记录了京剧名家谭鑫培先生表演的京剧《定军山》的片段，影片也定名为《定军山》。

2. 中国新闻纪录片的发展

早在1911年和1913年，便有进步戏剧工作者朱连奎、夏月润等人组织民间力量拍摄了反映辛亥革命武装斗争的新闻纪录影片《武汉之战》和《上海之战》，真实记录了这两次重要斗争的细节。之后，1915年有反映上海人民反对"二十一条"的示威游行的新闻纪录短片，1918年有反映反毒品运动的纪录片《上海焚毁存土》等。这些早期纪录片的重大意义不在于对重大历史事件记录的文献价值，而在于其开创了中国纪录片关注国家命运的优良传统。

20世纪30—40年代，我国故事片出现第一个兴旺期，纪录片创作也蓬勃发展。这一时期，拍摄抗日新闻纪录片是多数中国电影工作者的共识，也是新闻纪录片的主流。"九一八事变""一·二八事变"爆发后，许多影片公司都意识到拍摄抗战纪录片的重要意义，纷纷派遣摄影师前往抗战一线进行历史文献式的摄制工作。如民营电影公司拍摄的《抗日血战史》《十九路军抗日战史》《上海之战》等，南京的国家电影机构摄制了《卢沟桥事变》《淞沪前线》《平型关战役》《抗战号外》诸多重要纪录电影，为这一时期的史学研究提供了宝贵的影像资料。

1938年4月，中共中央创办的陕甘宁边区抗敌电影社在延安成立。该电影制作团队在以"拍摄制作前方抗战和边区生活等新闻片"为主要任务的思想指导下，先后拍摄了《延安与八路军》《南泥湾》《白求恩大夫》《中国共产党第七次全国代表大会》等纪录片，尤其是《延安与八路军》开创了中国新闻纪录电影的先河，也为以后的新闻纪录电影奠定了较成熟的叙事表现手法与技巧。

抗日战争胜利之后，1946年10月，东北电影制片厂在兴山成立，以生产新闻纪录片为主要任务。1947年开始拍摄关于东北解放战争的新闻素材。此后，这些素材被编入17辑的杂志片《民主东北》，其中第17辑《东北三年解放战争》全面记录了东北解放的过程。同时期，晋察冀军区电影队在河北涞阳县成立。由于该电影队将主要的摄影制作设备都安装在一辆马车上，因此也叫做"大车电影制片厂"。大车电影制片厂创作了《钢铁第一营》《解放定县》《正定大捷》《解放石家庄》等多部重要的纪录影片。在解放战争大反攻时期，东北电影制片厂派出多个摄制组到战争一线，连续拍摄了记录辽沈、淮海、平津、渡江等多个重大战役的《东北解放的最后战役》《北平入城式》《淮海战役》《百万雄师下江南》多部重要纪录片。

1949年4月20日，北京电影制片厂成立，其主要任务是在全国六大行政区拍摄新闻纪录片。1949年9月初，新中国成立前夕，苏联中央文献电影制片厂等单位应邀派出摄影队来华拍摄了大型彩色文献纪录片《解放了的中国》与《中国人民的胜利》，成为中国纪录片历史上的重要事件。这两部作品采用实地拍摄，真实再现了新中国诞生的历史，荣获斯大林文学艺术奖，是苏联纪录片模式影响中国早期纪录片的标志性开端。

3. 政论化纪录片时期

从1950年至1978年这一时期，我国纪录片由于受社会政治因素的影响，几乎都带有非常强烈的政治色彩。这一时期，党和国家对纪录片拥有绝对的话语权，新闻记录与宣传教育成为这一时期纪录片的主要功能任务。因为缺少宣传经验、宣传策略，再加上受苏联政论性纪录片的影响，这一时期的政治化纪录片在言语上显得较为空洞，题材雷同较多，风格也比较单一，缺少人性色彩与人文精神。

1958年5月成立的北京电视台，开播当日就播放了中央新闻纪录电影制片厂的纪录片《到农村去》，此后不久，开始播出自己摄制的电视纪录片，如《英雄的信阳人民》等。荧屏与影院的纪录片竞相发展的时代由此开启。初期的电视纪录片,除了制作周期短、播出及时外,几乎和影院纪录片无其他区别,都是以新闻纪录方式报道国家社会大事,颂扬英模典型的教育宣传,创作手法上基本呈现为画面加解说的形式。

"文化大革命"期间,影视行业及作品被强制为政治服务。摆拍、组织拍摄成为这一时期主要的创作方式,制作过程完全形式化、公式化,甚至颠倒是非的报道司空见惯,影视纪实艺术发展在这一时期也是举步维艰。在这一时期,一批影视工作者本着职业责任感,避开喧嚣,深入生活,创作了一批优秀的纪录片,如《红旗渠》《海河战歌》《黄河万里行》和电视纪录片《收租院》《深山养路工》《金溪女将》等。1966年,《收租院》在电视上播出后,获得了很大的社会反响,是公认的中国初期电视纪录片的代表作,也是当时特定年代文化、传播、教育面貌的形象文献记录。

4. 人文化纪录片的发展

20世纪70年代末开始到90年代初期,受改革开放政策的影响,纪录片艺术的发展也呈现出兴旺繁荣的态势。在这一时期,纪录片题材范围广泛,带动了作品样式的创新和类型的异彩纷呈,而这种制作周期短、数量翻倍的状况使得电视荧屏成为纪录片的主要播放平台。

这一时期,电视新闻类节目迅速发展,迫使新闻片与纪录片渐渐分离,进而促使影视工作者对纪录片创作观念进行探讨。另外,由于新兴电视媒体播放的时效性以及排片量大的显著特点,使得电影纪录片逐渐衰落,电视纪录片却利用电影媒体的优势以及历史经验积累,快速成长并繁荣起来。

在这一阶段,纪录片最为显著的特点是没有了政论化纪录片式的说教味道,带有民族历史文化及民族象征意义的山川河流等成为这一时期纪录片,尤其是电视纪录片所反映的主要对象。如《丝绸之路》《话说长江》《话说运河》等优秀纪录片播出后都引起了强烈的社会反响。1991年,央视联合日本电视台共同制作和播出的大型系列纪录片《望长城》,打破原有固化的制作拍摄模式,以长画面拍摄和高质量声音采录的形式,将西方多个影像艺术写实流派的技法与策略和东方虚实相济的艺术传统相结合,形成了新的方法和风格。《望长城》被普遍认为是中国电视纪录片发展史上一部里程碑式的优秀作品。

5. 纪录片的多元化发展时期

20世纪末至21世纪初,是中国纪录片多元发展的阶段。这一阶段里,纪录片的发展呈现四种典型的特征。

一是影视合流,即电影纪录片与电视纪录片,以及新兴的网络视频媒体纪录片呈现出不同的媒体制作与播放载体平台的界限显著缩小的态势。影视合流的标志性事件是1993年10月中央新闻纪录电影制片厂并入中央电视台。此后,多家纪录电影制作单位并入电视台或者电视制作单位。尤其是进入到21世纪头十年,随着网络视听媒体平台的不断建设发展与成熟,越来越多的纪录片都呈现在网络视听平台,比如网络三巨头BAT(百度、阿里巴巴、腾讯)旗下的各种视频网站与客户端都展映着大量纪录片,这里面也不乏其网络媒体单位投资或自制的优秀纪录片。

二是内外接轨。这一时期,我国纪录片的创新发展逐渐与国际纪录片接轨,在引进国外优秀纪录片的同时,本土原创纪录片也走向国际舞台,越来越多的纪录片参加国际影视节,并且获得业界认可,如1992、1993年获亚广联电视大奖的《沙与海》和《最后的山神》,1997年获巴黎真实电影节大奖的纪录片《八廓南街16号》。这些纪录片的显著特点是制作周期相对较长,而大部分时间都用于与拍摄对象进行深入交流,观察体验他们的生活。这种制作方式带有典型的弗拉哈迪学派的创作手法与纪录片艺术观念。

三是创作主体范围扩大。纪录片创作的主体长期以来主要是政府部门和官方的影视制作单位。但20世纪90年代以来,越来越多的民间力量或独立的影视公司、影视工作者参与到纪录片创作中来,使纪录片创作的主体形成多元参与的特征,而纪录片的艺术观念和艺术形式在此基础上也形成了多姿多彩的多元化样式。

四是形式不断创新。2016年,《跟着贝尔去冒险》的播出,将纪录片内容与综艺形式很好地结合起来,获得了很好的关注度。2017年,综艺与纪录片的融合更加深入,优酷播出的《了不起的匠人2》、腾讯播出的《我们的旅行》,已然被称为具有综艺气质的纪录片。纪录片融入综艺娱乐元素,是纪录片在传播实践中以受众为导向制作节目的有效尝试。

三、纪录片的特征

纪录片作为独特的视听节目类型,主要有三个基本特征。

1. 真实性的本质特征

纪录片的真实性来源于摄影术或照相术本身对事物物象的再现还原,在各种艺术叙事中,纪录片的真实效果因其在时间上动态地对物象的还原功能而独树一帜。纪录片力求反映未经修饰和掩盖的自然与社会,记录真实事件、真实人物的真实语言,就必须以真实作为其灵魂,不仅仅人物、事件是真实的,而且在时间、环境、空间和细节等方面也都要是真实的。纪录片的真实性及其构成元素的真实就要求创作人员必须深入到拍摄对象的生活或事件的中心,对所要呈现出来的事件内容找到全面的证据支撑,而不是道听途说的孤证或片面呈现。

当然,纪录片的真实性是有条件范围的,并不是绝对孤立性的真实。"客观真实"在哲学意义中是一个唯心式的形而上学的命题,它强调个体独立形式的客观存在,而忽略了观察者的观察角度及客观存在对被观察事物的影响,也忽略了观察活动中的主客体双方相互作用下对观察结果的影响。因此,纪录片创作从某种意义上来说,拍摄者的主观个体经验构成及其选择性真实的制作与拍摄并不是绝对客观的真实。但在纪录片中,只要观察者的角度是客观存在的,是合理的,它就是有效的真实。所以,对于纪录片创作者来说,真实还应包含创作者倾注于纪录片作品中个人的世界观和价值观,以及整部纪录片作品中所蕴含的主题价值和意义的真实存在性。

2. 故事化的叙事结构

所谓故事,即过去的事情,这件事可能是真实的,也可能是虚构的。故事是人类对历史文化的一种记忆,人们通过多种故事形式,记录和传播社会文化传统与价值观念,引导社会性格的形成与发展。从这个意义上看,纪录片同神话、小说、戏剧等一样,借用电子方式将文字形态的故事影像化。然而纪录片并不是散乱琐碎的资料简单堆砌而成的,它是由主创人员精心策划、编排,围绕着事件的前因后果叙述一个完整的故事。即使是以传播为目的的科教纪录片和以宣传的为目的形象纪录片,自始至终也贯穿着或明或暗的逻辑线索,让受众感觉到似乎在听一位现场亲历者讲述故事。

从受众的接受心理上来说,好的纪录片作品能够让受众从视听感受延伸到心理和生理,在感性和理性方面都产生愉悦的感觉。纪录片从其"真实性"的本质来说是理性的,但其往往是通过感性的故事形式来进行呈现的。如 2016 年 8 月上映的，由美国、中国、英国联合拍摄，SMG 尚世影业、迪士尼自然、北京环球艺动影业联合出品，陆川执导、周迅中文解说的纪录片《我们诞生在中国》，该片以拟人化的解说方式，将四川大熊猫、三江源雪豹、川金丝猴三个中国独有的野生动物的家庭作为主线，讲述了动物宝宝们各自出生、成长的感人故事。

3. 艺术化的审美特性

在现代电视、网络等多形式视听作品播放载体或平台并存的传播环境背景下，对于任何类型的视听节目来说，创作者的动机、赋予文本的思想内涵、作品的选材以及文体形式和特点，已然决定了其特定的收视群体、收视率以及体验方式。如新闻资讯类节目的知识内容认知性和解惑性，以及生活服务类、真人秀、广告类节目的功利性等就决定了其固有的收视受众群和受众的体验方式。纪录片是建立在非虚构的真实性基础上的影像故事，其所展现出来的是一个完全陌生的时空和人性化的世界。这就要求受众以一种非功利性、非实用性的态度进行作品的欣赏，而这种态度就是审美的态度。

审美并不神秘，审美本能是人人都有的，审美功能是各种艺术都普遍具备的。在影视传播领域，纪录片以真实性的特征传播信息与新闻的品格特性相重叠，因此具有新闻审美的特征。另外，纪录片从影院到电视，不同于其他电视艺术类型，纪录片的特性与多种社会功能使其成为独特的艺术门类——影视纪实艺术。它兼具教育、宣传、认知、舆论等多种社会功能，又以审美功能为基础。纪录片的审美特性表现在它的纪实本性——视听形象纪实美。而作为审美对象整体的纪录片，其教育和认知作用，甚至娱乐与舆论作用在审美中融为一体。

通过审美精神的释放，纪录片实际上是以一种美学精神塑造新的人生，也提升了作为社会主体的人的精神境界。如获得 2016 年阿姆斯特丹国际纪录片电影节纪录片长片评委会大奖的纪录片《摇摇晃晃的人间》，这部作品以诗意、激烈和富有张力的形式记录了人物经历的复杂性，影片的内在力量、演员的精彩表现从侧面进一步提升了其艺术审美性。

第二节　纪录片的主要类型

纪录片的分类，没有固定的统一标准，本书依照题材与内容表现形式的不同，将纪录片分为以下几种不同类型。

1. 政治类题材

政治类题材的纪录片包含政论片，即运用真实形象进行论证的纪录片，其主要特征是专注政治生活领域中意识形态相关的斗争与宣传。政论片充分发挥电影的技术优势和艺术优势，运用可视材料进行论证，显示出形象性与思辨性相辅相成的特点。政论片运用的素材可以是现实的，也可以是历史的，不受时间的限制。除了材料的真实性、论证的严密性、观点的鲜明性这样一些基本要求外，政论片尤其注重形象性与科学性的统一。2006—2007 年中央电视台推出的大型政治发展史的系列纪录片《大国崛起》《复兴之路》，打破了以往政论片一直偏向政治教化、宏大叙事、高度符合政策条例与意识形态、流于空泛的说教、缺乏社会功能关注的局限，高度宣扬了观众本位意识，依靠生活本身的逻辑影响受众，变主观灌输为客观分析判断，变以往单一的强制性政府宣传口径为多种声音并存，是新时期政治类题材纪录片的成功转型。近些年,如《一带一路》《我们走在大路上》《祖国在召唤》《激荡中国》《难忘初心》等都是此类题材的纪录片。

2. 历史类题材

历史类题材纪录片是再现过去时代的历史事件的纪录片。它所表现的人物和事件须准确反映历史的本来面目,不能违反历史的真实,不能用演员扮演。可以运用历史数据、历史照片、文物、遗迹或美术作品进行拍摄,影片应具有文献价值。此类纪录片旨在通过展现消逝的过去,对当下的探索提供历史借鉴意义和知识内涵,如《辛亥风云》《两种命运的决战》《淮海千秋》等。2019年播出的纪录片《大道治国》选取历史上的真实案例作为切入点,用有血有肉的人物故事、跌宕起伏的人物命运来打动观众,其间穿插专家分析解读,让现代专家和古代历史人物建立跨越时空的对话,从而引领观众从现代人的价值观出发参与历史案例的讨论,引发思考,实现历史与当代的对话。《大道治国》通过故事来传达核心思想,从而避免了论文体的说教或历史年表的枯燥罗列,从人文视角链接高尚的人格精神让受众受到触动。

3. 传记类题材

传记类题材纪录片指记录人物生平或某一时期经历的纪录片。它与一般时事报道片或历史纪录片的区别在于以特定的人物为中心,不允许用演员扮演,也不可有虚构的情节和人物,如《诗人杜甫》《伟大的孙中山》《革命老人何香凝》《毛泽东》《叶剑英》《曹禺传》《孙中山在澳门》等。仅表现某一人物的某一侧面的人物肖像片、人物速写片等也属于此类。如2020年广东卫视播出的人物纪录片《钟南山》,该片从新冠肺炎疫情线索切入,通过讲述钟南山在2020年新冠肺炎疫情和2003年非典疫情当中奋斗在抗疫一线的故事,带领观众走近真实的钟南山。一个人在面对艰难时如何抉择,往往跟他的成长经历相关。据导演董珂介绍,该片中有大量珍贵的影像资料,回顾了钟南山80余年来的历程。希望通过该片,观众产生情感上的共鸣,"理解南山,感悟南山"。

4. 社会性题材

社会性题材纪录片指记录人们现实生活的各种情况及状态的纪录片。社会性题材纪录片有别于其他纪录片的最显著特点是不需要演员参与,而反映了鲜活的真人与真事。社会类题材纪录片关注的是人类生存当下的社会中,与人相关的话题、事件、场景等,其内在作用与目的是通过展现现实社会中的现象,以主观认识将其传播给观众,使纪录片的观点被更多人所接受,继而影响社会。如2016年的纪录片《生门》聚焦每一个家庭都会面临的生育问题,记录了4位遭遇极端情况的产妇及其家人在医院生产过程中经历的种种考验。影片并未回避在这个为生命而设的战场上的"残酷"。在紧张之余,镜头也没有漏掉产房里的人间温情,医患之间带有幽默感的交流、手术成功后在医务室里医生露出的腼腆的微笑,这些瞬间都被真实拍摄下来。《生门》虽然是用纪实手法拍摄,但影片的剧情张力以及天人交战的人性挣扎,仍获得受众赞许。《生门》在呈现了独特的视角和思考之余,也给了观众不同于以往的观影体验和震撼感受,既有充满冲击力的真实故事,也用客观冷静的第三者视角俯瞰众生感悟生命的真谛。

5. 人文地理类题材

人文地理类题材纪录片,是从内容与表现形式上包括了人文风俗、环境风貌等双层性质类型的纪录片。此类纪录片通过对特定地域范围内地理风光和历史民俗文化的呈现,以及对具有特殊风貌地域或者特殊人文风俗文化地区的科普与宣传,受众可从认知层面对这一地域有全新的了解和认识。2017—2019年中央广播电视总台推出的三季系列纪录片《航拍中国》通过航拍新颖独特的视角展现了中国大地截然不同的地形地貌、气候环境、自然生态，立体化展示了中国历史人文、地理风貌及社会形态，让观众以一个全新的角度看到美丽中国、生态中国、文明中国。《航拍中国》在地点选取上综合自然和人文、历史和现代等多种因素，以观众为核心，以生活化为主，让观众重视这些熟悉的景观并且挖掘它们的潜在美。另外，人文类型的纪录片不仅体现在地域环境限定下的风光风俗和历史文化，还体现该地域经过漫长历史所形成的衣、食、住、行等各种传承的文化，如《舌尖上的中国》《早餐中国》《人生一串》《茶，一片树叶的故事》等纪录片围绕中国人对饮食和生活的美好追求，用具体人物故事串联起中国各地的美食生态和饮食文化。

6. 自然类题材

自然类题材纪录片包含两种类型：一是自然环境题材纪录片，旨在通过展现人类客观生存的现实生态环境的现状与变化，进一步阐释人与自然的关系，引发人们对人类赖以生存的自然环境的保护意识，如BBC 2001年播出的《蓝色星球》系列，2006年播出的《地球脉动》，2009年播出的《家园》《海豚湾》，2011年播出的《人类星球》，2019年播出的《七个世界，一个星球》等经典和优秀的纪录片。全球气候变暖改变了生态环境，动物行为也相应发生改变。这是近年来BBC自然环境题材纪录片所关注的焦点。人类行为如何影响自然？在人类主导的世界，动物如何面临新的挑战？这些疑问在《七个世界，一个星球》中得到了更为鲜明的体现。相较于《地球脉动》《冰冻星球》等星球系列以往作品，通过不同栖息地来探寻自然世界的奥秘，在《七个世界，一个星球》中，主创人员选择从全球七大洲的各个角度观察地球，使用更先进的拍摄技术捕捉前所未见的动物行为和新的物种，让观众对全球各地的生态特质与物种起源有更加深入的了解，从而让受众从内心深处在震撼的影视视听效果中，勾起并认同生态环境保护的重要性。二是科技类题材纪录片，主要关注自然科学领域内神秘的、值得探索的广大领域。这类题材的纪录片通过对人类现代生活中无法触及的自然界和科技，或无法以常规方式获得认知的自然界的描述，揭示其知识价值和审美价值，为观众提供娱乐和知识服务。如1996年播出的法国纪录片《微观世界》，利用特殊的微观摄影机，向人们展示了森林里、草丛下放大了无数倍的昆虫世界。《微观世界》的拍摄细节构成了叙事的主要方式，通过各种细节的描写，整个故事变得细腻。特写和重复是细节化叙事的两种主要方式。在纪录片细节的呈现状态和表现方式中，两种话语叙述技巧有效发挥了叙事和修辞的双重功效，凸现出影片的审美魅力和艺术张力。纪录片《神秘的混沌理论》《旅行到宇宙边缘》《宇宙时空之旅》《你好，AI》等都属于此类。2018年，由中央电视台联合深圳市委宣传部推出的《创新中国》，是一部讲述中国最新科技成就和创新精神的纪录片。它关注最前沿的科技突破、最新潮的科技热点，聚焦信息、制造、生命、能源、空间与海洋等深具影响的领域，在宏大的国际视野里探讨中国的创新成长以及由此引领的世界影响。该片呈现的是一场浩大宏伟的中国创新实践，记录身体力行推动中国创新的个体与群体，从政府、企业、个人多角度思考中国社会的发展与进步。该片在制作中创新性地使用了语音合成技术，是世界首部采用人工智能配音的大型纪录片。

纪录片的类型在应用实践中本身没有较统一的分类方式，再加上近几年纪录片的题材与内容形式层出不穷，有很多纪录片在整体呈现的时候，主题与内容上出现了比较明显的交叉现象，这也进一步造成了纪录片类型划分的难度，但这也在一定程度上说明纪录片的内容呈现形式多样，题材涉猎广泛，制作技术在不断革新和创新。

第三节 纪录片的策划

纪录片是最能反映出创作主体综合实力的视听节目类型之一。随着社会经济的发展,人们对视听节目的欣赏水平也越来越高。纪录片把握时代潮流,关怀民众生活,观看纪录片已成为当代人观察社会、思考人生的重要方式。

纪录片的策划主要包含题材的选择、采访、资料搜集、场地勘察、作品结构构思、立意的确定、切入点的考虑、风格的设计等,而好的策划文案应当囊括主题的选择、编导阐述、主题深化、情节支撑、作品结构设计、作品风格及制作要求等。

一、选题的策划

纪录片是以影像艺术和视听语言为呈现方式,强调主体内容的客观事实,并以此感染观众,在展示个体、人群与自然的原生态审美意义的同时,引起观众从心理层面更深层次地对自然社会、人生价值的思考。因此,纪录片主体内容的客观存在与编导的主观创作意图之间的依存关系就显得尤为重要,这也是对编导及创作人员对主题选择、作品主题走向的分析和思考能力的考验。纪录片是发现的艺术,但发现不仅仅意味着把镜头对准生活中的某件事或某个人物就可以拍出纪录片。纪录片必须经过精心的选择和加工,才能从视听语言方面更好地表现和深化主题。

当然,现实生活中到处都充斥着充满丰富意义的事件或人物,不管是媒体报道、耳闻目睹的事件、他人的叙述或亲身经历等都可以成为选题的来源。在这一方面,纪录片的主创人员就需做生活的有心人,深入体验和观察,随时储备生活中的点滴信息和感受。

就选题而言,生活中的人物、事件、社会现象、历史、文化等都可以作为纪录片的展示对象。一般来说,可以选择社会生活中不普通的、有典型意义的人或事,如人与恶劣自然环境抗争的关系,人与人的关系,人的生存状态、非比寻常的生活方式或独特的生活观念等,也可以选择当前社会生活中具有普遍意义的社会问题。

在选题策划的过程中,一般要注意三个问题:一是选题要符合时代背景环境,契合时代精神,反映时代主题。二是选题要注重低视角,从受众的角度关注社会生活,以达到平民视角的人文关怀和人本主义思想。可在普通人群中寻找选题,讲述普通老百姓生活的酸甜苦辣、悲欢离合,反映老百姓的情感、意志、诉求及欲望,让受众在心理上体会到人文关怀。三是选题要注重选取能触动心理情绪的题材。纪录片不仅仅真实记录生活本身,还原生活,展示人们的生存状态,而且要深入事件人物的内心世界和情感,以展现客观真实立体的人物形象。

在深入挖掘选题时,纪录片的创作者要深入挖掘选题的内涵和戏剧张力。选题的内涵是指当确定一个选题时,应充分分析预判这个作品做出来后是否能真正打动观众,从主题思想上是否能上升到人的价值、人类的发展、人类文明进程、人性思考等。戏剧张力是指该选题是否能通过产生矛盾冲突来反映人物的性格,产生戏剧效果,从而增强作品的张力。

另外,纪录片的选题还应包括对自身的制作条件和市场需求的考虑。纪录片的制作也需要重视播出需求和受众需求,同时纪录片在不同媒体上的栏目化和频道化使受众市场得到有针对性的开发,节目受众定位的确定使广告商也参与到纪录片的开发中并投入资金,使得制作纪录片有了充分的物质保障。

二、纪实方式的策划

纪录片不同于其他纪实性节目的宣传教育模式,主要运用真实朴素的纪实手法吸引受众。纪录片作为一种视听媒体艺术,不仅要忠实记录真实事件的发生发展状态,还要注重真实的艺术审美特性。但现实问题是,纪录片的创作者必须出现在拍摄现场,否则就无法有意识、有目的地记录原始动态画面。然而,当创作者在现场拍摄纪录影像时,势必会对采访对象、采访环境产生影响。而这种对拍摄现场的影响,纪录片的创作者必须要进行充分考虑。要使纪录片最大程度地接近客观真实,一般都会采用长镜头拍摄,并注重对细节的捕捉。

1. 长镜头拍摄

长镜头拍摄是长时间用单一镜头对动态活动的连续影像记录,其主要的作用是在保证时空连续性前提下,对活动情节、动作和事件的发展进行连续不间断的记录。纪录片中的长镜头可以使画面、信息更真实、更客观。因此,长镜头是拍摄纪录片惯用的手法。如在纪录片《跟着贝尔去冒险》中,长镜头的使用使得该片在增强真实性的同时,将冒险、刺激的场景和画面同时传递给受众,在一定程度上有身临其境的感觉,受众情绪会随着情节叙事一起在紧张与放松中推进。

2. 对细节的捕捉

细节是最能体现事物本质的地方,在影视作品中,细节往往是构成人物性格、社会情境、自然景观、事件发展的最小组成元素。如在大型系列纪录片《故宫》中,就有非常多的细节展示,不管是故宫文物的细节特征,如材质、纹理、花式,还是通过细节内容对情节悬念的设置,在一定程度上都增强了纪录片的真实感。

三、叙事结构的策划

结构是指事物的外部形体架构及内部构造的总和。在影视作品中,叙事结构是指作品影片部分之间、部分与整体之间的内在联系和外在秩序的统一,同时也是创作者根据生活规律和主观感受及个人知识经验,用各种技巧手段对影片内容进行有主次、有逻辑的安排,使其成为严密、有机的整体。

纪录片的结构有内部结构与外部结构之分。内部结构是指构成作品形象的各个要素的内在逻辑联系和组织形式,而外部结构则是纪录片作品的构成框架。内部结构更多的是内容上的问题,外部架构则多是形式方面的问题,其常见的结构有线性结构和版块结构。

线性结构是指各个单位的内容之间通过逐个递进、层层深入,保持一种前后相继、不可逆转的逻辑关系、时间关系、程度关系、空间关系的结构思维方式。线性结构一般有以下三个特点:一是叙述段落的内容相对碎片化,但段落数量多;二是各个叙事段落之间有一定的内在联系,成为一种线索关系;三是叙述段落之间有过渡性连接,没有大幅度跳跃或切换。

版块结构即按照人物、时间、地域或主题的不同,将不同内容分成不同的部分,部分与部分之间可以没有联系,也可以有过渡性的叙事段落。其一般特征也有三个:情节内容以版块为独立章节,信息量相对较大,但总体章节数量不多;版块之间是相对独立的;版块之间没有过渡,往往带有跳跃性的段落切换。这种版块结构在大部分系列纪录片中最为常见,如《舌尖上的中国》《风味人间》《人间世》《四个春天》《生活万岁》等。

四、戏剧性因素的策划

戏剧化叙事已经成为大部分纪录片的常用表现手法,其是指在一定的时空内展示一个相对完整和连续矛盾冲突的过程,在作品的起、承、转、合上给予有张有弛的节奏控制,将作品的观赏性与艺术审美提升到与故事片相仿的程度。对于纪录片中戏剧性的构建一般从构建故事、设置悬念和矛盾、强化冲突矛盾三个方面考虑。

1. 构建故事

故事有非常强的可读性与观赏性,受众的情绪心理也会随着故事的发展和推进而起伏,因此,纪录片要讲好故事,才会有市场。纪录片创作者在选材或选题时,首先要看到所拍摄的题材中是否有故事,能否根据情节构建出故事,拍摄中能否拍到矛盾或有故事化的情节内容。后期制作时,不妨使用设置悬念、人物铺垫、交叉剪辑、节奏控制等故事片创作手法,以加强纪录片的戏剧性效果。

2. 设置悬念与矛盾

悬念与矛盾是产生戏剧化效果的有效手段。故事片的故事性以人为设置悬念见长,并以大量的叙事技巧和视听语言推动故事发展。但在纪录片中,悬念与矛盾虽很难像故事片那样激烈曲折,但悬念与矛盾却可以在后期时,结合前期拍摄素材进行模糊性和流动性的设置。创作者以现在进行时来记录一个动态的过程,在这个过程进行时,一切都处于未知状态。而这些未知的事物构成了一个链状悬念流,激起受众一直观看下去的强烈好奇心。

3. 强化冲突矛盾

没有冲突也就没有故事,冲突是体现一个故事戏剧化张力的主要因素。纪录片中的冲突更注重的是人与人、人与环境、个体内心、社会生活等更深层次的观念冲突、价值冲突。但值得一提的是,纪录片的客观真实性又决定了纪录片的矛盾冲突是隐形的,是不加干预的,往往都是在事件自然发展过程中要处理解决的,创作者要以冷静客观的方式引导观众去体悟深层冲突,忌讳强调表面矛盾的激烈性。

思考题

1. 纪录片可分为哪几种类型?各类型有何主要特点?
2. 纪录片的类型特征有哪些?
3. 如何进行纪录片选题的策划?
4. 怎样使纪录片更具戏剧性?
5. 纪录片的叙事结构有哪些?

第十章 融媒体时代节目的创新

随着网络新媒体的发展,融媒体整合改造的兴起,目前我国已经逐步进入全媒体时代。传播方式随着科技进步不断革新,受众对节目的要求也在不断变化。本章就基于互联网传播的节目转型、融媒体时代节目元素与类型的革新,以及未来节目类型发展的趋势三个部分展开阐述。

第一节 基于互联网传播的节目转型

网络改变了人们的生活方式,也改变了社会的结构与形态,服务于广大受众的节目也随之产生了无数变化。当全媒体时代降临之时,无论是音频节目,还是视频节目都面临着生存的转型压力。

自1994年互联网进入我国后,在传统的平面媒体、广播媒体、电视媒体等媒体形式之外,陆续出现了网络媒体、新媒体、自媒体、融媒体以及全媒体的概念。可以说这一系列的改变都是基于互联网传播技术发展而来的,网络在改变主流传播形式的同时,也改变了传统的节目类型定义。本节就网络在不同阶段对节目的影响来进行说明。

一、新媒体时代的节目转型

新媒体的"新"是相对于传统媒体而言的,它的传播不再依靠以报纸为主的平面媒体与以广播电视为主的音视频媒体的传播媒介。新媒体是利用数字技术,通过计算机网络、无线通信网、卫星等渠道,以及电脑、手机、数字电视机等终端,向用户提供信息和服务的传播形态。新媒体不仅对人们的碎片化时间使用方式产生了影响,也为民众自制节目的传播提供了途径,并对传统媒体产生了强有力的冲击。

新媒体的出现为人们碎片化时间的使用产生了积极的影响。在新媒体尚未出现之时,人们的碎片化时间多被报纸、书籍、广播与人际传播所占据着,而随着互联网与能够上网的智能手机的普及,人们的碎片化时间逐渐多用来"网上冲浪"。新媒体与传统媒体相比,其最大的优势在于彻底打破了传统媒体由上向下的单向传播的模式,使传播变得可以通过交互活动来进行。在新媒体时代,人们可以通过自身的喜好来选择自己感兴趣的信息,并按照自己的时间进行自主的"暂停"与"继续"。

人们碎片化时间使用方式的改变,使传统节目的传播方式也发生了较为直观的变化,人们不再需要在固定的时间等待节目播出,而是可以通过网络来自主地选择播放时间。节目在网络播放的过程中,不仅能做到"即点即播",还支持较为精确的节目片段选择,即人们可以使用快进功能选择自己喜欢收看的节目片段或应用重复播放、拖动进度条等方式将节目的内容进行多次播放,这些通过网络实现的便利功能在为人们提供更多选择的同时,也加剧了同类节目之间的竞争。就传统的广播节目而言,广播节目上传至网络之后虽然能够反复被受众选择点播,但广播媒体相对于其他媒体具有的时效性优势却不再凸显,而且"点播"功能为同类节目或节目的多期之间提供了对比的渠道。

新媒体的出现为网络自制节目的传播提供了更加便捷的途径。网络自制节目是由网站自身策划、拍摄、后期剪辑制作出来的栏目,其节目种类较多,比如网络自制剧、网络微电影、网络访谈、脱口秀及综艺节目等皆可标为网络自制节目,此外由网民个人或群体自制并能按照一定周期播出的节目也是网络自制节目的一种。应用新媒体相较传统媒体而言,不仅制作节目的成本更加低廉,而且传播范围也更加广泛,更具时效性,能够实现全网"直播",这也极大地丰富了人们选择的多样性。

二、融媒体时代的节目转型

融媒体指在电信网、广播电视网、互联网三网融合背景下出现的能充分利用媒介载体的新型媒体,即把广播、电视、报纸等既有共同点又存在互补性的不同媒体,在人力、内容、宣传等方面进行全面整合,实现"资源通融、内容兼融、宣传互融、利益共融"①。当各类传统媒体与新媒体逐渐融合之后,未来将会出现"全媒体"这种包含了各种媒体优势的"集大成者"。

2014年8月,中央全面深化改革领导小组第四次会议审议通过了《关于推动传统媒体和新兴媒体融合发展的指导意见》。2018年11月,中央全面深化改革委员会第五次会议审议通过了《关于加强县级融媒体中心建设的意见》,此后我国县级融媒体中心纷纷挂牌成立,建设了整合县级广播电视、报刊、新媒体等资源,开展媒体服务、党建服务、政务服务、公共服务、增值服务等业务的融合媒体平台。

在此背景下,原依托于不同媒体平台的节目类型在媒体融合之后产生了一些崭新的变化,原有固定的节目模式被打破,很多新的节目类型逐渐出现。我国中央电视台2019年制作的节目《瞬间中国》(见图10-1)就是一档全新的融媒体节目,其特征在于在播放平台的选择上,该节目不仅在央视一套播出,还在央视网、学习强国、快手、腾讯等互联网平台播出,针对不同的播放平台制作了多种不同的版本,并在播放后引起了巨大的反响。

图10-1 《瞬间中国》节目的海报与剧照

---

① 尚策.融媒体的构建原则与模式分析[J].出版广角,2015(14):26-29.

三、融媒体时代的节目特征

融媒体时代，由于节目传播的介质发生了巨大的变化，所以此时的节目呈现出了一些与传统节目区别较大的特征，其中包括随机的节目播出时长、多变的节目内容以及不断创新的节目类型等。

1. 随机的节目播出时长

以往无论是广播还是电视，因为遵循播出时间的流水线式作业方式，大多数节目的播出时间是固定的，节目的持续时间也相差不大。例如央视的《焦点访谈》就是一档时长15分钟（含广告），于每日19：40播出、次日3：44重播的电视节目，其播出时间与播放时长都很固定。

在网络节目出现后，因其播出不受档期的约束，不仅节目的播出时间可以采取较为弹性的机制，节目的播放时长也变得不再具有较为固定的"时间限制"。这种对节目组约束较小的节目播出方式对节目的创新是有着明显好处的，节目组可以针对节目每期不同的主题独立订制节目的播出计划，而不是像往常那样需要在特定的时间制作出规定时长的作品。

2. 多变的节目内容

一般而言，一档节目在策划伊始就会确立节目的主题，并较为严格地展现其所属节目的特征。例如，湖南卫视的《变形记》就是一档生活类角色互换节目，其主打内容是以生态纪录片的形式展现角色互换，整体而言可以归为娱乐类节目中的真人秀。这一类节目的特征非常明显，但节目类型却难以做出突破和改变。在融媒体时代，以网络自制综艺为代表的新节目类型，就在不断尝试打破以往节目类型对节目内容的限制。

3. 不断创新的节目类型

众所周知，除新闻类节目外的绝大多数节目类型都存在一定的生命周期，当受众对一档节目的运营机制、内容玩法以及形式套路完全了解后，往往会对该节目丧失好奇心转而观看别的形式新颖、内容未知的节目。往常以电视媒体为主的节目在运营上都有着较为明确的周期限制，一档优秀的节目不仅有着明确的定位，同时也在支撑着运营该节目电视台的口碑与形象。例如，湖南卫视的各类节目中，即使1997年开办至今的长青节目《快乐大本营》也是在经过了无数次改版之后才能延续至今。

网络节目因制作成本小、制作周期短等原因，节目类型也不完全固定。例如，芒果TV推出的明星推理综艺真人秀节目《明星大侦探》，其在五季的制作过程中不断进行着模式的突破与创新，从第一季到第五季除了基本的推理元素适当保持外，节目的运营机制、内容玩法以及形式套路都发生了多次较为明显的改变，这也是网络节目能够吸引受众关注的主要特征之一。

第二节　融媒体时代节目元素与类型的革新

因融媒体时代传播方式的变化，传统的节目类型已经不能满足受众的需求，受众期待并关注着形式更新颖、元素更丰富的节目类型。组成节目的元素不断进行着新的排列与组合，伴随着旧的节目类型退出舞台，新的节目形式不断涌现而出，在当下这个融媒体时代，各类节目呈现出了一种百花齐放的良好状态。

一、融媒体时代节目元素的排列与组合

构成节目的元素很多,从广义上来讲,节目元素是指节目类型所存在的特征,而就节目元素的本身而言,其包括的内容非常驳杂,可以从主题元素、人物元素、道具元素、色彩元素、音乐音响元素、人声元素等方面去谈,涉及了节目创作的方方面面,在不同元素的排列与组合之下都能够诞生新的节目类型,但节目"配方"是否符合受众的口味,还需要经受市场的考验才能知晓。

1. 节目元素的排列与组合

广义上节目元素的排列与组合,也就是节目类型特征的排列与组合。例如上文中提到的明星推理综艺真人秀节目《明星大侦探》,其节目特征是"明星""剧情""搞笑""推理"等。《明星大侦探》一经播出就受到了广大观众的好评。"明星"特征为其带来了较为显著的明星效应,使其能迅速累计初始的观看人数与点击量;"剧情"特征使其带有了演绎的看点,有了跌宕起伏的剧情之后,节目的整体节奏会可控许多,实际上能为节目的制作降低一定的难度;"搞笑"特征不仅能活跃节目气氛,也能更好地迎合当下受众选择观看节目的倾向;"推理"特征作为节目的核心特征,能够彰显出节目与众不同的风格。将上述四种节目特征相结合,就是《明星大侦探》拥有高收视率的根本原因。《明星大侦探》是将不同节目元素进行排列与组合的成功典范之一。

2. 节目元素的类型

节目中存在的元素类型很多,上文中提到的有主题元素、人物元素、道具元素、色彩元素、音乐音响元素、人声元素等分类方式。

(1)主题元素。主题元素可以理解为上文中提到的节目类型特征。

(2)人物元素。人物代表着节目主要参与者的身份,是"主持人+明星/嘉宾",还是"主持人+素人/参赛选手(素人:普通人或非专业演员)",抑或是无主持人的"明星/嘉宾"。不同的人物元素搭配会产生不同的"吸睛"效果,例如全明星的阵容会直接吸引已选明星的粉丝群体,从而带动流量,全素人队伍则会带给受众较为贴近自身生活的感觉,使其整体上觉得节目较为真实等。

(3)道具元素。这里的道具泛指一切制作节目时所需要的背景、装饰、出镜的仪器设备等,不同的道具会营造出不同的节目背景、风格或直接定义节目的类型。例如我国经典的健身节目《男生女生向前冲》,这档已播出上千集的节目的最大特色与亮点几乎都体现在其道具布置之上。

(4)色彩元素。在以视频为主的节目中,光线的强度、角度,色彩的饱和度、对比度等参数都会非常直观地影响到节目的风格与定位,如《变形计》之类需要以纪录片的角度制作的节目不得对色彩进行过多调整,而如《我是歌手》之类需要呈现舞台效果的节目则需要对光线与色彩进行慎重的调整,方能体现出节目的色彩风格。

(5)音乐音响元素。音乐和音响都是节目中不可或缺的部分,音乐包括片头、片尾以及背景音乐等,音响则是除去人声与音乐外所有的声响的集合,包括风雨雷电等自然声与车船飞机等人为制造的声音。不同的音乐和音响也能在一定程度上影响节目的类型。

(6)人声元素。人声元素包括解说词、旁白、对白、同期声、画外音等人声,不同的人声类型有着不同的特点,因此人声的选择也会决定节目的风格与类型。

3. 节目元素的排列与组合

将不同的元素加以排列与组合，就会得到不同类型的节目。各类节目都可以通过拆分的方式来分析其元素的组成，例如上文中多次提到的节目《明星大侦探》，其便是由"明星""剧情""搞笑""推理"等主题元素加上无主持人的"全明星/嘉宾"的人物元素，再加上特定的"现场"拟态环境的道具元素、依据每一期节目内容不同而风格不同的色彩元素、诡异与快节奏并存的音乐音响元素，以及包括解说词、旁白、对白、同期声、画外音等应用了多种内容的人声元素，最终复合而成的节目类型。通过对上述案例的陈述我们不难发现，一部完整的节目所涉及的元素非常多，但是通过各类元素的不同排列与组合能够得到的节目种类也非常丰富。

二、融媒体时代节目类型的革新

按照国家广播电视总局对节目类型的划分，可分为新闻类节目、社教类节目与娱乐类节目三大类，此外还有广告类节目、影视剧节目等其他类型，在这些大类下面有着不计其数的具体分支。每年都会有一些新的节目形式出现，当然也伴随着不少节目类型的消逝，本节就此现象具体阐述在融媒体时代节目类型革新的一些方法。

1. 提高创新意识，植入时代理念

物质与精神的相互作用，使得在不同发展阶段，公众的精神需求有着一定的差异。为满足公众的精神需求，在广播电视节目编辑的过程中，工作人员需要做好内容的创新工作，通过互联网思维优化工作，在节目中融入与社会主义核心价值观相一致的观念，旨在不断满足公众的观看需求。具体来看，需要立足于社会发展的实际，通过新闻图解、漫画图解的方式向公众开展相应的宣传，使社会的新变化、新观点获得公众的广泛认可。同时，将节目与生活结合起来，以公众作为出发点，通过对其生活的记录来增加节目的黏度，保证节目的收视率。比如，央视每年推出的《榜样》《感动中国》系列电视节目，都是从民间挖掘拥有朴实、忠诚、吃苦耐劳品性的模范人物，让全国人民为之动容，这才是符合当代价值理念的优秀节目。还有诸如《泰山挑山工》《我们走在大路上》《大国工匠》等纪录片，以精湛的布局设计和感人的故事形成节目的热点，在取得高收视率的同时，也确保了社会效益的发挥。

2. 创新编辑材料，抓住受众眼球

从整个节目编辑活动来看，观众的审美需求对于节目的内容有着最为直接的关系。基于这种关联性，在整个节目编辑的过程中，相关工作人员应当立足于实际，组织人员深入开展调查工作，通过调查实际掌握广播电视节目编辑的动向，为后续相关各项编辑活动的开展奠定坚实基础。在这一思路的指导下，工作人员需要在理顺前期思路的前提下，通过组合优化等方式，创作出为受众喜闻乐见的节目，不断增强广播电视节目的市场影响力。例如东方卫视推出的节目《极限挑战》和浙江卫视推出的节目《王牌对王牌》，都是以明星真人秀的形式展开，每一期都有几位固定嘉宾和流动嘉宾，并且都有固定的主题，有的主题是寻找城市中最可爱的人，有的主题是探索某个城市的秘密，并通过做游戏和惩罚、奖励的形式展开。这类节目最大的看点就是让观众看到了没有光环的明星，他们深入民间去做一些最普通的事情，从而引发笑点和泪点的双重触碰。

3. 丰富节目形式,让观众沉浸其中

随着新媒体时代的到来,节目需要快速转变观念,通过必要的创新,来优化节目形式,提高节目质量,保证节目的收视率以及市场影响力。例如《妈妈是超人》《爸爸去哪儿》《妻子的浪漫旅行》《女儿们的恋爱》等观察类节目的兴起,让观众看到了明星的另一面;《中国诗词大会》《朗读者》《开讲啦》等教育类节目汇集了各路学术大咖,他们精彩的答题、动人的讲述、真实的经历给观众上了生动的一课。

4. 贴近现实生活,符合观众审美

很多情况下,由于受到多种因素的影响,工作人员在制作节目的过程中,难以真正保证节目的质效。具体来看,在整个节目编辑环节,为保证社会关注度,部分工作人员会使用一些争议性词语或者主题。同时,部分节目的制作周期相对较短,为按时完成编辑工作,工作人员在选材方面存在浅层化的倾向。这无疑会造成节目质量的下降,对于节目的长远发展以及节目品牌的创建是极为不利的。基于这种要求,就需要采取必要的手段,通过贴近生活的方式满足观众的审美需求。例如《变形记》通过拍摄城乡孩子交换生活,观众看到了如今的城乡依然存在巨大差异,也从城乡孩子生活习惯和性格特征中引发深思。

第三节 未来节目类型发展的趋势

伴随科技的飞速发展与市场需求的不断调整,未来的节目类型必然是在紧紧依靠传播技术革新的同时,不断顺应当下市场的需求。首先在如今制播分离的大势之下,节目的制作已经逐渐不再单纯依托电台、电视台,而是转为了更为专业的制作模式;其次在科技的应用上,人工智能、5G 等技术革新也对节目的发展起到了很大的促进作用,使得新的节目形式不断出现;再次,基于 2020 年受到新冠肺炎疫情影响所带来的特殊"云录制"与"云节目"的制作热潮,在特殊时期节目的发展也出现了显著的变化。

一、制播分离所带来的节目发展浪潮

1. 制播分离的尝试

制播分离中的"制"是指节目的制作单位,其不局限于电视台,也可以是专业的制作公司,而"播"则是指节目播出单位,因为行政管制,只有电视台是电视节目的播出载体,"分离"则是要求将制作单位与播出平台分开,换而言之,节目的制作由一个单位负责,而播出则由其他单位完成。事实上,制播分离意味着宣传功能与产业功能的分开。

2012 年,《中国好声音》获得了极大的成功,该节目乃是由星空传媒旗下的灿星公司制作,由浙江卫视播出,这便是制播分离在我国的初尝试。灿星公司是制作方,其承担引进真人秀节目 The Voice 的版权费,而在达到一定的收视率之后,浙江卫视需要与灿星公司进行广告分成。因为是双方共同投资、承担风险,所以为了获得最大利润,制播双方都需要对节目负责,这就使得节目的质量得到了保障。

《中国好声音》这档节目所带来的广告收入无疑是巨大的,其曾经创下了中国广告单条价格的纪录。灿星制作公司也获得了较好的收益,选手签约、节目本身的衍生品以及唱片的发布

等都为其带来了经济收益。由于《中国好声音》获得了较大的成功,使得电视行业一些业内人士认识到制播体制改革的发展趋势,因此,许多电视台都纷纷选择制播分离,这不仅是电视产业适应市场化发展的必然要求,也是规范节目市场的一种重要方式。综艺节目的创新能力相对低下,同质化现象严重,使得实行制播分离成为了必要之举。

2. 用文化自信引领节目创新

作为大众媒体,电视节目自诞生以来就有着强大的影响力。电视节目种类繁多,承担的作用各不相同。但是大部分的节目都承担着弘扬社会文明、宣传民族文化的重任,党的十八大以来,习近平总书记在多次讲话中都提到文化自信,并阐述了文化自信对于民族复兴的重要性。增强对自身民族文化的认同感和自信,是被世界其他国家和民族认同的重要前提。文物、诗词、民间故事与电视节目的融合,在使受众耳目一新的同时,也唤起了大众内心的文化认同感。从央视的《经典咏流传》《中国诗词大会》到地方卫视的《华豫之门》《一本好书》,这些让人耳熟能详的电视文化节目,都是以我国优秀的历史文化为引子,结合新时代的电视表现形式,传播和弘扬了传统文化知识,营造了良好的文化氛围。无数的例子也告诉我们,在倡导文化自信的当下,电视节目题材民族化,可以唤起受众的民族自豪感与使命感,这是电视节目重要的发展方向。

3. 加强与新媒体的深度合作

在新媒体取得巨大的发展之后,传统媒体要想不被时代所淘汰,就必须要加强与新媒体的合作,以实现新旧媒体的深度合作。事实上,每当一种"新"媒体流行之后,"旧"媒体就会慢慢地向其靠拢,最终实现双方的融合。由此可以看出新旧媒体都尝试着进行合作,只不过这种合作仅仅是停留在浅层,并没有实现深度的合作。

2013年,《汉字英雄》这档节目广受好评。该节目主要是以文化教育为基调,因为节目的内容是以教育为切入点,这使得其能够脱颖而出。一直以来,歌唱类的选秀节目在我国就深受观众的喜爱,这也使得这种类型的节目良莠不齐,而此时《汉字英雄》从另一个角度切入,刚好缓解了受众对歌唱类选秀节目的审美疲劳,从而使该节目获得了差异化的竞争力。《汉字英雄》之所以获得巨大的成功,还与河南卫视的新机制有关,当时河南卫视秉持"开放办台、台网联动"的方针,与爱奇艺共同成立节目组,这就使得双方的资源全线打通,达到了新旧媒体少有的合作深度。另外,《汉字英雄》手机 App 的开发,更是实现了电视、手机、电脑的互动,受众在看电视直播的过程中还可以用 App 参与互动。当前,在日常生活中,微博、微信等社交软件受到了人们的高度推崇,人们在阅读一条新闻或者观看一个节目之后,喜欢转载或者分享给他人,这就实现了对节目或者新闻的传播。例如,在《爸爸去哪儿》这档节目中,除了通过电视节目来吸引眼球外,明星们还在微博上分享自己的拍摄花絮,通过明星效应来扩大节目的影响力。

二、科技对节目类型发展的影响

伴随着移动互联网的发展和终端应用的普及,国内、国际视听领域都呈现出更为丰富的样态。在传播渠道上,随着传统媒体和互联网的深度融合,网络综艺迅速崛起;在传播内容上,节目中融入了更多的科技元素。本节内容以网络综艺节目为例,分析科技对节目类型发展的影响。

1. 台网深度融合，加强跨屏互动

随着移动互联网的发展，人们在手机、电脑、电视等大小屏幕上花费的时间和注意力越来越多，不同屏幕之间的切换成为日常操作。对于电视综艺节目来说，想要获得更多观众的青睐，就必须适应技术迭代带来的种种变化，及时采用多种互联网最新技术，让台网互动深度融合，借他山之石攻己方之玉。

(1) 引入直播，增强互动。

直播具有高同步性、强交互性和强体验感的特点。电视综艺节目引进直播界面，从内容生产底层逻辑融入台网合作，在加强了跨屏互动和视觉新鲜感的同时，为受众营造了面对面交流的情境。

以 BBC 出品的《笨蛋与智能机》(*Stupid Man, Smart Phone*)为例，这档户外挑战类直播真人秀节目于 2017 年 10 月首播，单集时长 50 分钟。在节目中，喜剧演员罗素·凯恩每周要和一名"网红"被一起放置到一个陌生而极端的环境中，在不了解当地语言、文化的前提下，依赖智能手机在社交媒体上完成向网友和粉丝的求助。每当嘉宾想要吐槽或者是遇到难以解决的问题时，电视屏幕会切换到类似于网络直播的界面，极真实的画面与传统电视屏幕形成鲜明反差，以陪伴的方式将嘉宾们一路上遭遇的心酸、搞笑、尴尬等真实情绪摊开在众人面前，营造出一种扑面而来的真实感，实现了人与人之间的深度情感交流。

(2) 弹幕、即时投票助推内容生产。

①引入弹幕增强互动积极性。弹幕具有反馈及时、针对性强、碎片化、表达多样化的特点。弹幕文化的兴起体现出用户对参与互动的强烈渴望，借助弹幕，他们可以自由表达观点，增加自身存在感。节目组将网友发送的弹幕和社交媒体评论区界面直接投放到电视屏幕中，嘉宾在收到这些互动反馈后，会即时回应并对节目内容进行实时调整，使观众的意见迅速得到同步响应，极大地调动了观众参与互动的积极性。特别是与社交媒体结合进行跨屏直播的节目，如在韩国 CJ E&M 集团旗下的美食频道 Olive TV 播出的节目《点餐吧》，嘉宾会根据网友弹幕留言回答问题互动，反馈做菜的细节等。

②即时投票，参与内容生产。通过即时投票做到实时反馈，其实质上是用户意见参与内容生产的具象化体现。观众在此过程中完成身份转变，从观看者变为参与者，成为推动节目发展的必要环节，甚至对节目后续的发展方向起到决定性的作用。比如，英国独立电视台(ITV)推出的直播答题类节目《英伦全民问答》中，观众在 App 端即时投票的结果会直接影响场上嘉宾队伍的输赢；在最新一季美国"始祖级"真人秀节目《老大哥》中，观众的意见开始对选手的去留产生影响。

弹幕和即时投票的反馈形式使受众摆脱了传统互动方式下只能在节目前期选题和节目后期反馈两个阶段进行交流的模式。通过即时互动，观众可以直接影响节目的内容和进程。即时互动的方式，使观众真正参与到内容生产中，产生了更强的体验感，为节目增添了出人意料性，增强了节目的看点。

2. 融入更多科技元素，为节目呈现赋能

娱乐真人秀不同于纪实类节目，它通常会构建一个高于现实但内部自洽的世界观，有其独特的规则。但当模式漂洋过海，输出至说着不同语言、拥有不同文化的国家或地区时，这些规则可能就会成为观众理解的障碍。这时候，优秀的视觉呈现就成为帮助节目成功的最直观、最有效的手段。

以色列阿莫萨模式公司(Armoza Formats)于 2018 年 9 月推出了一档名为《舞蹈革命》(Dance Revolution)的舞蹈节目,节目导入一种名为"革命"的技术,舞台四周设有 128 台摄像机,通过开创性的 360 度实时拍摄技术,从每一个角度捕捉选手每一刻的表演,好比足球比赛中的摄像头,以一种前所未见的方式帮助评委准确判断选手的演出水准,是一档运用全新科技展开的舞蹈竞技节目。当评委无法做出抉择时,便可提出观看"革命"技术,通过某一刻如时间静止般的全角度回放,再次审视选手的表现。该节目在加拿大 TVA 电视台播出后取得了约 35% 的高收视份额,现已被法国和西班牙引进。《舞蹈革命》模式的成功之处就在于它巧妙地将技术和视觉元素整合到叙事中,用技术革新开启了一场舞蹈革命。

除了视觉呈现之外,新科技元素还在内容、表现形式等多个维度渗透到节目中。近年一些加入更多数字时代元素的社会实验类节目模式开始引发越来越多的关注。真人秀与在线社交、虚拟技术、交互式元素相结合,是娱乐节目从众多竞争者中能够脱颖而出的有力武器。以色列 Channel 2 频道 2019 年 2 月播出的《未来城市 2025》将节目现场移植到虚拟空间的未来城市中,六个机器人作为常驻嘉宾在节目中帮助参赛者了解这个城市的各种设施,每位参赛者在周日晚上会收到 12000 元的虚拟货币并被打进智能手表中,他们的任务是在保持自身拥有虚拟货币不减的情况下,更多地获取在虚拟城市中流通的货币。

互联网时代来临后,人们对快速、准确地获取信息有了更高的追求,对简明直观、充满视觉刺激的画面产生了越来越强的依赖性。因此,在电视综艺节目中,信息的呈现方式对观众接受节目内容有着至关重要的影响。如何把抽象复杂的信息转化为生动具体的形象,通过可视化的方式降低受众的认知成本成为内容生产者的当务之急。

3. 素人综艺"去明星化",内容取材日常化

作为综艺节目的核心竞争力,优质内容的创造应始终摆在首位。当下的优质内容,不仅需要在价值观方面起到正面引导作用,更需要贴近观众的日常生活,满足他们的心理需求。因此,主角选择、题材选取、观照角度都更向普通人和日常生活倾斜。

(1)素人综艺的"去明星化"趋向越来越明显。

在国外,尤其是欧美等国家的综艺节目中,素人时常是节目绝对的主角。美国素人真人秀之所以能崛起,很大程度上是因为在 20 世纪 80 年代末经济不景气的环境和好莱坞编剧大罢工的背景下,将其作为替代电视剧的一种更经济的形式。1973 年播出的《一个美国家庭》被视为第一部真人秀电视节目,而片中的"劳德一家"则成为第一组以电视节目的方式来展现的素人。而随着之后真人秀节目的繁荣发展,一些二三线明星逐渐被邀请参与节目,比如《学徒》等都是在制作了多季素人版之后,才有了明星版本。在 2019 年戛纳电视节上,广受欢迎的以色列节目《未来城市 2025》、英国节目《百万美元英里》、韩国节目《约会侦探》等主角均是素人。韩国 Channel A 电视台于 2018 年初推出的《心脏信号 2》(Heart Signal 2)一经播出就引起了极大的反响,这部为六位纯素人打造的恋爱推理综艺节目的豆瓣评分最高时达到了 9.1 分。观众对性格迥异的男女嘉宾和心理分析环节的热烈讨论充分说明了选角和节目模式创新的成功,素人在电视综艺中的地位正逐步得到肯定。

在国内电视综艺中,素人的位置相对边缘,常作为节目的配角以衬托明星的主角地位,但随着时间推移,素人担任主角的综艺节目越来越多。一方面,是因为全明星阵容的综艺节目在发展中遭遇内容和选角同质化、过度娱乐化和天价出场费等问题,逐渐使观众产生了审美疲劳;另一方面,随着互联网和社交媒体的发展,越来越多的人开始追求自我展示,他们难以在被光环笼罩的明星身上看到自己,却能够在素人身上获得这种情感共鸣。上文提到的韩国节目《心脏信号2》被腾讯视频引进国内后,更名为《心动的信号》,在网络中播出,同样引起了收看和讨论的热潮。

(2)内容取材渐趋日常化。

对生活化、日常化内容进一步地关注和呈现体现的正是以用户需求为导向的思维方式的变革。在互联网的影响下,电视综艺借助贴近性更强的内容,一步步拉近与观众距离,增强互动性,提升用户黏度。

纵观近期国内外综艺市场,内容取材日常化趋势日渐明显。现实题材作品已成为探索全面复杂的社会关系、人际关系,从现实生活的题材富矿中汲取养分、获得灵感,在话题探索之中引起社会共情,获得时代之下的集体共鸣的重要途径。如在意大利国家电视台播出的体验类节目《开始！App带来的生活》中,两位主持人从各自的经历出发,探究以App为载体的信息技术如何满足人们在生活中出现的种种需求。这些大大小小的日常问题包括由吃饭引发的餐桌社交、对优质食材的需求而推动的网络购物以及网络订购清洁服务等。此外,关注老年人、特殊疾病患者等特定群体也是近期国际节目的特点之一。如2019年7月在荷兰NPO 3频道播出的真人秀《公路旅行》(Down the Road)中,主持人和六名唐氏综合征患者历经七个国家,进行了一次公路旅行,在旅途中寻找新朋友、获得新体验,以户外旅行的综艺形式引发大众关注特殊弱势群体。

三、特殊时期下发展而来的"云录制"模式

2020年受到新冠肺炎疫情的影响,节目的现场录制无法进行,"云录制"模式在我国的节目市场上全面开花,形成了特点鲜明的节目新类型。

疫情期间,在全国人民"居家抗疫"的特殊时期,电视重回客厅生活中心。据"中国视听大数据"显示,2020年1月25日至2月29日,全国有线电视和IPTV较2019年12月日均收看用户数上涨23.8%,收视总时长上涨40.1%,每日户均观看电视节目时长近7小时,整体涨幅十分明显。但受疫情影响,众多剧组、栏目组被迫停工,影视剧停拍,综艺节目停录。据不完全统计,2月份有十几档综艺节目停播或者延播,即使是勉强维持在播的综艺节目也进入了"库存告急"状态。为应对这一情况,被动寻求出路也好,主动寻求创新也罢,"云录制"这一方式被越来越多的综艺节目应用,"云综艺"成为这一时期综艺市场的新潮流。例如《歌手·当打之年》《声临其境3》等已有深厚积累的节目,纷纷开启云录制模式;此外,电视台及视频网站针对目前情况特别开发的创新节目,如湖南卫视的《嘿！你在干嘛呢?》《天天云时间》,浙江卫视的《我们宅一起》,东方卫视的《欢乐喜剧人6》、特别节目《云端喜剧王》,爱奇艺的"宅家"系列,优酷的"好好"系列等(见表10-1)。这些节目采用"云录制+音乐竞演""云录制+谈话节目""云录制+美食节目"等技术创新与模式创意相交叉的思路,虽然目前看上去大多还只是疫情期间的特殊产物,但其背后的"创新驱动"及"时代记录价值"确实很值得业界讨论和思考①。

---

① 陈晨,李丹."云录制"与"云综艺":一场非常时期的媒体创新实验[J].影视制作,2020(3):16-25.

表 10-1　2020 年疫情期间采用"云录制"的部分综艺

播出平台	节目名称	节目类型
湖南卫视	《天天云时间》	云微综——益智类脱口秀公益节目
	《嘿！你在干嘛呢？》	云微综——分享互动生活创意秀
	《歌手·当打之年》	真人秀——音乐竞技节目
	《声临其境 3》	真人秀——原创声音魅力竞演秀
东方卫视	《云端喜剧王》	云微综——喜剧竞演综艺
浙江卫视	《我们宅一起》	云微综——增强现实版朋友圈互动分享秀
山东综艺频道	《我是大明星冠军之战》	真人秀——金牌达人选秀类
	《百变歌王》	云微综——趣味猜评互动竞唱节目
	《当红不让》	云微综——互动真人秀
爱奇艺	《宅家运动会》	云微综——明星居家体育健身类
	《宅家点歌台》	云微综——音乐治愈互动类
	《宅家猜猜猜》	云微综——明星声音猜想互动秀
优酷	《好好吃饭》	云微综——全明星公益直播节目
	《好好运动》	云微综——"宅生活"直播节目
腾讯视频	《鹅宅好时光》	云微综——明星陪伴抗疫

1. 科技发展对"云录制"节目的支持

"云录制"不仅是疫情背景下的顺势而为，同时也离不开技术环境发展带来的影响。进入 5G 时代，随着 5G 建设不断提速，在 5G 网络高速率大带宽、低延时高可靠、低功耗大连接的网络环境下，首先可以保证为"云录制"提供更稳定、更流畅的传输环境，避免在视频连接或直播过程中出现网络信号不稳定、画面卡顿等问题。其次，线上技术多元应用正在成为趋势，5G、人工智能等新兴技术正在与云形成更好的协同，并将进一步改变节目生产制作流程。《我是歌手》总导演洪涛介绍："此次为《歌手·当打之年》提供云录制技术的是湖南有线、5G 芒果超视，以及映客直播组成的团队。录制过程中，5G 芒果超视就采用了 5G＋云＋人工智能技术。"这是 5G 芒果超视首次进行综艺节目录制，也是 5G 实现在广电行业的一次深度应用。

《歌手·当打之年》"云录制"中主要应用了 5G 芒果超视的超高清多线程实时传输及云端标签化智能剪辑两项功能。首先是通过云端实时传输 500 位线上观众听审约 900 小时的视频源素材，接下来的重点工作主要是对大量视频素材的智能筛选及剪辑。依靠 5G 芒果超视背后的"黑科技"——智影平台，在完成视频源素材传输后，通过人工智能识别技术精选出时长超 5000 分钟的有效视频素材，再通过智能拆条功能对素材进行标签化、多维度素材剪辑，最后由云端提供给节目组后期团队进行精剪。同时，人工智能技术还将这些素材按标签化进行表情归类，精准捕捉"云观众"的情绪。

在传统演播厅录制模式下，需配备多名摄像师捕捉现场观众的镜头，并由多名专业剪辑师在后台进行人工剪辑,而"云录制"模式下的500位在线观众,在整个节目过程中会产生近70000条视频素材,如果依靠传统人力剪辑,至少需要上百人连续工作一天才能完成,而以人工智能替代部分传统人力对视频进行粗剪后,仅一人一天就可完成,极大地提升了节目组素材选取和后期剪辑工作的效率。

不仅如此,为保证人工智能效果的呈现及配合湖南卫视对电视节目制作高水准、高要求的执行标准,湖南有线还同步启动了创客计划,通过在线云制作处理近5000条更加精细化的观众互动镜头素材。

此次应用中,5G和人工智能技术使"云录制"和"云剪辑"成为了现实。接下来,5G芒果超视还将继续参与和优化《歌手·当打之年》互动制作流程,未来会与湖南卫视节目生产体系高度协同,持续优化产品。基于此可以预想,随着VR/AR、超高清等更多新兴技术在"云综艺"中的不断深入应用,超高清云端传输效能在得到提升之余,AI剪辑标签也将实现高速进化,实时互动的参与形式也会更加丰富。对此,《天天向上》制片人沈欣也持肯定的态度:"云录制的方式除了讨论话题和进行简单的分享和游戏外肯定有延展的空间,包括5G和VR技术的电视化拓展,会给这类型的节目从内容题材和视觉效果上添彩。"

5G、云、人工智能等技术的多元应用,还为"云综艺"带来了另一个鲜明标签——互动,除了艺人、现场观众、工作人员之间产生互动,网络观众也能和节目产生实时的互动。沈欣认为:"随着5G、大数据、云计算技术的不断发展,线上线下深度融合已成为技术发展的新趋势。借助更大的带宽支持,不再囿于手机小屏幕,可以实现连线互动的屏幕也会越来越多。"如《天天云时间》的录制中,虽然只采用了9路视频信号,但实际上录制可达到100路同时接入,也就是可以实现成百上千人同时互动。结合人工智能技术,"云录制"可进一步实现技术改进和设计,如完成百人线上抢答比赛等节目内容。

2. 特殊时期"云录制"的未来走向

从"出身"来看,"云录制"是防控疫情特殊时期下的特殊节目形态,尽管仍处于逐步打磨完善的阶段,但当前越来越多的综艺节目都将"云录制"引入内容生产之中,呈现出常态化、多样化的发展趋势。虽然部分节目内容还存在些许瑕疵,但随着"云录制"的流程、技术等优化工作持续进行,相信这些问题将逐步得到解决。

"云录制"已成为当下视听领域的一道独特的风景线,引领着综艺行业的创新风潮,甚至被看作是综艺节目史上里程碑式的进步。那么,疫情结束后,"云录制"将何去何从?能否成为未来综艺新常态呢?业内对此已展开了热议,但尚未有明确的答案。

纵观已播出的"云录制"综艺节目,从制作角度出发,相较传统录制模式,"云录制"在制作成本和体量上有了明显缩减,成功应对了疫情期间的录制难题,为平台减少了投入,提升了性价比。但录制过程中,节目组与嘉宾在线上沟通的成本却很高,且"云指导"过程中会存在诸多不确定因素,编导难以实时把控内容的走向,节目中抢话现象时有发生,当然这一问题也随着工作机制不断成熟及准备工作更加充分而有所缓解。

在拍摄方面,"云录制"的拍摄现场由于没有了专业灯光、舞美的加持,节目呈现的水准会"打折扣",对于后期剪辑及节目整体包装制作也会带来一定的影响,无法达到棚内综艺震撼的视听效果,这与当前不少综艺节目所强调的电影化升级、重视画面清晰度和体验感背道而驰。从这个角度出发,部分业内人士认为,"云录制"更多还是适于疫情期间观众消磨时间,会在一段时间内有猎奇围观,而疫情过后恢复常态化场景录制后,"云录制"遇冷的可能性极高,"云综艺"的市场空间也将极速缩水。

但无论如何,"云录制"作为新技术环境下诞生的新节目形态,使技术发展带来的全新内容模式变得具象可见。疫情这个特殊背景无疑倒逼了内容创作者的创新速度。沈欣直言:"进入5G时代,我们这些内容创作者早就在积极寻找技术变革下内容模式发展的新方向。而在过去,这种需要密切依赖技术的具体内容模式尚不十分明朗,此番创新出现的'云录制'无疑是一次难得的契机。这种线上远程操作、高度依赖技术,进而有效提升效率的录制模式,在这个特殊的背景下,既让观众们拥有了一定的接受度,也为内容创作者提供了可贵的实践机会。"

基于5G,融合大数据、云计算等技术的发展与应用,"云录制"势必对今后综艺节目的制作、内容模式与形态产生更为深远的影响。同时,5G技术也更利于对"云制作"的进一步探索深入。"云录制"技术的创新升级,将打破原有壁垒限制,加速电视端与新媒体端从内容输出到传播形式上更深度的融合,推动多媒体共同体的健康发展。

当前,"云录制"的综艺节目大多采用"个人创意生活Vlog+视频连线"的核心模式进行录制,从而实现跨屏互动的节目形态创新。对此,有观点认为这只是平台和制作机构的无奈之举,仍属于非常态化的解决方案,长此以往观众将产生审美疲劳。并且与制作精良、种类丰富的综艺和真人秀相比,目前已经播出的"云录制"综艺在题材上有一定的局限性,且形式也较为单一。

如何才能在线上利用这一技术更好地实现内容传播,这需要内容创作者的创新加持。沿着"云制作"的方向探索,正在诞生更多元的综艺内容。"云录制+脱口秀""云录制+生活记录分享""云录制+配音表演"……"云录制+"正激发出综艺市场的一股全新活力。因此,在充分了解观众需求的前提下,"云录制"不可否认地被业内看作是综艺市场多元类型探索的一个契机,而多样化的内容题材和呈现方式将赋予未来综艺节目在制作层面创新的新动能。

"云录制"制作水准的提升、技术应用的升级、节目内容的丰富、节目形态的创新,还将有力推动平台MCN(Multi-Channel Network)战略布局的进程和效果。卫视平台和视频网站大都积累了强大的主持人或嘉宾资源优势,因此部分平台或频道已经开始着手推进对MCN的运营管理。

以往传统综艺的录制,都是用传统的电视思维来运作的,需要将嘉宾请到演播室录制,而"云录制"的创新升级意味着可以将演播室打造成一个汇聚平台,嘉宾既可以来到现场参与录制,也可以根据需要,通过云连线真实再现他们在生活中或者在网络平台上的状态,以"云嘉宾"的形式亮相,这也为节目设计和MCN的推进提供了新思路。此外,通过"云录制"手机端的内容完全可以汇聚到演播室来用,呈现形态会更加多样化,增加可看性。同时又可以将这些从小屏到大屏的融会贯通后的内容,返回到网络平台播出,进一步扩大嘉宾在多平台的粉丝流量和影响力,对于MCN的流量布局和未来的变现提供了更多可能。

四、小结

伴随着制播分离的浪潮、科技生产力的不断提升以及特殊时期对节目形态的影响,全球各个平台的各种节目类型都在发生着这样或那样的变化。节目市场动荡不断,并在这种不可预知的动荡中,逐渐发展出各式各样具有全新形态的节目类型,这对我国甚至全球的节目市场而言,都可以称之为一次规模浩大的"重新洗牌"。

在媒介融合的时代背景下,5G、人工智能等技术不断应用于新的节目类型之中,我们可以发现在未来节目中的元素种类也得到了强有力的提升,节目类型的发展将更加多元,这是一个能够使抢占先机者重新制定节目规则的时代。

实际上,节目的发展也是我们当今社会发展的缩影所在。人们以观看节目的方式了解外部世界的变化,节目则以受众的需求而进行着自我的革新与发展,因此我们不难理解,节目的类型将伴随社会发展的进程不断发生变化,并服务于社会的需要,变革将永不停息。

思考题

1. 在受到互联网的冲击之后,传统的节目类型发生了哪些变化?
2. 媒介融合对节目形态产生了什么影响?
3. 节目中不同的元素排列与组合是否能够产生新的节目类型?请说明理由。
4. 什么是"云录制"节目?这类节目未来的发展趋势如何?

参考文献

[1] 甘惜分. 新闻学大辞典[M]. 郑州:河南人民出版社,1993.
[2] 杨伟光. 中国电视专题节目界定:研讨论文集锦[M]. 北京:东方出版社,1996.
[3] 张泽群. 脱口而出——浅谈电视谈话节目[J]. 电视研究,1996(5).
[4] 邱沛篁,吴信训,向纯武,等. 新闻传播百科全书[M]. 成都:四川人民出版社,1998.
[5] 赵玉明,王福顺. 广播电视词典[M]. 北京:北京广播学院出版社,1999.
[6] 托马斯·鲍德温,等. 大汇流:整合媒介、资讯与传播[M]. 龙耘,官希明,译. 北京:华夏出版社,2000.
[7] 尼古拉斯·阿伯克龙比. 电视与社会[M]. 张永喜,鲍贵,陈光明,译. 南京:南京大学出版社,2001.
[8] 壮春雨. 电视节目学概要[M]. 杭州:浙江大学出版社,2001.
[9] 张联. 电视节目策划技巧[M]. 北京:中国广播电视出版社,2002.
[10] 任金州. 电视策划新论[M]. 北京:中国广播电视出版社,2002.
[11] 王诗文,王中娟,苏颜军. 影视广告创作基础[M]. 合肥:合肥工业大学出版社,2004.
[12] 丹尼斯·麦奎尔. 受众分析[M]. 刘燕南,李颖,杨振荣,译. 北京:中国人民大学出版社,2006.
[13] 徐舫州,徐帆. 电视节目类型学[M]. 杭州:浙江大学出版社,2006.
[14] 张静民. 电视节目策划与编导[M]. 广州:暨南大学出版社,2007.
[15] 张小琴,王彩平. 电视节目新形态[M]. 北京:中国广播电视出版社,2007.
[16] 比尔·尼科尔斯. 纪录片导论[M]. 陈犀禾,刘宇清,译. 北京:中国电影出版社,2007.
[17] 孙宝国. 中国电视节目形态研究[M]. 北京:新华出版社,2007.
[18] 郭宝新. 广播电视节目创新创优理论与方法[M]. 北京:中国传媒大学出版社,2008.
[19] 石长顺. 电视文本解读[M]. 2版. 武汉:武汉大学出版社,2008.
[20] 许鹏. 新媒体节目策划论[M]. 北京:中国人民大学出版社,2009.
[21] 王天铮. 电视内容产业整合研究[M]. 北京:新华出版社,2011.
[22] 王井,智慧. 电视节目策划[M]. 武汉:武汉大学出版社,2011.
[23] 丁邦清. 广告策划与创意[M]. 北京:高等教育出版社,2011.
[24] 王国臣. 电视综艺节目编导[M]. 杭州:浙江大学出版社,2011.
[25] 胡智锋. 电视节目策划学[M]. 上海:复旦大学出版社,2012.
[26] 吴保和. 电视文艺节目策划[M]. 北京:文化艺术出版社,2012.
[27] 高红波. 新媒体节目形态[M]. 开封:河南大学出版社,2013.
[28] 童兵,陈绚. 新闻传播学大辞典[M]. 北京:中国大百科全书出版社,2014.
[29] 王哲平. 电视节目策划新论[M]. 杭州:浙江大学出版社,2015.
[30] 王玉,乔武涛. 电视节目形态解析[M]. 北京:国防工业出版社,2015.

[31]谭天.电视节目策划实务[M].广州:暨南大学出版社,2015.
[32]朱景和.纪录片创作[M].北京:中国人民大学出版社,2015.
[33]周笑.视听节目策划[M].北京:高等教育出版社,2015.
[34]蔡嘉清.广告学教程[M].北京:北京大学出版社,2017.
[35]熊中辉,刘永昶,滕慧群.视听节目形态解析[M].北京:化学工业出版社,2018.
[36]张健.视听节目类型解析[M].上海:复旦大学出版社,2018.
[37]胡智锋.电视节目策划学[M].2版.上海:复旦大学出版社,2019.
[38]陈海英.中外影视广告创意——元素、原则与方法[M].北京:社会科学文献出版社,2019.
[39]迈克尔·拉毕格.纪录片创作完全手册[M].喻溟,王亚维,译.成都:四川人民出版社,2019.
[40]时统宇.民族的文化记忆与电视的文化担当[J].电视研究,2011(8).
[41]时统宇.用主流价值观统领中国电视的评价标准[J].中国电视,2011(10).
[42]李真.电视社教类节目创新策划的三个角度[J].声屏世界,2014(9).
[43]吴骅.新媒体时代电视社教类节目的重构[J].视听纵横,2015(3).
[44]颜黎光.社教类电视节目的创新路径[J].传媒,2015(15).
[45]刘全亮.电视谈话节目的困境及创新策略分析[J].中国电视,2016(9).
[46]黄好.《辣妈俱乐部》的短视频探索[J].视听纵横,2018(3).
[47]欧心愉.讲导向、强服务是做好生活服务类节目的关键[J].当代电视,2018(8).
[48]刘云丹,王雨桐.探析传统媒体文化类电视节目复兴的原因——从《中国诗词大会》等节目说起[J].电视研究,2018(9).
[49]杨豪豪,付方志.《美丽俏佳人》节目运营分析及发展建议[J].新媒体研究,2019(2).
[50]张菁.做好"四全"文章,提升帮忙类栏目品牌影响力[J].视听界,2020(1).
[51]邵婉霞,胡清波.生活服务类节目《生活圈》的融合创新[J].电视研究,2020(1).
[52]杨乘虎,林沛.台网融合进程中的2019年中国综艺节目盘点[J].中国电视,2020(3).
[53]李冰,林芳.2019年中国电视综艺节目的守正与创新[J].中国电视,2020(3).
[54]滕锐,郭东颖.2019年中国电视综艺节目观察[J].当代电视,2020(3).